Kurt Tepperwein

Super-Intuition

Kurt Tepperwein

Super-Intuition

So entwickeln Sie Ihre verborgenen geistigen Fähigkeiten

mvg Verlag

Bibliografische Information der Deutschen Bibliothek
Die Deutsche Bibliothek verzeichnet diese Publikation in der Deutschen Nationalbibliografie; detaillierte bibliografische Daten sind im Internet über http://dnb.ddb.de abrufbar.

Unsere Web-Adresse:
http://www.mvg-verlag.de

3. Auflage Januar 2005 (Sonderausgabe)
Dieser Titel ist auch unter der ISBN 3-478-08329-X erhältlich

Umschlaggestaltung: Felix Weinold, Schwabmünchen
Redaktion: Birgit Rupprecht-Stroell
Satz: Wolfgang Appun, München
Druck- und Bindearbeiten: Ebner & Spiegel, Ulm
Printed in Germany 07024/120401
ISBN 3-636-07024-X

Inhalt

Vorwort

Intuition ist für den Menschen ebenso selbstverständlich wie der Instinkt für das Tier. Der Unterschied liegt darin, dass das Tier keine Wahl hat, es muss dem Instinkt folgen. Ganz anders geht es dem Menschen: Er kann entscheiden, ob er seinem Verstand, seiner Intuition oder einer Kombination aus beiden folgen möchte. Die Fähigkeit zur Intuition ist in jedem Menschen angelegt, aber durch die Überbetonung des Verstandes unterdrückt und fast verkümmert. Es bedarf der Er-innerung, der Ent-faltung unserer intuitiven Fähigkeiten sowie einer spirituellen Reife, um Intuition wieder bewusst empfangen zu können.

Die Schwierigkeit, auf Ein-fälle, Gedankenblitze oder ungewöhnliche Gedanken zu vertrauen, liegt einfach darin, dass Intuition dem Verstand, dem Gefühl, der Gewohnheit widersprechen kann. Das Gefühl tendiert dazu, den bequemeren Weg zu wählen, der Verstand kommt mit Argumenten, kann häufig systematisch eine Botschaft der Intuition widerlegen. So folgen wir meist lieber dem Verstand, um festzustellen, dass wir dieses oder jenes schon viel früher gewusst haben, es aber nicht beachtet haben oder es uns unglaubwürdig erschien. Allerdings wäre unser Leben ganz anders verlaufen, wären wir den intuitiven Impulsen gefolgt. Denn Situationen vorauszuerleben, Gedanken anderer Menschen zu lesen, Gedanken mental zu übermitteln, ist ganz normal für den, der sich auf sein Potenzial verlässt.

Wer der Intuition Raum zur Entfaltung in seinem Leben gewährt, kann dann den Schritt von der Intuition zur Super-Intuition vollziehen. Dann gibt es keine Fragen mehr, sondern nur noch Führung. Alles stimmt dann, alles ist „stimmig".

Es steckt viel mehr in Ihnen, als Sie sich überhaupt vorstellen können. Entzünden Sie den göttlichen Funken der Intuition, damit Sie zu dem werden, der Sie wirklich sind und gemäß dem Auftrag der Schöpfung leben!

1.

Was ist Intuition?

Intuition in der Geschichte des Lebens

In der Urzeit gab es für den Menschen nur eines – Überleben. Er musste für Nahrung sorgen, sich gegen Angriffe von Tieren zur Wehr setzen, gegen feindliche Stämme kämpfen, sich vor dem Wetter schützen. Sein ganzes Leben war nichts als Mühe und harte Arbeit. Der Instinkt spielte beim Kampf ums Überleben eine wichtige Rolle, ohne Instinkt hätte er nicht überleben können. Instinkt – darunter verstehen wir die Steuerung des einzelnen Lebewesens durch arteigene Verhaltensweisen. Das Lebewesen ist dadurch nicht frei in seiner Entscheidung, sondern in seiner Verhaltensstruktur an ein bestimmtes, vorgegebenes Muster gebunden.

Die Evolution des Menschen

Zu Beginn der Evolution befanden sich Mensch und Tier auf der gleichen Entwicklungsstufe. Der Mensch entwickelte jedoch das Bedürfnis, sich anderen Menschen mitzuteilen – durch Berührungen, Gesten und Laute. Aus diesen Lauten bildeten sich Worte, die mit der Zeit eine feste Bedeutung erhielten. Die Sprache als Kommunikationsmittel wurde immer wichtiger. Zeichensprache und Schriftzeichen wurden differenziert, Erfahrungen aufgezeichnet in Form von Gedichten und Geschichten. Zeichnungen und Bilder dienten dazu, Botschaften weiterzugeben und Wissen für die Nachwelt festzuhalten.

Im Laufe der Zeit entwickelte der Mensch aber noch andere Fähigkeiten, die er mehr und mehr verfeinerte. Er entdeckte seine Denkfähigkeit und machte zunehmend Gebrauch von seinem Verstand. Das hatte zur Folge, dass seine ausgeprägten Instinkte in dem Maße verkümmerten, in dem er sich auf seine Ratio verließ. Doch gleichzeitig entwickelte sich eine andere, höhere Kommunikationsform: Der Mensch lernte, sich inspirieren und sich etwas „ein-fallen" zu lassen. Er wusste um den Charakter eines Menschen, ohne diesen näher zu kennen. Und mehr noch: Er erahnte immer besser zukünftige Ereignisse. Er konnte fühlen, ja oft sogar wissen, was geschehen würde, selbst wenn der Ort des Geschehens entfernt oder unsichtbar war.

Der Verstand überholte die Intuition und gewann immer mehr an Bedeutung. Im Laufe der Zeit wurde ihm alles untergeordnet, die intuitiven Fähigkeiten wurden nicht mehr geschätzt und immer weniger genutzt. Schließlich verkümmerten sie langsam. Der Mensch betrachtete sich mehr und mehr als höheres Wesen, weil er eben denken konnte. Er entdeckte das Universum und versuchte es zu ergründen. Er lernte zu unterscheiden zwischen Fakten und Visionen, Glauben und Aberglauben.

Und was er zunächst nicht erfassen, sehen, begreifen oder beweisen konnte, ignorierte er. Auf dieser Basis entwickelte sich das von Anfang an begrenzte, naturwissenschaftlich geprägte Weltbild. Parallel zu dieser Entwicklung erfolgte von Generation zu Generation eine Evolution des Geistes; es entwickelte sich eine höhere Spiritualität, eine immer höhere Schwingung unseres Energiefeldes.

Die Wissenschaft setzte zunehmend zu Höhenflügen an, die allerdings nicht selten mit einer Bruchlandung endeten. Das musste so kommen – es war vorprogrammiert, würden wir heute sagen –, weil der Verstand nur einen Teil des Ganzen ausmacht. Und mit einem Teileinsatz der Kräfte kann auch nur einen Teilerfolg erzielt werden. So lehrt uns heute die Physik, dass wir mit unseren Augen nur acht Prozent des vorhandenen Spektrums wahrnehmen können, also 92 Prozent der Wirklichkeit gar nicht sehen, solange wir uns nur auf das Sichtbare, das Offen-sichtliche, beschränken.

Trotzdem glaubt man in der heutigen Zeit, allein durch hochkomplizierte, technische Erfindungen sich über die Gesetze der Natur erheben zu können. Es wird jedoch deutlich, dass dieser Weg in eine Sackgasse geführt hat. Immer mehr Naturkatastrophen, die Verschlechterung der wirtschaftlichen Situation auf der ganzen Welt, die steigende Zahl der Kriege sind Beweis dafür, dass mit dem Verstand allein nicht die Probleme der Menschheit gelöst werden können und ihre geistige Weiterentwicklung nicht gefördert wird.

Doch wo liegt die Lösung? An dem Zustand der Welt sehen wir heute, dass der Verstand nicht der richtige Weg sein kann, die Lebensqualität zu verbessern, das Leben erfüllter und glücklicher zu machen. Würde der Mensch *alle* seine Fähigkeiten aktivieren und einsetzen, wäre eine positive Veränderung in allen Bereichen möglich.

Auf Kosten des Instinkts haben wir den Verstand entdeckt, haben ihn entwickelt und trainiert, haben ihm so viel Raum im Leben gegeben, dass für andere Fähigkeiten kaum noch Platz blieb. Und je mehr das verstandesorientierte Denken gefördert wurde, desto weniger Raum blieb für die nächste Stufe – die Entwicklung der intuitiven Fähigkeiten.

Auf dem Weg zum Meta-Realismus

Warum ist das Universum erschaffen worden? Versuchen wir, es zu verstehen: Vor der Zeit existiert nichts. Oder besser gesagt, es herrscht die zeitlose Totalität, die vollkommene Ungeteiltheit, die absolute Symmetrie. Nur das Urprinzip ist da, im Nichts, eine unendliche, grenzenlose Kraft, der Inbegriff von Stärke, Harmonie und Vollkommenheit. Und dann geschieht etwas. Was? Ich weiß es nicht. Ein Seufzer des Nichts, eine Fluktuation der Leere: Innerhalb eines phantastisch kleinen Augenblicks wird der Schöpfer beschließen, seiner eigenen Existenz einen Spiegel zu erschaffen. Die Materie, das Universum: Spiegelungen seines Bewusstseins, endgültiger Bruch der Harmonie des ursprünglichen Nichts.

Vermutlich meint der Physiker David Bohm genau das, wenn er behauptet, es existiere in den Tiefen des Realen verborgen eine implizite Ordnung. In diesem Sinne müßten wir einräumen, dass das gesamte Universum mit Intelligenz und Intention gleichermaßen ausgefüllt ist. Angefangen von den winzigsten Elementarteilchen bis hin zu den Galaxien. Und das Außerordentliche ist, dass es sich in beiden Fällen um dieselbe Ordnung, dieselbe Intelligenz handelt.

Der Kybernetiker Heinz von Foerster sagt, dass der menschliche Geist nicht wahrnimmt, was da ist, sondern das, wovon er glaubt, dass es da sei. Unser Sehvermögen beispielsweise hängt von der Retina ab, die Licht absorbiert und dann dem Gehirn Signale übermittelt. Dasselbe Schema gilt im übrigen für alle unsere Sinneswahrnehmungen. Dabei nimmt unsere Retina Farbe nicht wahr, wie es Foerster erklärt. Sie ist blind für die Qualität des Reizes und nur für die Quantität empfänglich. Das dürfte keine Überraschung sein, fügt er hinzu, denn in Wahrheit gibt es weder Licht noch Farbe an sich. Es gibt lediglich elektromagnetische Wellen. Desgleichen gibt es weder Töne noch Musik, lediglich momentane Änderungen des Luftdrucks auf unserem Trommelfell. Es gibt weder Kälte noch Wärme, lediglich Moleküle, die sich mit mehr oder weniger kinetischer Energie bewegen und so fort.

Das zeigt, dass „Realität" an sich nicht existiert, dass sie davon abhängt, auf welche Weise wir sie zu beobachten beschließen. Es zeigt, dass die elementaren Entitäten, aus der Realität besteht, ein Ding (eine Welle) und gleichzeitig ein anderes Ding (ein Teilchen) sein können – und dass diese Realität in jedem Fall in der Tiefe unbestimmt ist. Obwohl von mehreren Jahrhunderten physikalischer Theorien und Experimente untermauert, schwindet die materialistische Weltsicht vor unseren Augen. Wir müssen uns darauf vorbereiten, in eine völlig unbekannte Welt einzudringen.

Was hat das alles mit unserem Thema, der Super-Intuition zu tun? Ganz einfach: In der Super-Intuition erkennen wir Dinge und machen Erfahrungen, die der materialistischen Weltsicht scheinbar diametral entgegenstehen. Wenn wir unser Leben vom Intellekt bestimmen lassen, werden wir draußen in der Welt wahrscheinlich ein erfolgreiches Leben führen. Aber wir versäumen dabei unser Selbst, unsere eigene Wirklichkeit. Die eigene Wahrheit zu erkennen ist nicht leicht, denn die Wahrheit hat keine Form, ist nicht an einem bestimmten Ort zu finden, sondern liegt verborgen in allem – überall. Wenn wir aber durch die Super-Intuition zu Bewusstsein gekommen sind, können wir Wahrheit und Wirklichkeit wieder unmittelbar „wahrnehmen“.

Doch erst wenn wir die Wirklichkeit hinter dem Schein wahrnehmen, können wir zu dem werden, was wir wirklich sind.

Höchstes Bewusstsein

Es ist noch gar nicht so lange her, da zählte nur der Verstand. Ohne Ratio ging nichts – nur eine verstandesmäßige Lösung konnte die richtige sein. Wohin das geführt hat, sehen wir heute deutlich. Und so ist es kein Wunder, dass sich in den letzten Jahren – zuerst unmerklich, aber dann immer deutlicher – eine andere Einstellung entwickelt hat. Verstand, und daran zweifelt niemand, ist notwendig, aber Verstand ist nicht alles. Und so ist es nicht erstaunlich, dass das Wort Intuition heute wieder einen Platz nicht nur in unserem Sprachschatz, sondern auch einen höheren Stellenwert im täglichen Leben erhält. Selbst in den Chefetagen scheut man sich nicht mehr, intuitive Fähigkeiten – sprich Kreativität – zu fordern, weil Prognosen, die allein auf Analysen, Zahlen und Fakten beruhen, nicht den Erfolg garantieren. Dass für langfristige Entwicklungen Wissen und logisches Denken nicht mehr ausreichen, kann man in der Wirtschaft deutlich sehen. Deshalb ist Intuition als eine wichtige Fähigkeit besonders für Manager, aber auch für jeden anderen Berufstätigen immer mehr gefragt und wird in Zukunft noch mehr erforderlich sein, da oft in Sekunden wichtige Entscheidungen für die Zukunft getroffen werden müssen, obwohl nur unzureichende Informationen vorhanden sind.

Intuition und Ahnung

Der Wortstamm ist das lateinische Wort „intueri“ = „anschauen, betrachten“. Aus dem mittellateinischen „intuitio“ = „Eingebung, erahnendes Erfassen“ ergibt sich die heutige Bedeutung. Das Lexikon meint dazu: eine „unmittelbare innere Wahrnehmung“ oder ein „eingebungsartiges Schauen“.

Intuition ist also eine „nicht durch Erfahrung oder verstandesmäßige Überlegung gewonnene Einsicht“ beziehungsweise ein „unmittelbares Erleben der Wirklichkeit“. Goethe hat Intuition als „eine aus dem inneren Menschen sich entwickelnde Offenbarung“ genannt. Für den Psychoanalytiker C. G. Jung ist sie eine Art instinktives Begreifen, das bedeutet, etwas ganz und voll zu verstehen, ohne zu erklären, wie und warum das geschieht. Wir sprechen von Sensibilität, von Einfühlungsvermögen, Ahnung oder unbewusster Wahrnehmung, wenn wir Intuition beschreiben wollen, aber auch von schöpferischen Ideen und von Kreativität. Es ist das Erfassen von Vorgängen, die außerhalb unseres Bewusstseins stattfinden und die der Geist aufnimmt, weil er sich selbst zugewandt ist.

Wir sagen „eine Muse küsst uns“, wenn wir eine Idee, eine Inspiration, einen Ein-fall haben. Intuition ist die plötzliche Ein-gebung, wenn wir spüren, dass „etwas in der Luft liegt“ oder ein Bild vor „unserem geistigen Auge erscheint“, aber nicht als ein Film, sondern eher wie ein Schnappschuss – plötzlich und unerwartet. Wir haben einen „Gedankenblitz“, „eine Idee aus heiterem Himmel“. Manche Menschen entwickeln „einen guten Riecher“, haben ein „bestimmtes Gefühl in der Magengrube“.

Intuition kommt meist unerwartet, aber im richtigen Augenblick. Wir sind Lieferant der Intuition und gleichzeitig auch ihr Empfänger. Sie kommt von innen und hat doch oft einen Auslöser von außen. All das sind Beschreibungen. Ob es dann wirklich Intuition war, die uns geleitet hat, stellt sich nach einiger Zeit durch die absolute Richtigkeit des Ergebnisses heraus.

Intuition ist eine natürliche Fähigkeit des Menschen. Sie ist der zündende Funke, die hellsichtige Voraussage, die schöpferische Kraft, die kreative Energie, die innere Warnung, die Ahnung, ein Schlüsselelement bei Entdeckungen und Entscheidungen, Ratgeber im täglichen Leben. Intuition ist in einem weitaus größeren Maße an unserem Leben im Alltag beteiligt, als wir annehmen. Sie ist ein wesentlicher Bestandteil unserer Kreativität.

Das wichtigste Kriterium der Intuition ist, dass sie meist erst dann erkennbar wird, wenn wir bereits aufgegeben haben, ein Problem zu lösen, die Antwort auf eine schwierige Frage zu suchen, eine Situation zu verändern. Kurz: Wenn wir aufgehört haben, über eine Sache intensiv nachzudenken, kann Intuition entstehen. Allerdings ist nicht jede spontane Idee, nicht jede blitzartige Eingebung auch Intuition. Je mehr Sie sich mit Intuition befassen, desto leichter können Sie eine intuitive Eingebung von einer von außen beeinflussten Idee unterscheiden: Wenn Sie Ihre intuitiven Fähigkeiten entfalten, dann wissen Sie im entscheidenden Augenblick genau, ob es sich um Intuition handelt oder nicht.

Schon Einstein sagte: „Was wirklich zählt, ist Intuition"

Doch manche Menschen behaupten, es gibt gar keine Intuition; andere glauben zwar an ihre Existenz, nicht aber, dass sie in jedem Menschen angelegt ist. Aber es gibt auch Menschen, die auf die Wirksamkeit der Intuition schwören, weil sie wissen, dass sie ihre Erfolge der Intuition verdanken.

Eine positive Veränderung unserer Lebensbedingungen, eine Verbesserung der Lebensqualität sowie eine Weiterentwicklung in jeder Hinsicht kann nur durch eine Aktivierung der intuitiven Fähigkeiten erfolgen. Es ist deshalb höchste Zeit, dass wir uns mit dem Wesen der Intuition befassen, um zu lernen, dieses Potenzial freizusetzen und wirken zu lassen. Wir sollten alles tun, um uns in das „Informationsfeld des Allbewusstseins" wieder einzuschalten. Wenn uns dies gelingt, wird unser Leben um vieles leichter und schöner werden. Dann brauchen wir Entscheidungen nicht mehr zu „fällen" – wir

„treffen“ sie. Wir müssen dann nicht denken, analysieren, planen, denn die Intuition zeigt uns den richtigen Weg, „gibt“ uns die richtige Entscheidung „ein“. Es geht dabei nicht nur um unser persönliches Glück oder unseren beruflichen Erfolg, sondern es geht um alle Lebensbereiche und um die gesamte Menschheit. Die Zukunft wird nicht einfacher zu meistern sein als die Vergangenheit. Es werden immer häufiger Entscheidungen innerhalb von Sekunden zu treffen sein, obwohl zu diesem Zeitpunkt die dazu notwendigen Informationen gar nicht oder noch nicht vorhanden sind. Auch wird die technische Entwicklung noch schneller voranschreiten, und soeben erworbene Fakten können morgen bereits überholt sein. Langfristige Entscheidungen – ob für das Privatleben oder für die Existenz eines Unternehmens – werden deshalb immer schwieriger. Wir sehen, dass mit Wissen allein Entscheidungen für die nähere und entferntere Zukunft nicht mehr getroffen werden können. Experten sind sich deshalb einig darüber, dass künftig mehr erforderlich ist als nur der Verstand, denn sonst wird nicht nur die Fehlerquote steigen, sondern auch fehlerhafte Entscheidungen werden immer katastrophalere Folgen haben.

Modernes Leben und Intuition

Die Zivilisation brachte uns nicht nur Vorteile. Viele Fähigkeiten haben wir im Lauf der Jahrhunderte verloren oder uns sogar abtrainiert, weil sie nicht dem Trend der jeweiligen Epoche entsprachen; besonders solche Eigenschaften, die wir gerade in unserer heutigen modernen Welt dringend benötigten. Nehmen wir zum Beispiel die sinnliche Wahrnehmungsfähigkeit, die heute nur noch dem intellektuellen Erfassen einer Situation dient. Wären wir in der Lage, mit allen Sinnen unsere Umgebung wahrzunehmen, wieviel erfüllter verliefe unser Leben.

Intuition ist in jedem Menschen angelegt, verkümmert zwar im Laufe der Zeit, ist aber nicht verloren. Allerdings muss man unbedingt wissen, dass sie nicht auf mehr oder weniger glücklichen Umständen beruht, die außerhalb unseres Einflusses liegen. Sie ist auch nicht das, was wir als einen glücklichen Zufall betrachten. Ebensowenig ist Intuition nur einigen privilegierten Menschen vorbehalten. Jeder besitzt sie und kann sie einsetzen, kann Gebrauch von ihr machen; denn Intuition ist ein Teil des Menschen, gehört zu ihm genauso wie das Denken. Wie jede andere Fähigkeit muss auch die Intuition geweckt, entwickelt, geschult und gepflegt werden. Wer das tut, kann Intuition wie den Verstand einschalten. Mit etwas Geduld und einiger Übung können verschüttete Fähigkeiten wieder freigesetzt werden. Sie können Ihr Bewusstsein erweitern und Ihre Wahrnehmung verfeinern. Dann kann Intuition in Ihrem Leben wirken.

Eine Grundvoraussetzung für die Entfaltung der Intuition ist es zu erkennen, dass die logische Methode des Verstandes nur *eine* der Möglichkeiten zum Wahrnehmen der Wirklichkeit ist. Sie ist eingeschränkt, da der Verstand nur „linear" wahrnehmen und nicht mehrere Informationen gleichzeitig aufnehmen kann. Deshalb erfassen Sie auch nur einen Teil einer Botschaft, wenn Sie nur mit dem Verstand hören. Doch es gibt eine effektivere Möglichkeit, die jedem von uns zur Verfügung steht – die Intuition. Sie geschieht holistisch: *Alles* wird erfasst, *mehrdimensional* und *gleichzeitig*!

Wir sind in der Lage, nicht nur ein begonnenes Wort, sondern einen angefangenen Satz eines Gesprächspartners zu Ende zu führen. Der Satz etwa: „Auf der Brücke steht der Ka...", ist für uns problemlos mit „Kapitän" zu vollenden. Ebenso sind wir in der Lage, die Mimik und Gestik eines uns gänzlich unbekannten Menschen zu deuten, wenn sie unserem vorgegebenen kulturellen Muster entspricht. So können wir erkennen, ob sich der Mensch uns gegenüber unwohl fühlt oder ob er es genießt, mit uns zu sprechen. Diese Wahrnehmung erfolgt unbewusst – eben intuitiv.

Optimale Verbindung von Intuition und Verstand

Intuition versetzt uns in die Lage, *jede* Situation wirklich „auszuschöpfen". Das bedeutet: Auf einen Blick erkennen Sie den Vorteil einer Information. Sie wissen sofort:

- ★ Wie kann ich die Information am besten praktisch nu
- ★ Wie kann ich damit schneller Erfolg haben? (eine Position erreichen, mehr Umsatz erzielen, Kosten Steuern sparen, Kontakte schließen …)
- ★ Wie kann ich damit meine eigene Entwicklung fördern?
- ★ Wie kann ich mich besser motivieren, um die Erkenntnisse in die Tat umzusetzen?
- ★ Welche Zukunftsperspektive ergibt sich daraus?
- ★ Wie verhilft mir diese Information zu einer Verbesserung? (berufliche oder private Situation, Finanzen …)

Ihre Intuition kann Ihnen in jeder Lage helfen. Wenn Sie bei einem Telefonat intuitiv so sprechen, dass es Ihrem Gesprächspartner unter die Haut geht, Sie sozusagen „subkutan" sprechen, dann erreichen Ihre Worte wirklich ihn – und zwar nicht nur seine Ohren. Er versteht genau, was Sie sagen und damit meinen. Und dann bleibt der Erfolg nicht aus. Sie erreichen Ihre Ziele ohne Zeitverlust, weil Sie intuitiv die richtigen Worte gewählt haben. Wenn Sie Ihre Intuition für Sie wirken lassen, so werden Sie zur rechten Zeit am richtigen Ort sein, das Richtige wahrnehmen, das Richtige sagen und tun und so das Richtige bewirken. Intuitiv wissen Sie, ob Sie in diesem Augenblick aktiv werden sollten oder ob es besser wäre, noch zu warten. Sie wissen, wann die Zeit reif ist: Eine gute Ernte kann nur einfahren, wer zur richtigen Zeit die Saat ausstreut.

★

Intuition ist in jedem Menschen angelegt – auch in Ihnen.
Entfalten Sie Ihre Fähigkeiten, werden Sie der,
der Sie wirklich sind.

★

Intuition ist Vertrauen

Ein kleines Kind vertraut auf seine Wahrnehmung und folgt seinen Gefühlen. Es ist spontan, offen und ehrlich. Doch meist dauert es nicht allzulange, bis die Eltern dem Kleinen beigebracht haben, dass es gelobt wird, wenn es das tut, was die Eltern wünschen. Klein Anna wird mit Schokolade belohnt, wenn sie nicht beim Zahnarzt weint, obwohl sie schreckliche Angst hat. Sie wird bestraft, wenn sie den Spinat nicht isst, weil sie ihn nicht mag. So lernt der Mensch von klein auf, sich anzupassen und seine Gefühle zu unterdrücken, und je mehr er das tut, desto mehr verliert er den Kontakt zu seinem wahren Ich, zu seinem Selbst. In dem Maße, in dem wir uns den Forderungen unserer Eltern, Lehrer und Ausbilder unterwerfen, entfernen wir uns von unserem Selbst. Unsere Wahrnehmungsfähigkeit wird immer geringer, denn wir orientieren uns an festgelegten Mustern, halten uns an Vorgaben, über die andere Menschen entschieden haben, lassen uns in ein vorgefertigtes Schema pressen.

Nur wenige Kinder werden von ihrem Umfeld darin bestärkt, auf ihr Selbst zu vertrauen und ihrer eigenen inneren Wahrheit zu folgen, ganz einfach so zu sein, wie sie sind. Und so gibt es leider viel zu wenige Menschen, die wirklich sie selbst sind, ihr wahres Selbst leben.

Wie ist das mit Ihnen? Das intuitive Wissen, das jeder von uns in sich trägt, wurde uns bereits von klein auf aberzogen und unterdrückt. Statt unserer inneren Wahrheit zu folgen, wurde uns beigebracht, dass wir uns an sogenannten „Tatsachen“ zu orientieren hätten, unabhängig davon, ob uns diese gut taten, ob wir sie mochten oder nicht. Wir dachten nicht einmal daran, sie in Zweifel zu stellen.

Deshalb sind wir auch nie auf den Gedanken gekommen, dass wir die Tatsachen mit Hilfe der Intuition verändern und nach unseren Vorstellungen gestalten – somit nicht Opfer der Tatsachen, sondern ihr Schöpfer sein können. Um das zu erreichen, müssen wir zuerst einen Schritt zurückgehen. Es ist dazu notwendig zu er-lernen, was wir ver-lernt haben.

Grundwissen Intuition

1. Der inneren Wahrheit *vertrauen*;
2. *erkennen*, dass alles Wissen und alle Wahrheit in uns liegen;
3. nach der intuitiven Eingebung *handeln*.

Vom Verstand bestimmt – wie Sie es ja kaum anders kennen –, ist Ihnen der Umgang mit der Intuition ungewohnt. Es erscheint Ihnen suspekt, vielleicht sogar riskant, auf etwas zu vertrauen, das Sie nicht kennen. Sie gehen lieber auf „Nummer Sicher", weil Sie glauben, damit kann Ihnen nicht viel passieren. Aber wie sehen die Resultate dieser Vorgehensweise aus? Ein kritischer Blick auf Ihre Lebenssituation, auf Ihre Vergangenheit beweist, dass selbst Ihr Verstand nicht so unfehlbar ist, wie Sie das gern glauben möchten. Schreiben Sie doch einfach einmal die Misserfolge der letzten zwölf Monate auf, listen Sie die Fehler auf, die Sie – aufgrund Ihrer verstandesmäßigen Entscheidung – gemacht haben. Und dann beweisen Sie Mut und wagen Sie den Versuch, einen neuen Weg zu gehen – sich für sich selbst zu entscheiden, die innere Wahrheit zu entdecken, den Zugang zu Ihrem Selbst zu finden. Damit erwecken Sie Ihre intuitiven Kräfte, Sie lernen nach und nach, Ihrer Intuition zu vertrauen. Ihr Leben wird eine andere Dimension erhalten. Betrachten Sie Ihre Aufstellung, dann fällt es Ihnen leichter. Wechseln Sie auf die andere Seite – auf die Seite der Gewinner, der Erfolgreichen! Was können Sie gewinnen?

- ★ Ihre Ganzheit;
- ★ Ihre innere Sicherheit;
- ★ Ihre wahre Kraft.

Übrigens ist eine Entscheidung für Intuition nicht automatisch ein Votum gegen den Verstand. Sie brauchen sich nicht völlig von ihm abwenden. Auch er erfüllt seine Aufgabe, wenn Sie ihn richtig einsetzen. Der Verstand kann der intuitiven Weisheit Ausdruck verleihen und muss sie nicht – wie bisher – unterdrücken. Verstand und Intuition können also durchaus zusammenwirken.

Am schwierigsten ist es, Vertrauen zu entwickeln. Ver-trauen bedeutet, sich einlassen auf etwas, einem Menschen oder einer Sache trauen. Das fällt vielen Menschen schwer. Je öfter jemand enttäuscht wurde, desto misstrauischer ist er. Doch überlegen Sie einmal, was bedeutet „Ent-täuschung"? Nichts anderes, als dass Sie einer Täuschung erlegen waren und Sie nun aus dieser Täuschung „herausfallen". Sie werden keine Enttäuschung mehr erfahren, wenn Sie auf Ihre Intuition vertrauen.

Sie können Irrtümer erleben, können Fehler machen – ganz besonders fehleranfällig sind Sie, wenn Sie sich immer wieder in die Scheinsicherheit Ihres Verstandes flüchten. Ihr Verstand kann Ihnen nämlich durchaus überzeugende Argumente gegen die Intuition liefern. Wie wenig diese stimmen, zeigt ein Blick auf die Aufstellung über Ihre „Erfolge" in der Vergangenheit. Waren Sie nicht oft davon überzeugt, dass alle Voraussetzungen stimmten? Wie waren die Resultate? Wie oft haben Sie bzw. Ihr Verstand sich geirrt? Wie oft entwickelte sich eine Situation ganz anders als vorhergesehen, wie oft entglitten die Fäden Ihren Händen, wie oft eskalierte ein Problem? Akzeptieren Sie, dass Ihre Intuition immer Recht hat! Gehen Sie darauf ein, und tun Sie etwas, was Sie vielleicht noch nie in Ihrem Leben wagten.

Vertrauen Sie sich und Ihrem intuitiven Potenzial

Vertrauen Sie, auch wenn Sie noch nicht daran glauben (können), weil Ihnen im Augenblick noch kein Beweis vorliegt. Sie können selbst erfahren, dass es stimmt: Es gibt eine Kraft in Ihnen, die immer Recht hat, eine Kraft, die Ihre Existenz in eine andere Ebene erheben kann. Am Ende des Buches haben Sie den Beweis – den Sie dann gar nicht mehr benötigen, weil Sie, geleitet von Ihrer Intuition, wissen:

★

Die Intuition hat immer Recht!

★

Sie können lernen, Ihr Wahrzunehmungsvermögen, Ihr Verständnis, ja sogar Ihr Vertrauen zu trainieren. Das ist eine Kunst. Wie jede Kunst kann sich auch Intuition bei entsprechender Begabung durch ständiges Üben entwickeln und vervollkommnen. Glauben Sie mir, Sie haben die besten Voraussetzungen in sich und auch die dafür notwendige Begabung! Ihr Einsatz ist nicht hoch: Übungen, Geduld mit sich selbst und Zeit.

Erinnern Sie sich noch an die Schöpfungsgeschichte? Adam wurde nach dem „Bilde Gottes" geschaffen; im Paradies spricht Gott noch direkt zu Adam. Mit der Vertreibung aus dem Paradies endet die direkte Kommunikation. Zu einem frühen Nachkommen von Adam, dem Abimelech, spricht Gott nur noch im Traum; später zu Jakob sogar nur durch einen Engel im Traum. Joseph, dem Sohn Jakobs, bleiben nur die Träume, die er selbst deuten muss. Der ägyptische Pharao schließlich erinnert sich an einen Traum, kann ihn aber selbst nicht mehr deuten. Und wie sieht es heute aus? Wir stehen am Ende dieser immer schwächer werdenden Kommunikationskette. Viele Menschen können sich schon gar nicht mehr an ihre Träume erinnern. Und wenn sie sich erinnern, können sie keinen Sinn entdecken oder ihn nicht verstehen.

Daran sehen wir deutlich, dass wir den Zugang zu unserem inneren Wissen verloren haben. Finden Sie deshalb einen Weg, finden Sie wieder zurück zu sich, zu Ihrem innersten Selbst:

★

Vertrauen Sie auf sich und Ihre intuitiven Fähigkeiten.
Damit sind Sie immer auf der Gewinnerseite,
denn die Intuition hat immer Recht.

★

Die außersinnliche Wahrnehmung (ASW)

Es existieren eine Vielzahl von Wahrnehmungsformen, die zwar verstandesmäßig nicht beweisbar, aber doch existent sind:

★ *Telepathie* – Gedanken-Übertragung: Sie sprechen die Gedanken eines anderen Menschen aus.
★ *Clairentience* – Klar-Fühlen: Sie „fühlen" genau, wenn jemand nicht die Wahrheit spricht, Sie spüren, wenn etwas nicht „stimmt".
★ *Clairvoyance* – Hell-Sicht: Sie „sehen", was gerade an einem anderen Ort geschieht, oder Sie „sehen" den Charakter eines unbekannten Menschen.
★ *Clairaudience* – Hell-Hören: das Gewissen; die „innere Stimme" oder der „innere Meister".
★ *Präkognition* – Voraus-Sicht: Sie erkennen die Zukunft, „erleben" eine Situation, die erst noch geschehen wird, sehen in die Zukunft.
★ *Psychometrie* – Energie-Lesen: Ein Gegenstand gibt Ihnen Informationen über den Besitzer, z. B. über den Charakter oder die Lebenssituation der betreffenden Person. Deren Energieschwingungen haften an diesem Gegenstand.
★ *Fern-Wahrnehmung*: Mütter z. B. fühlen, wenn ihrem Kind etwas passiert, obwohl es nicht in der Nähe ist. Liebende spüren, wenn es dem Partner gut – oder schlecht – geht, ohne ihn zu sehen oder zu hören.
★ *Retrokognition* – Rück-Schau: die Fähigkeit, in die Vergangenheit zu sehen, in frühere Leben eintauchen zu können – Aktivierung von Erfahrungen aus einer Zeit, an die man sich normalerweise nicht mehr erinnern kann.

Haben Sie schon Ähnliches erlebt, die eine oder andere vergleichbare Erfahrung gemacht? Oder hat sich schon einmal einer Ihrer Träume erfüllt?

Vielleicht erinnern Sie sich an eine andere Art der „Eingebung", an einen Gedankenblitz oder ein mulmiges Gefühl, das Sie von einem Vorhaben abhielt?

Haben Sie einmal an einen bestimmten Menschen gedacht und am selben Tag einen Brief oder möglicherweise Minuten später einen Anruf von ihm erhalten? Sind Sie dieser Person begegnet? Vielleicht an einem für Sie beide ungewöhnlichen Ort?

Haben Sie einen Menschen kennengelernt, bei dem Sie im ersten Augenblick das Gefühl hatten, ihn schon lange oder sehr gut zu kennen? Und hat sich dieser Eindruck in der Folgezeit dann bestätigt?

Haben Sie schon einmal das Gefühl erlebt, sich außerhalb Ihres Körpers an einem anderen Ort zu befinden? Oder wissen Sie um das Gefühl, dass sich jemand in Ihrer Nähe befindet, ohne dass Sie einen Menschen gesehen oder gehört haben?

Solche und ähnliche Erfahrungen gehören in den Bereich der außersinnlichen Wahrnehmungen. Wenn Sie konzentriert zurückdenken, dann fällt Ihnen sicherlich ein ähnliches Erlebnis ein. Das beweist Ihnen, dass auch Sie schon einmal die Existenz Ihres „Dritten Auges" und seine Wirksamkeit gespürt haben. Vielleicht ist Ihnen nur nicht bewusst, welche Fähigkeiten in Ihnen schlummern, weil Sie sie noch gar nicht bewusst wahrgenommen haben.

Solche und andere Fähigkeiten aber können Sie noch verstärken: Sie sind nämlich viel begabter und in Ihnen steckt viel mehr, als Sie bisher angenommen haben. Halten Sie sich aber nicht für unbegabt, wenn Sie sich nicht an derartige Situationen erinnern können. Das bedeutet nicht, dass Ihnen die intuitive Veranlagung fehlt. Sie haben vermutlich nur noch nie auf solche Dinge geachtet, deshalb sind sie Ihnen nicht aufgefallen und nicht in Ihrem Gedächtnis haften geblieben.

★

In Ihnen steckt viel mehr als Sie denken –
entfalten Sie Ihre Fähigkeiten.

★

Einladung in den Augenblick

Ich möchte Sie jetzt einladen, mit mir in diesen Augenblick zu kommen. Stellen Sie sich vor, dieser Augenblick sei ein Ort in Ihnen.

Schließen Sie die Augen, öffnen Sie die Tür nach innen und treten Sie ein in Ihre lichte Innenwelt. Suchen Sie sich dort einen schönen Platz und machen Sie es sich bequem. Spüren Sie, wie eine Last von Ihnen abfällt, wie Sie sich von allem lösen, was nicht in diesen Augenblick gehört, wie Sie ganz im Hier und Jetzt ankommen. Machen Sie sich einmal bewusst, wie gut es Ihnen in diesem Augenblick geht.

Sie spüren Ihren Körper gar nicht, es ist, als ob Sie gar keinen Körper mehr hätten. In diesem Augenblick ist es auch völlig gleichgültig, ob Sie jung oder alt, gesund oder krank sind. In diesem Augenblick sind Sie ewig. Sie sind reines Sein, Sie sind am Ziel. Sie haben alles erreicht, was man in diesem Leben erreichen kann, Sie sind Sie selbst. Sie sind reines Sein, ewige Gegenwart ohne Vergangenheit und ohne Zukunft. Die einzige Wirklichkeit heißt: Ich bin.

Die Welt ist ganz weit, ich aber bin. Bin reines Sein. Ruhe in meiner Mitte. Kehre mit dieser Ruhe jetzt zurück an meinen Platz, ins Hier und Jetzt. In diesem Augenblick sind Sie ganz Sie selbst. Und wenn Sie wieder einmal frei sein wollen und einfach *sein* möchten, dann kehren Sie zurück zu *diesem Augenblick.*

Wer besitzt Intuition?

Diese Frage ist ganz einfach zu beantworten: Jeder Mensch besitzt Intuition, verfügt über ein intuitives Potenzial. Wir alle kennen das: Seltsame Ahnungen überkommen uns, wir haben ein gutes oder ungutes Gefühl, folgen einer inneren Stimme, verspüren in bestimmten Situationen oder bei konkreten Vorstellungen ein Ziehen in der Magengegend. Dieses intuitive

Potenzial, das in jedem von uns angelegt ist, wird nur von den meisten Menschen nicht richtig beachtet, von vielen sogar regelrecht vernachlässigt oder auch unterdrückt und als Unsinn abgetan. In jedem Menschen sind die Fähigkeit angelegt und das Wissen vorhanden, um in jeder Situation die richtige Entscheidung treffen und jedes noch so schwierige Problem lösen zu können. Schade nur, dass so wenige Menschen Gebrauch von diesem Potenzial machen.

Die Wahrnehmung spielt bei der Intuition eine wichtige Rolle. Es gibt zwei Arten: die bewusste und die intuitive Wahrnehmung. Jeder von uns hat seine eigene, individuelle Art der Aufnahme von Eindrücken, des Umgangs mit einer Situation und der Erinnerung. Die *bewusste Wahrnehmung* geschieht über den *Verstand,* und wir fassen sie in *Worte*. Diese Verbalisierung gibt uns Sicherheit und Vertrauen, weil wir es von klein auf so gelernt haben. Auf diese Art und Weise „verarbeiten" wir alles, was wir bewusst mit unseren fünf Sinnen aufnehmen, was wir sehen, riechen, fühlen, hören und schmecken.

Ganz anders die *intuitive Wahrnehmung*: Sie erfolgt auf einer *energetischen und holistischen Ebene*. Das intuitive Wissen lässt sich nur sehr schwer in Worte fassen, weil wir es eben nicht sehen, hören oder riechen können – und hier liegt die Schwierigkeit für den modernen Menschen: Wie soll er Vertrauen entwickeln in etwas, das er doch nicht greifen, ja nicht einmal begreifen kann. Wie soll er Vertrauen haben zu etwas, das er nicht wenigstens mit einem seiner fünf Sinne erfassen kann?

Nun mögen manche Menschen einwenden, dass sie überhaupt kein intuitives Wissen besitzen. Ich betone und wiederhole es deshalb auch immer wieder:

Jeder Mensch hat die Veranlagung zur Intuition

Wer allerdings diese Fähigkeit nicht trainiert, findet keinen Zugang zu ihr, kann sie nicht nutzen. Warum hat ein Gewichtheber starke Muskeln? Weil sie trainiert werden. Haben Sie sich einmal gefragt, warum der Verstand so gut funktioniert? Weil er ständig trainiert wird. Warum wird der Verstand so hoch eingeschätzt? Weil er von den meisten Menschen einen hohen Stellenwert erhält. Wer hindert Sie daran, das zu ändern?

Eine andere Einstellung ist erforderlich, um Intuition zuzulassen. Ohne Druck durch äußere Umstände verändert sich der Mensch im allgemeinen langsam, weil keine zwingende Notwendigkeit zu einer Anstrengung vorliegt. Eine spontane, innere Wandlung wird meist nur durch eine außergewöhnliche Situation hervorgerufen: Wer sich in akuter Lebensgefahr, in einer Notlage befindet, lebenswichtige Entscheidungen treffen muss, der erfährt unvorbereitet die Wirkung der Intuition. Es muss aber nicht immer ein spektakulärer Anlass sein, auch gezielte geistige Schulung kann eine Veränderung bewirken.

Die Devise von Hans-Jürgen lautete: „Ich glaube, was ich sehe. Für mich zählen nur Fakten." Mit dieser Einstellung gelang ihm ein schneller Aufstieg zum Direktor. Seine klare Aussage schien sich zu bestätigen. Er war dank der hervorragenden Marketingspezialisten, die er sich in die Firma geholt hatte, der Konkurrenz immer einen Schritt voraus, konnte seine Produkte als erste am Markt platzieren. Und der Erfolg schien ihm Recht zu geben. Eines Tages ging es um eine enorme finanzielle Investition im Ausland. Die Zahlen, die Fakten waren o.k.; alles sprach für diesen Schritt. Trotzdem verspürte Hans-Jürgen ein ungewohntes, seltsames Gefühl der Unsicherheit, das er beiseite schob. Das Projekt wurde durchgeführt – und erwies sich als Flop. Es brachte die Firma an den Rand des finanziellen Ruins und zwang Hans-Jürgen zum Umdenken.

Intuitives Wahrnehmen, die Übertragung von Gedanken oder die Fähigkeit, Geschehnisse in der Zukunft vorhersagen zu können – all das sind ganz normale menschliche Fähigkeiten. Weil wir uns dieser nicht mehr bewusst sind, können wir Informationen nicht mehr richtig auswerten, Signale nicht erkennen und deuten. So lassen wir unser Leben verstreichen, ohne dieses Potenzial in uns zu nutzen.

★

Geben Sie der Intuition einen anderen Stellenwert:
Das Loslassen vom Verstand eröffnet Ihnen ungeahnte Möglichkeiten.

★

Kann man Intuition „trainieren“?

Die Intuition – das „unmittelbare Erfassen der Wirklichkeit“ – lässt Sie immer die richtige Entscheidung treffen. Sie mögen vielleicht nun einwenden, dass man auch mit Logik und klarem Verstand richtige Entscheidungen treffen kann. Dabei gibt es einen gravierenden Unterschied: Die intuitive Entscheidung „stimmt“, und zwar auch langfristig und in allen Bereichen. Erinnern Sie sich, wie oft Sie schon in Ihrem Leben verstandesmäßig getroffene Entscheidungen revidieren mussten.

Die Basis schaffen

So erwecken Sie Ihre Intuition

Die Intuition benötigt einige Grundvoraussetzungen, damit sie sich entfalten kann. Viel liegt an unserer Einstellung, in unseren Gedanken, in Vorurteilen, die uns oftmals gar nicht bewusst sind. Prüfen Sie deshalb, wie es mit Ihrer Einstellung zur Intuition tatsächlich aussieht. Möglicherweise wird Ihnen erst jetzt bewusst, dass Sie eine anti-intuitive Haltung haben. Wenn Ihre persönliche Einstellung zur Intuition, Ihre Zweifel, Ihr Misstrauen Sie an der Entfaltung Ihrer intuitiven Kräfte hindern, dann finden Sie die Ursachen dafür heraus und ändern Sie Ihre Einstellung. Wenn Sie Ihr Potenzial entwickeln möchten:

- ★ Werden Sie sich Ihrer Einstellung zur Intuition bewusst. Sind Sie skeptisch, wenn jemand von seinen intuitiven Fähigkeiten spricht, zweifeln Sie, ob es Intuition gibt, sind Sie misstrauisch, wenn Sie sich auf Gefühle verlassen sollen?
- ★ Entscheiden Sie sich für die Intuition, geben Sie ihr Raum in Ihrem Leben. Schenken Sie Ihrer Intuition Vertrauen. Lassen Sie einfach einmal geschehen. Tun Sie Dinge spontan, ohne vorher Für und Wider abzuwägen.
- ★ Verabschieden Sie sich von dem Gedanken, dass nur gut ist, was vernünftig ist.

- Öffnen Sie sich lieber für den Aspekt, dass richtig ist, was stimmt – was stimmig ist.
- Gehen Sie mit einer positiven Einstellung in jeden Tag, nehmen Sie das Leben von der spielerischen Seite, lachen Sie mehr, und lassen Sie Freude in Ihrem Leben wachsen.
- Denken Sie positiv. Schreiben Sie eine Woche lang auf, was Sie denken, und ziehen Sie die Konsequenzen aus dieser Niederschrift. Jammern Sie nicht über Fehlschläge, sehen Sie lieber jeden noch so kleinen Erfolg. Behindern Sie sich nicht selbst durch Gedanken wie „Ich kann das nicht", „Das schaffe ich nie".
- Kräftigen Sie Ihr Selbstbewusstsein, lernen Sie sich und Ihre Stärken kennen. Nicht zufällig sind intuitive Menschen selbstbewusst und vertrauen auf ihre eigene innere Sicherheit; sie sind innerlich frei und unabhängig und haben eine positive Grundhaltung. Es sind Menschen, die offen und flexibel sind, keine Angst vor Veränderungen haben, sich nicht in starre Regeln und Verhaltensweisen einpressen lassen. Kurz gesagt: Menschen, die auf ihre eigenen Fähigkeiten bauen und deshalb weniger Angst vor Unbekanntem haben, deren Bedürfnis nach Sicherheit nicht jede neue Idee von vornherein als Risiko ausschaltet.
- Glauben Sie daran, dass Ihre Intuition nicht nur eine Lösung für Ihr Problem, eine Antwort auf Ihre Frage weiß, sondern die *ideale* Lösung kennt und die *beste* Antwort weiß.

Bewusstseinsübung

Wir können unser Bewusstsein in drei Richtungen lenken. Worauf wir unser Bewusstsein richten, danach richtet sich unser Leben:

- Wir können unser Bewusstsein auf negative Dinge und Umstände in der Welt lenken. Dann sehen wir Ungerechtigkeit, Hass, Neid, Angst, Egoismus usw. Als Folge davon nimmt unser Bewusstsein diese negativen Schwingungen auf, und sie manifestieren sich in unserem Leben.

- ★ Wir können unser Bewusstsein auch auf die vielen positiven Dinge dieser Welt richten. Dann sehen wir Hilfsbereitschaft, Freundschaft, Verständnis, die Freiheit, die wir genießen, unsere Kraft und unsere Möglichkeit, einen als falsch erkannten Weg jederzeit zu verlassen und den richtigen Weg zu gehen. Als Folge davon nimmt unser Bewusstsein diese positive Schwingung an, und sie manifestiert sich in unserem Leben.
- ★ Wir können unser Bewusstsein allerdings auch auf das höchste Prinzip richten, auf die schöpferische Urkraft, auf Gott. Dann schauen wir nicht mehr auf eine bestimmte Form, auf eine Zeit oder einen Raum oder Ort, sondern richten unsere Aufmerksamkeit nur noch darauf, was das Leben in diesem Augenblick von uns will. Wir sind in steter Harmonie mit dem Strom des Lebens und leben ein erfülltes Leben. Die Notwendigkeit weiterer Inkarnationen erübrigt sich, wir sind endlich frei vom Schicksal und leben gemäß unserer Bestimmung in Harmonie mit der Schöpfung.

Von der Gedanken-Leere zur Geistes-Gegenwart

Sorgen Sie für günstige Umstände, damit Ihre Intuition sich entfalten kann.

- ★ Finden Sie heraus, was Ihnen gut tut: vielleicht ein Zustand der Gedankenstille, eine Atempause. Lernen Sie, Ihre Gedanken loszulassen, gedanken-leer zu werden. Dann können Sie auch schon den nächsten Schritt machen:
- ★ Das Loslösen vom Ich und das Einswerden mit der allumfassenden Wirklichkeit. Damit kommen Sie zur Geistes-Gegenwart.
- ★ Finden Sie zu einem Zustand des „Eins-Seins“ mit sich und der Welt.

Training, Training, Training

Nutzen Sie jede Gelegenheit zu einem persönlichen Intuitions-Training.

- ★ Fragen Sie sich, wer am Telefon ist, von wem Sie heute Post erhalten, ob es eine gute oder schlechte Nachricht sein wird.
- ★ Erspüren Sie, welcher Aufzug zuerst ankommt, auf welcher Strecke Sie schneller ins Büro kommen, wie das Wetter morgen sein wird.
- ★ Üben Sie, bei unwichtigen Dingen schnelle Entscheidungen zu treffen, z. B. welches Gericht Sie beim Mittagessen bestellen, welche Schuhe Sie heute anziehen.
- ★ Lassen Sie sich bei der Suche nach einem Parkplatz von innen „führen".
- ★ Machen Sie ein Wahrnehmungs-Training: Schalten Sie den Ton des Fernsehers ab und „erfassen" Sie die Situation, obwohl Sie doch nur noch Ihre Augen benutzen.
- ★ Beschreiben Sie mit Worten einen Menschen, den Sie gerade auf der Straße gesehen haben: Größe, Kleidung, Statur, Haarfarbe, Augenfarbe etc.
- ★ Und dann stellen Sie sich diesen Menschen bildhaft vor.
- ★ Beschreiben Sie einen Menschen, den Sie kennengelernt und mit dem Sie nur kurz gesprochen haben: Stimmung, familiäre Situation, Beruf, Interessen, Gesundheit etc.
- ★ Stellen Sie fest, auf welche Art und Weise sich Ihre Intuition „bemerkbar" macht, z. B. eher als Gefühl, als Bild oder hören Sie eine Stimme?

Eine andere Hilfe kann auch ein *Tagtraum* sein. Lassen Sie einen Film vor Ihrem geistigen Auge ablaufen, sehen Sie in diesem Film eine zukünftige Situation. Sie wollten beispielsweise schon immer in Italien leben und arbeiten. Stellen Sie sich nun vor, wie Sie mit italienischen Freunden in Ihrer Wohnung ein Fest feiern, wie Sie sich im Büro mit Ihrem Vorgesetzten fließend italienisch unterhalten oder wie Sie mit Ihrer Familie abends noch ausgehen, im Freien sitzen und sich amüsieren.

Lassen Sie geschehen, lassen Sie Ihre Gedanken frei fließen, lassen Sie Ihrer Phantasie freien Lauf und bleiben Sie nur Betrachter. Fühlen Sie sich wie im Kino, und verfolgen Sie als Zuschauer Ihren persönlichen Film. Sie werden erleben, dass das Geschehen in Ihrem Tagtraum eine Eigendynamik entwickelt. Achten Sie dabei auch auf Ihre Gefühle. Fühlen Sie sich wohl, sind Sie zufrieden oder sogar glücklich bei der Betrachtung Ihres Filmes? Spüren Sie, dass es „stimmt"? Ist es wirklich Ihr Weg? Mit solchen aktiven Träumen geben Sie Ihrer Intuition eine Möglichkeit, aktiv zu werden und Ihr Tun täglich zu beeinflussen.

Intuition und Verstand

Der Sitz der Intuition ist die rechte Hemisphäre des Gehirns, die gern auch die „stumme" Seite genannt wird, weil sie nicht verbalisieren und artikulieren kann. Diese Fähigkeiten haben ihren Sitz in der linken Hemisphäre, wo der logische Verstand angesiedelt ist. Das logische Denken besteht aus einer Folge von einzelnen nachvollziehbaren Schritten. Geistige Anstrengung sowie eine bestimmte Absicht sind dafür notwendig. Wer beide Teile des Gehirns gleichzeitig zu nutzen weiß, kann die größten Erfolge erzielen. Und dann ist es auch möglich, Intuition wirken zu lassen. Das unmittelbare Erfassen der Wahrheit und Wirklichkeit geschieht unabhängig vom bewussten Denken, vom Verstand.

Sehr oft entsteht Intuition, wenn der Verstand schweigt, in einer Denkpause, wenn er nicht mehr weiterweiß. In solchen Situationen haben viele Menschen plötzlich einen „Ein-fall". Dieser Gedankenblitz kommt aus dem Überbewusstsein und wird sofort als wahr und richtig erkannt. Manchmal erfolgt Intuition auch als Ergänzung zum Verstand. Tagelang analysieren wir, befassen uns mit Fakten und Statistiken und kommen zu keiner Lösung. Und ganz plötzlich kommt der geistige Durchbruch: Wir hatten eine zündende Idee, einen Einfall!

Oder aber Sie haben verstandesmäßig eine gute Lösung gefunden, haben aber keine innere Ruhe bei dem Gedanken. Deshalb suchen Sie weiter und kommen zu einem anderen Ergebnis, das Intuition und Verstand vereint. Intuition kann sich auch des Verstandes bemächtigen.

Schwer zu identifizieren ist die Intuition, wenn sie nur kurz durch unser Bewusstsein huscht. Dann bleibt nur die Erinnerung – meist in Form von „Eben habe ich es noch gewusst …“ Die Lösung schien zum Greifen nahe – ähnlich einer Schneeflocke, die man mit der Hand zu fangen versucht: Blitzschnell schmilzt sie dahin. So ist es auch oft mit einer intuitiven Empfindung. Sie ist ganz nah und doch so fern. Aber im Gegensatz zur Schneeflocke, die sich unwiderruflich auflöst, können Sie sich die Intuition wieder herbeiholen. Stellen Sie einfach die Situation wieder her, in der die Intuition erfolgte. Versetzen Sie sich wieder in die gleiche Stimmung, denken Sie die gleichen Gedanken noch einmal – damit können Sie den intuitiven Zustand wieder herstellen.

Das intuitive Erfassen – energetisch und holistisch – führt zu einem unmittelbaren Verständnis, dessen Reichweite umfassend und grenzenlos ist. Es kann uns über alle Grenzen hinweg führen zum „universellen Denken“ – einem Hauptmerkmal der Erleuchtung.

★

Intuition und Verstand können sich ergänzen.
Es kommt darauf an, was Sie mehr trainieren.

★

Unser Potenzial ist größer als wir denken

Sicher wissen Sie, dass jeder Mensch ein individuelles Unterbewusstsein hat. Aber wussten Sie auch, dass alle Menschen und Kulturen eine gemeinsame Urerfahrung haben, egal, ob Sie in Afrika, Asien oder in der Südsee nachforschen? Kaum zu glauben ist auch, dass in allen Mythen die Erde gleich beschrieben wird, und zwar so, wie sie zu Zeiten aussah, als es noch keine Menschen gab. Noch erstaunlicher, dass diese Beschreibungen heute sogar vom wissenschaftlichen Standpunkt aus als exakt gelten. Hier haben wir einen überzeugenden Beweis für die Existenz des kollektiven Unterbewusstseins. Es verbindet alle Menschen zu allen Zeiten und bezieht sich auf uralte und universale Denkformen der Menschheit, deren Inhalte jedem vertraut sind. Dabei spielt es gar keine Rolle, ob es sich um einen amerikanischen Großindustriellen, einen tibetanischen Mönch oder einen südamerikanischen Bauern handelt: Alle Menschen, unabhängig von Stand, Alter, Religion, Rasse oder Epoche, sind an dieses Unterbewusstsein angeschlossen. Dieses kann man als eine allgemeine seelische Grundlage überpersönlicher Natur ansehen. In jedem neugeborenen Baby ist dieses Ur-Wissen bereits vorhanden, es kennt die Ordnung der Welt, bevor es überhaupt ein Wort sprechen kann.

Der Psychoanalytiker C.G. Jung konnte universelle Denkmuster nachweisen, die überall anzutreffen sind und die er Archetypen nannte. Daraus ergibt sich der Schluss, dass in jedem Menschen ein unerhörtes Potenzial an Wissen und Erfahrung vorhanden ist. Intuitive Fähigkeiten basieren auf der direkten Verbindung zwischen dem Bewusstsein und den Archetypen, die es ermöglichen, Erfahrungen sinnvoll zu interpretieren und die richtigen gedanklichen Impulse im gegebenen Augenblick zu initiieren. Wer diese Fähigkeiten nutzt, ist in der Lage, wirklich zu be-greifen, zu ver-stehen, was in der Welt geschieht. Er kann kommende Ereignisse vorhersehen, kann Möglichkeiten und Chancen entdecken.

Unser Leben und unsere Welt wären in einem anderen Zustand, würden wir dieses Potenzial besser nutzen. Was uns fehlt oder abhanden gekommen ist, das ist der Schlüssel zu diesem reichen Schatz in uns selbst.

Warum sich mit 15 Prozent zufriedengeben?

Es wird Sie überraschen, dass selbst ein hochintelligenter Mensch nur etwa 15 Prozent seiner geistigen Fähigkeiten nutzt. Stellen Sie sich vor, Sie besichtigen eine Werkhalle, in der Autos hergestellt werden. In der großen Halle arbeitet jedoch nur jede 5. Maschine. Sie fragen den Betriebsleiter, der Sie herumführt, nach dem Grund und erfahren, dass die Maschinen durchaus in Ordnung seien, jedoch nicht richtig eingelaufen seien und deshalb nicht benutzt würden. Nun wundern Sie sich nicht mehr, warum die Firma kurz vor dem Konkurs steht.

Warum geben auch Sie sich mit einem Bruchteil Ihrer geistigen Kapazität zufrieden? Möchten Sie nicht Ihr geistiges Potenzial besser ausschöpfen, die ungenutzten Kapazitäten zur Verbesserung Ihres Lebens erwecken? Sie müssen doch nur lernen, Ihr „Denk-Instrument" zu beherrschen. Das hat noch einen anderen angenehmen Nebeneffekt: Sie können Ihren Intelligenzquotienten steigern. Denken Sie nicht nur in vorgegebenen Mustern, entwickeln Sie eigene Gedanken. Das können ganz verrückte Ideen sein – das macht gar nichts. Die Hauptsache ist erst einmal, dass Sie Ihr Denken erweitern.

Sie können Ihr Gehirn ebenso trainieren wie Ihre Muskeln, indem Sie bestimmte Übungen machen. Beispielsweise indem Sie sich am Abend eines jeden Tages an bestimmte Situationen in allen Einzelheiten erinnern. Holen Sie diese Erinnerungen, die sich in einer Woche angesammelt haben, am Wochenende noch einmal zurück. Dasselbe wiederholen Sie am Monatsende. Oder entwickeln Sie Denkspiele für sich. Stellen Sie sich eine Aufgabe, die Sie lösen, beispielsweise die Finanzierung einer Weltreise oder wie Ihre unverheiratete Tante doch noch einen Mann finden könnte …

Und nun eine Übung, die Ihr geistiges Potenzial freisetzen kann. Sie lernen dabei, nicht mehr linear zu denken – wie Sie es bisher gewohnt waren –, sondern holistisch.

Übung zum holistischen Denken

Atmen und denken Sie gleichzeitig. Setzen Sie sich bequem hin – Sie können auch stehen oder liegen, je nachdem wie Sie sich am wohlsten fühlen (s. Kapitel 5). Schließen Sie die Augen. Nun atmen Sie bewusst über die Nase in die rechte Seite Ihres Körpers. Stellen Sie sich das bildhaft vor. Sehen Sie vor Ihrem geistigen Auge, wie der Atem, die Energie, die rechte Seite Ihres Körpers durchströmt. Sehen Sie, wie der Strom des Atems die rechte Seite Ihres Gehirns erreicht. Dann atmen Sie wieder tief ein – diesmal in die linke Seite. Wie fühlen Sie sich dabei?

Nun atmen Sie durch den Mund. Spüren Sie richtig, wie der Atem die jeweilige Seite durchströmt? Wieder atmen Sie durch den Mund, aber diesmal bewusst in beide Seiten Ihres Körpers. Was verändert sich? Was spüren Sie? Bemerken Sie schon jetzt, womit Sie denken? Ist es der Verstand, der Bauch oder das Bewusstsein?

Atmen Sie auf diese Weise so lange, wie Sie möchten. Wichtig ist, dass jeder Atemzug ganz bewusst gemacht wird und Sie bei jedem Atemzug spüren, was in Ihnen geschieht, wie Ihr Bewusstsein für Ihren Körper sich verändert, wie Ihr Bewusstsein größer und weiter wird und wie Ihr Denken sich verändert.

Spüren Sie in sich hinein, hören Sie in sich hinein – lassen Sie jede Veränderung auf sich wirken, ohne dass Sie mit dem Verstand eingreifen.

Und dann beantworten Sie jedesmal, bevor Sie die Übung beenden, die Frage: „Als was denken Sie – als Persönlichkeit, Verstand, Ego, Gemüt, Selbst?"

Beobachten Sie Ihr Leben, wie es sich gleichzeitig mit der Veränderung in Ihrer Denkweise verwandelt.

Denk-Hindernisse aus dem Weg räumen

Alles gelingt Ihnen besser, wenn Sie die Voraussetzungen dafür schaffen. Sie können im Wald besser spazierengehen, wenn der Förster die Bäume, die beim letzten Sturm über die Wege gefallen waren, wegräumt. Sie müssen dann keine Umwege machen, brauchen nicht über die Stämme zu steigen, sondern können unbehindert Ihren Weg fortsetzen. So ist das auch mit Ihrer Intuition.

Wenn Sie alle Blockaden, alle Hindernisse aus dem Weg räumen, kann Ihre Intuition freier fließen, sich besser entfalten. Bauen Sie deshalb alle Hindernisse ab, die Ihr Denken beschränken.

Erkennen Sie, dass Sie selbst Ihre Gedanken geschaffen oder sie von anderen Menschen übernommen haben. Es liegt an Ihnen, ob Sie diese Be- und Einschränkungen auflösen wollen. Denn wenn Sie erkennen und akzeptieren, dass:

- ★ jedes Problem nichts anderes ist als das Nichtakzeptieren einer Realität;
- ★ Sie in Wirklichkeit nie vor einer Entscheidung stehen;
- ★ Sie das Ziel der Konzentration erreichen, wenn Sie sich wirklich konzentrieren können;

dann haben Sie keine Angst mehr, sich über das Denken hinauszuwagen und es zu überschreiten. Dann denken Sie nicht mehr, sondern:

- ★ nehmen nur wahr, und zwar auf energetischer Ebene;
- ★ lösen Sie Ihre Aufgaben nicht mehr durch Nach-denken, sondern durch Bewusst-Sein;
- ★ fällen Sie keine Entscheidungen mehr, sondern treffen Entscheidungen.

Sie können herausfinden, ob Ihre Entscheidung richtig ist, indem Sie Ihre Intuition befragen, z. B. durch den Pendeltest oder die Öffnung Ihres Kronen-Chakras (s. Seite 76 f.), um Ihr Bewusstsein zu erweitern.

★

Denken allein
ist ein schwacher Ersatz für Bewusstsein
und ein Zeichen von mangelnder Intelligenz.
Deshalb:
Denken ***und*** *handeln Sie mehrdimensional.*
Verfolgen Sie zwei Dinge gleichzeitig.
Lassen Sie mehrere Dinge gleichzeitig geschehen.

★

Keine Kommunikation ohne Intuition

An Beispielen aus der Kommunikation will ich Ihnen deutlich machen, dass Sie intuitive Fähigkeiten besitzen und täglich nutzen. Eine der wichtigsten Kommunikationsmittel ist die Sprache, das Wort. Eine alltägliche und unwesentliche Sache, mögen Sie vielleicht sagen. Wenn Sie aber Gespräche einmal analysieren, werden Sie zu dem Schluss gelangen, dass es fast an ein Wunder grenzt, richtig zu verstehen bzw. richtig verstanden zu werden. Ohne Intuition wäre dies gar nicht möglich.

Gehen wir einmal ins Detail. Das Kind stellt fest: „Hier ist es kalt“ und meint, dass die Mutter das Fenster schließen soll. Eine unvollständige Aussage – intuitiv jedoch erfasst die Mutter die Gesamtsituation und macht das Fenster zu.

Zu der verbalen Aussage kommen nonverbale Signale – intuitiv gegeben und intuitiv empfangen: „Natürlich liebe ich Dich“, sagt die junge Frau und verschränkt gleichzeitig die Arme vor der Brust. Die Zweifel des Mannes werden nicht ausgeräumt, weil er (intuitiv) die Ablehnung spürt, intuitiv erkennt, dass Worte und Verhalten nicht übereinstimmen.

Ohne Intuition würden wir kaum einen Satz richtig verstehen. Sehen Sie, wie Sie Ihre intuitiven Fähigkeiten bereits nutzen? Es mag Ihnen vielleicht nur noch nicht bewusst gewesen sein. Wenn Sie mit diesem Buch arbeiten, können Sie Ihr Wahrnehmungsvermögen verfeinern, Methoden der Entspannung kennenlernen, um sich damit zu öffnen für kosmische Energien. Sie können zu Ihrem Kern vordringen, Ihre Intuition wirken lassen, um Ihre Ziele zu erreichen und Ihr Leben in allen Bereichen erfüllt und glücklich zu gestalten. Der Weg zu Ihrer Intuition führt Sie zu Ihrem Selbst.

★

Erkennen und nutzen Sie Ihr Potenzial,
arbeiten Sie an sich,
wecken Sie das Genie in sich!

★

Die drei Gedächtnisse

Auch unser Gedächtnis ist viel umfangreicher, als wir vermuten. Lernen Sie die drei Gedächtnisse des Menschen kennen:

Das erste Gedächtnis

In dem Moment, in dem der Geist des Menschen sich mit seinem Körper verbindet, werden alle Ereignisse aus dieser Verbindung bewusst. Damit beginnt das körperliche, materielle Gedächtnis zu arbeiten. Lediglich die Ereignisse der ersten Lebensjahre können nicht bewusst gespeichert werden, weil noch die Übung zum Erinnern fehlt. Wir erinnern uns zwar an besondere „Ein-Drücke". Doch erst später können dann alle Erfahrungen gespeichert und in Erinnerung gerufen werden, sofern dieses Gedächtnis trainiert wird.

Das zweite Gedächtnis

Durch alle Inkarnationen besitzen wir das feinstoffliche Gedächtnis des Kausalkörpers. Nur dieses ermöglicht auch die Erinnerung an vergangene Inkarnationen. Es bleibt bis zu der letzten Inkarnation erhalten, also solange wir einen Kausalkörper haben.

In diesem Gedächtnis sind die Ereignisse aus allen Inkarnationen gespeichert und können jederzeit abgerufen werden unter der Voraussetzung, dass das Bewusstsein bereits eine entsprechende Reife erlangt hat.

Das dritte Gedächtnis

Dieses Gedächtnis ist nichtstofflich, ewig und allumfassend. Es beinhaltet *alle* Informationen – auch die zukünftigen. Es ist das

Weltengedächtnis, das allumfassende Informationsfeld des Allbewusstseins (oder kollektiven Unterbewusstseins), von dem wir ein Teil sind. Alles, was je gedacht wird, was jemals geschehen wird, ist in diesem Gedächtnis bereits gespeichert und kann, bei entsprechender Reife, „er-innert“ werden. Es ist die Quelle der Intuition und steht jedem ständig offen, der dafür empfänglich ist.

Aktivierung des mehrdimensionalen Bewusstseins

Entspannung

Wir haben uns so daran gewöhnt, in einem ständigen Zustand der Anspannung zu sein, dass wir den Unterschied zwischen Anspannung und Entspannung oft gar nicht mehr kennen. Die folgende Übung wird Ihnen den Weg zu mehr Entspannung zeigen.

Sorgen Sie dafür, dass Sie nicht gestört werden. Machen Sie es sich bequem, Ihr Körper bleibt bewegungslos, Ihr Atem geht ruhig und gleichmäßig.

Öffnung des Kronenchakras

Konzentrieren Sie das Zentrum Ihrer Wahrnehmung über Ihrem Kopf, außerhalb Ihres Körpers. Lassen Sie dann Ihr Energiefeld so weit werden, dass es das ganze Universum ausfüllt. Sie sind in allem und alles ist in Ihnen!

Das Bewusstsein ausrichten

Nun richten Sie Ihr Bewusstsein auf eine bestimmte Frage, eine Aufgabe, eine Situation, für die Sie eine Lösung suchen. Lassen

Sie die Frage im Universum schwingen, und warten Sie, bis Ihnen die Antwort bewusst wird. Das wird meist im gleichen Augenblick sein, kann aber auch lange dauern und mehrfache Versuche erfordern.

Machen Sie sich dabei jede Veränderung bewusst, solange Sie noch nicht wissen, auf welcher Frequenz die Antwort von Ihnen erkannt wird. Lassen Sie kommen, was kommt, ohne die Antwort zu interpretieren. Eine Antwort kann auch die Erkenntnis sein, dass die eigentliche Antwort zu einem späteren Zeitpunkt in Ihr Bewusstsein tritt oder dass es noch zu früh ist, eine Entscheidung zu treffen.

Bleiben Sie offen für die Botschaften des Lebens. Sie werden so zunehmend lebendiger, bewusster und gelassener.

Mit sieben Grundsätzen zur Vollendung

Grundsatz 1: Ich bin ich

Ich erfahre, wer ich bin. Ich weiß, wer ich wirklich bin.

Grundsatz 2: Mentale Verbindung zu meinem Ich

Ich komme in Berührung mit meinem Selbst durch Meditation oder Bewusstseinstraining. Mein „Mental-Körper“ wird dadurch „stimmig“. Das hat Auswirkungen auf meinen physischen Körper.

Grundsatz 3: Ich bin ich selbst

„Ich“ gehe ganz ins Selbst, bin ich selbst, ganz als „ich“. Das wirkt auf mich, solange ich „im Selbst“ bin.

Grundsatz 4: Durch die „Er-innerung“ an meine wahre Identität geschieht Transformation

Ich identifiziere mich mit mir selbst, bin eins mit mir und der Welt. Wenn ich tiefer gehe oder länger bleibe, erfahre ich zeitweise Erleuchtung. Davon bleibt die Erinnerung an die Berührung mit dem Ewigen. Mit der Zeit lerne ich, jederzeit in dieses Bewusstsein, in dem Intuition geschieht, zurückzugehen.

Grundsatz 5: Ich kann in die Erleuchtung gehen

Dadurch dass ich mich an alles Wissen „er-innern“ kann, wird mein Körper heil, ich kann andere Menschen mit der *Einen Kraft* heilen. Ich bin jetzt erleuchtet, doch noch nicht ganz und gar vollendet, denn ich verliere immer wieder und unmerklich die Einheit.

Grundsatz 6: Loslassen des „Ichs“, ganz „ich selbst“ sein

Ich erfahre Erleuchtung, lebe als Erleuchteter, und meine Selbst-Identifikation „heilt“ mich auf allen Ebenen.

Ich lebe in jedem Moment „stimmig“ mit mir selbst, habe meine Aufgaben erfüllt.

Grundsatz 7: Das Leben als Vollendeter

Ich bin wieder in meinem natürlichen Sein. Ich lebe als Vollendeter und bin bereit, eine Aufgabe der Schöpfung zu übernehmen – als Meister.

Kontemplation

Kontemplation ist das Versinken in der Einheit mit einem Menschen, einer Sache oder einem geistigen Wert. Wahre Kontemplation setzt Gedankenstille voraus, ein natürlicher Zustand des Geistes von Ruhe, Frieden und Freiheit. Gedankenstille kann in der Kontemplation des Tuns beginnen, indem man seine volle Aufmerksamkeit auf das richtet, was man tut. Ein weiterer Schritt kann sein, sich an der unmittelbaren Erfahrung zu freuen. Wer die Fähigkeit entwickelt, auch unangenehme Erfahrungen zu machen und von ihnen unbeeindruckt zu leben, kann Harmonie in allem erfahren.

Es ist ein Zustand der vollkommenen Gelöstheit vom Ich. Es gibt nur noch die Wahrnehmung, aber keinen Wahrnehmenden mehr. Es ist die Leere, das Nirwana. Kontemplation ist die Rückkehr in die Wirklichkeit hinter aller Erscheinung. Der Weg der Meisterschaft ist die Erkenntnis, dass Sie jetzt bereits vollkommen sind.

Resümee

- ★ Der Verstand ist nur eine der Möglichkeiten zur Wahrnehmung der Wirklichkeit.
- ★ Erst die Wahrnehmung hinter dem Schein eröffnet uns Wahrheit und Wirklichkeit, sie führt zu höchstem Bewusstsein.
- ★ Intuition ist „Ein-fall“, Gedankenblitz, Vorahnung.
- ★ Intuition kommt unerwartet, aber im richtigen Augenblick.
- ★ Intuition ist eine natürliche Fähigkeit des Menschen, die entfaltet und trainiert werden kann.
- ★ Intuition geschieht holistisch, also allumfassend, und hat immer recht.
- ★ Sieben Grundsätze helfen uns bei der Erreichung der Vollkommenheit.

2.

Was kann Intuition bewirken?

Umschalten vom Sehen zur Wahrnehmung

Bevor wir uns überhaupt mit einer Angelegenheit befassen, haben wir meist schon eine vage – manchmal sogar eine sehr konkrete – Vorstellung, wie eine Situation sich entwickeln, ein Mensch sich verhalten wird. Wir malen uns den Verlauf eines Gesprächs, einer Begegnung, eines Urlaubstages aus. Damit behindern wir unsere Intuition. Um die Wirklichkeit erkennen zu können, ist es notwendig, zum „Wissen hinter dem Wissen" zu kommen.

Der erste Schritt dahin führt uns zur Auflösung jeglicher Vorstellung von Wirklichkeit, die wir ja selbst geschaffen haben und deshalb von der tatsächlichen Wirklichkeit ziemlich weit entfernt sein kann. Die Wahrheit, das Wirkliche hinter der Wirklichkeit, ist nicht durch Denken zu erfassen. Wenn es uns gelingt, Gedanken und Vorstellungen loszulassen, können wir ein „lediges Gemüt" erlangen, wie Meister Eckhart das nennt. Dann haben wir die Voraussetzungen geschaffen, um die mehrdimensionale Bedeutung der Botschaften und Information zu verstehen – und das sollte unser Ziel sein.

Wie leicht sagen wir manchmal: „Alles ist gut", wissen aber oft nicht einmal selbst, was wir wirklich damit meinen. Wir wissen nicht, warum es gut ist, was das Gute bewirken kann, wohin die Tatsache, dass alles gut ist, uns führen wird. Es ist eine Kunst, jede Information, die wir erhalten, auf mehrdimensionaler Ebene zu ent-falten.

Wir beurteilen alles nur nach dem Verstand, weil wir gelernt haben, dass nur ist, was wir mit unseren Gedanken erfassen und logisch begründen können. Wie sehr wir uns damit begrenzen, merken wir nicht, weil wir nicht wissen, welche anderen Möglichkeiten uns zur Verfügung stünden, würden wir beispielsweise unsere Intuition wirken lassen. Das gilt für alle Bereiche des Lebens. Unser begrenzter, weil eindimensionaler Verstand sollte von vielen Aufgaben entbunden werden, denen er nicht gewachsen ist. Er kann auf die wichtigsten Fragen des Lebens keine brauchbare Antwort geben – die Intuition kann das aber sehr wohl.

Wenn Sie Ihren Verstand beispielsweise fragen, ob Sie Fräulein Tausendschön heiraten sollen, dann wird er Ihnen antworten, sie sei hübsch, intelligent und erbe eine schöne Summe Geld – also sei sie die richtige Partnerin. Der Verstand kann Ihnen aber nicht sagen, ob Fräulein Tausendschön wirklich zu Ihnen passt, ob Sie mit ihr harmonieren, ob Sie bei ihr Erfüllung und Glück finden. Fragen Sie sich, welches Studium Sie wählen sollen, dann wird Ihnen Ihr Verstand die Vorteile der einzelnen Studienrichtungen aufzählen: berufliche Perspektiven, finanzielle Aussichten, Karrierechancen etc. Er kann Ihnen aber nicht vermitteln, welcher Beruf wirklich Be-rufung für Sie ist.

Sie sehen, der Verstand kann natürlich antworten, und die Antworten mögen im Augenblick sogar richtig sein, doch sind diese nicht mehr gültig für die Zukunft. Der Verstand weiß heute nicht, wie die berufliche Situation zum Zeitpunkt Ihres Studienabschlusses sein wird. Er weiß auch nicht, wie sich Fräulein Tausendschön im Laufe der Zeit entwickeln wird.

Ganz anders verhält es sich mit der Intuition. Wenn Sie sich auf Ihre Intuition verlassen, nehmen Sie die Wirklichkeit unmittelbarer wahr. Sie können sich jederzeit in das allumfassende Informationsfeld des Allbewusstseins einschalten und die dort gespeicherten Informationen nutzen, deren Umfang unser Vorstellungsvermögen übersteigt. Intuitiv getroffene Entscheidungen stimmen, weil die Intuition nicht begrenzt ist; sie weiß immer, was richtig für Sie ist, was für Sie stimmt – jetzt und für die Zukunft! Und ein weiterer Vorteil: Sie leben einfacher, weil Sie nicht mehr alle Informationen im Gedächtnis speichern und auch nicht mehr im üblichen Sinn „lernen" müssen. Das einzige, was Sie benötigen, ist das Wissen, wo und wie Sie Zugang zu dem allumfassenden Informationsfeld finden können. Das ist möglich, wenn Sie Ihr Wahrnehmungsvermögen so trainieren, dass Sie es jederzeit auf den von Ihnen gewünschten Bereich lenken können. Dann wissen Sie, mit wem Sie wann über welche Angelegenheit sprechen sollen.

Sie wissen automatisch, wie Sie Ihre Aufgaben am besten angehen und lösen können, welcher Kontakt gut für Sie ist und wen Sie besser meiden sollten. Ihre Intuition leitet Sie, ohne dass Sie sich großartige Vorstellungen oder viele Gedanken machen müssen. Es ist nicht nötig, sich mit Problemen herumzuschlagen. Sie brauchen nicht tagelang darüber nachzugrübeln, ob Sie sich nun um einen anderen Arbeitsplatz bemühen oder besser bei Ihrer Firma bleiben sollten, ob Sie ein klärendes Gespräch mit Ihrem Bruder heute führen oder es lieber verschieben sollten. Ihre Intuition führt Sie sicher zum richtigen Zeitpunkt, zum richtigen Ort und lässt Sie das Richtige tun oder sagen. Ob das berufliche, geschäftliche oder private Angelegenheit betrifft: Ihre Intuition gibt Ihnen, was Sie benötigen.

Informationen auf mehrdimensionaler Ebene entfalten

Wir sind so sehr gewohnt, uns fast ausschließlich auf das zu verlassen, was wir mit unseren Augen sehen, unseren Ohren hören, mit unseren Händen fassen oder mit der Nase riechen können. Dabei konzentrieren wir uns dann meist nur auf eine Sinneswahrnehmung, betrachten etwas bewusst, hören bewusst zu. Gleichzeitig aber vernachlässigen wir die anderen ebenfalls wichtigen Sinne.

Damit Sie lernen, eine Information auf mehrdimensionaler Ebene zu entfalten, sollten Sie einmal versuchen, mehrere Vorgänge gleichzeitig zu tun. Nehmen Sie sich für diese Übung Zeit und haben Sie Geduld mit sich. Sie werden bemerken, dass es nicht auf Anhieb gelingt, mehrdimensional zu agieren. Sobald Sie nämlich Ihre Aufmerksamkeit beispielsweise vom Sehen auf das Riechen ausweiten wollen, vernachlässigen Sie das Sehen. Doch mit einigem Training werden Sie Ihre Fähigkeit, mehrere Dinge gleichzeitig zu tun, verbessern.

Beginnen Sie am besten damit, dass Sie zuerst versuchen, die beiden Dinge parallel zu tun, die Ihnen ohnehin nicht schwerfallen. Also beispielsweise sehen und hören, dann beziehen Sie das Riechen mit ein. Achten Sie jedoch darauf, dass Sie Ihr Bewusstsein nicht „abziehen" von einer Tätigkeit, wenn Sie eine weitere hinzufügen. Sie sollten im Laufe der Zeit anstreben, folgende Vorgänge gleichzeitig zu tun:

- ★ sehen;
- ★ hören;
- ★ nach innen lauschen;
- ★ be-greifen.

Was verändert sich in Ihrem Bewusstsein, wenn Sie diese vier Vorgänge gleichzeitig wahrnehmen? Was verändert es an der einzelnen Sinneswahrnehmung? Können Sie jetzt besser sehen, oder begreifen Sie vielleicht umfassender?

Das Selbstvertrauen stärken

Es erstaunt mich immer wieder, mit wieviel außergewöhnlichen Dingen sich die Menschen beschäftigen, aber wie wenig doch mit dem interessantesten überhaupt:

★

Die Beschäftigung mit sich selbst!

★

Die größte und spektakulärste Erfahrung Ihres Lebens werden Sie machen, wenn Sie sich selbst entdecken, wenn Sie die unbegrenzten Möglichkeiten des menschlichen Geistes in Ihnen erleben und das Wesen kennenlernen, das Sie sind. Ent-decken Sie sich selbst, lernen Sie Ihr Selbst kennen. Dann kann sich das Vertrauen zu sich, zu Ihrem Selbst – Ihr Selbst-Vertrauen – entwickeln. Vergleichen Sie sich einfach einmal mit einer Zwiebel: Wie diese haben auch Sie nämlich viele Schutzhüllen, die Ihren Kern ganz verdecken, ganz einhüllen. Wenn Sie jetzt aber Lage um Lage abnehmen, Ihr Inneres mehr und mehr freilegen, so kommen Sie sich selbst näher, ent-decken Ihr wahres Wesen und können bis zu Ihrem Kern vordringen.

Vermutlich wird es Sie überraschen, wenn sich bei dieser Ent-deckungsreise herausstellt, dass Sie sich unterschwellig offenbar doch schon für sich selbst interessiert haben, dass irgendetwas Sie inspiriert hat, sich mit sich selbst zu befassen. Nur bewusst ist es Ihnen nicht. Erinnern Sie sich einmal:

- ★ Warum haben Sie dieses Buch gekauft?
- ★ Wo haben Sie es gekauft?
- ★ In welcher Situation befanden Sie sich?
- ★ Was hat Sie veranlasst, gerade zu diesem Buch zu greifen?
- ★ In welchem Bewusstseinszustand waren Sie in diesem Moment?
- ★ In welchem Bewusstseinszustand sind Sie jetzt?

Lesen Sie nur Wort für Wort, oder nehmen Sie den Inhalt der Worte in sich auf? Wenn Sie sich mehr auf den Inhalt einlassen, den wahren Sinn erfassen, kommen Sie zu einem anderen Bewusstsein. Sie lösen sich aus dem Alltagsbewusstsein, werden frei von dem, was wir die Lebensumstände, den Tagesablauf, die Routine, die täglichen kleinen und großen Probleme, Sorgen und Freuden nennen. Gleichzeitig mit der Entwicklung eines höheren Bewusstseins werden Sie eine Bereitschaft in sich fühlen, etwas ganz Neues zu beginnen. Ein anderes Leben, als Sie es bisher geführt haben. Ein Leben, das unendlich viel reicher sein kann als das bisherige, weil Sie sich nicht mehr einschränken, weil Sie das Leben nicht mehr auf die einseitigen Informationen reduzieren, sondern mehrdimensional und gleichzeitig erfahren und als Folge davon intuitiv handeln.

★

Er-leben Sie diese Veränderung,
er-fahren Sie jedes Wort, das Sie lesen,
ent-falten Sie Ihre intuitiven Fähigkeiten.

★

Dies hat automatisch zur Folge, dass Sie ganz aus Ihrer Mitte, aus Ihrem Selbst leben. Sie entdecken dabei Ihr geistiges Potenzial und Fähigkeiten, von denen Sie nicht einmal geträumt haben, dass Sie sie besitzen. Sie ruhen in sich und Ihrer Mitte. Die Erfahrungen, die Sie machen, lassen in Ihnen eine große Sicherheit wachsen. Es fällt Ihnen von Tag zu Tag leichter zu vertrauen, weil Sie sich selbst vertrauen.

Menschen, die mit Selbstvertrauen durchs Leben gehen, sind auf der Erfolgsseite. Es sind die Menschen, die Sie bisher bewundert haben, weil sie Ruhe, Stärke und Zuversicht ausstrahlen. Menschen, die Charisma haben, andere anziehen und begeistern können. Auch Sie sind ein solcher Mensch, auch Sie haben all diese Fähigkeiten in sich. Ent-decken Sie sich darum selbst, geben Sie Ihrer Intuition immer mehr Raum zur Entfaltung, dann können Sie jederzeit auf diese Kräfte bauen.

★

Training des Bewusstseins
+ Loslassen der Begrenzung durch den Verstand
= der erste Schritt zum Selbstvertrauen

★

Das Dritte Auge öffnen

Nicht nur das, was wir mit unseren Augen, Ohren, der Nase, der Zunge oder unseren Händen wahrnehmen können, ist existent. So ist jedes Lebewesen von einem Energiefeld umgeben. An diesem kann der jeweilige wahre Zustand des Menschen, des Tieres oder der Pflanze gemessen werden. Mit unseren Augen können wir jedoch die Aura, wie ein solches Energiefeld genannt wird, nicht sehen. Die Technik der Kirlian-Fotografie ermöglicht es jedoch, Strahlen sichtbar zu machen, die Aufschluss über den Zustand des Lebenwesens geben. Es ist auch bekannt, dass sich der Gemütszustand eines Menschen an den unterschiedlichen Farben der Aura erkennen lässt. Doch werden Sie an einem wütenden Menschen keine rote Aura sehen können, zumindest nicht mit Ihren Augen.

Wenn Sie „nur" mit Ihren fünf Sinnesorganen wahrnehmen, werden Sie möglicherweise einem Menschen seine Beteuerung abnehmen, dass er niemals wütend wird. Können Sie aber mit Ihrem Dritten Auge wahrnehmen, zeigt sich Ihnen sein wahrer Zustand. Sie erkennen an der Farbe seiner Aura, ob seine Aussage stimmt – oder die Aura seine Worte Lügen straft. Man kann lernen, sich zu kontrollieren – die Worte, die Stimme, in einem gewissen Maße auch die Körpersprache. Nicht mit dem bewussten Willen zu kontrollieren ist die Aura. Wenn Sie mit Ihrem Dritten Auge sehen, können Sie nicht mehr getäuscht werden. Sie wissen, was wirklich geschieht, weil Sie hinter die Fassade sehen.

Für den heiligen Bonaventura gab es drei Arten des Sehens, mit denen der Mensch zur Erkenntnis gelangen konnte. Mit der einen Sichtweise können äußerer Raum, die Zeit und alle Dinge unserer Existenz wahrgenommen werden. Unsere heutige Auffassung vom Leben basiert fast ausschließlich auf dieser Art der Wahrnehmung. Unser Blick ist damit sehr begrenzt.

Weiter reicht schon die Sichtweise der Vernunft: Sie öffnet uns das Reich der Philosophie und der Logik. Hier ist die Welt unserer Vorstellungen, hier entstehen Bilder und Begriffe. Noch viel weiter geht das Sehen des Geistes, das uns die Wahrheit erkennen lässt. Wir brauchen uns nicht darauf beschränken, it einem oder zwei Augen zu sehen. Wir können unseren rweitern, können ihn so weit machen, dass er grenzen- wird. Wir können mit unseren geistigen Augen wahrnehmen und damit ganz andere Dimensionen der menschlichen Existenz erfahren.

Kommen wir zurück auf unser Beispiel von der Zwiebel: Der Kern der Zwiebel ist unser tiefes Ich, das Herz unseres spirituellen Seins. Um ihn wachsen die einzelnen Schichten der Persönlichkeit, wobei die erste Schicht die Erfahrungen darstellt, die das kleine Kind macht. Erinnern Sie sich? Als Kind besteht die intensivste Beziehung zum spirituellen, zum wahren Selbst. Je älter wir werden und je mehr Schichten wir um unseren Kern legen, desto weiter entfernen wir uns von ihm. Doch das lässt sich wieder rückgängig machen!

Die Aktivierung des Dritten Auges trägt dazu bei, Intuition freizusetzen. Sie werden nun fragen, wie Sie das Dritte Auge öffnen können. Das geschieht auf folgende Art und Weise: Setzen Sie sich bequem hin, richten Sie Ihren Blick auf einen Punkt und halten Sie ihn dort. Während Sie die von Ihnen ausgewählte Stelle mit Ihrem Blick fixieren, atmen Sie ruhig weiter. Lassen Sie Ihre Augen auf dem Punkt und fühlen Sie, was sich verändert.

Durch das Festhalten des Blicks kann eine Umlenkung der Energie eingeleitet werden. Die Energie fließt nicht mehr durch Ihre beiden Augen, denn dort wird sie ja momentan nicht benötigt. Vielmehr kann die nun frei gewordene Energie einen anderen Weg finden und das Dritte Auge, das Auge des Geistes, öffnen. Dieses Dritte Auge liegt in der Mitte der Stirn zwischen den beiden physischen Augen. Verschließen Sie einem Bach den Abfluss, dann findet das Wasser eine andere Öffnung.

Wasser wie Energie nehmen den Weg des geringsten Widerstandes. Sie brauchen also nicht viel tun, um Ihr Drittes Auge zu öffnen. Es ist lediglich eine Umleitung der Energie notwendig.

Wenn Sie Ihr Drittes Auge aktiviert haben, dann braucht es vor allem sehr viel Aufmerksamkeit. Je mehr Aufmerksamkeit Sie auf Ihr Drittes Auge richten, desto lebendiger und wacher wird es. Gleichzeitig damit werden Sie bemerken, dass Ihre spirituelle Fähigkeit immer stärker wird.

Nun schließen Sie einmal Ihre Augen und lenken Sie bei geschlossenen Augen den Blick zu der Stelle, an der das Dritte Auge sitzt. Wenn Ihr innerer Blick stehenbleibt, dann haben Sie die richtige Stelle erreicht. Stellen Sie sich auf diesen Punkt in der Mitte der Stirn, zwischen den Augen, ein und lenken Sie Ihre gesamte Aufmerksamkeit auf diese Stelle.

Es ist dies die beste Art und Weise, das Dritte Auge zu öffnen.

Wenn Sie zum ersten Mal mit dem Dritten Auge wahrnehmen, werden Sie ein eigenartiges Gefühl verspüren: Sie können Ihre Gedanken in Bildern vor sich ablaufen sehen wie im Kino. Nur heute betrachen Sie den Film „Eigene Gedanken", den Sie selbst produzieren und bei dem Sie auch die Regie führen.

Mit dem Dritten Auge können Sie nicht nur Ihre Persönlichkeit durch-schauen, sondern Sie gewinnen den Durch-Blick überhaupt, erkennen das Wahre, das Wichtige und Wesentliche. Sie lassen sich nicht täuschen von Äußerlichkeiten, nicht blenden vom schönen Schein eines Menschen oder einer Sache.

★

Das Dritte Auge ist ein Kanal der Intuition.
Lernen Sie mit dem Dritten Auge wahrzunehmen,
und Sie treffen in Zukunft immer
die richtigen Entscheidungen.

★

Grenzen überschreiten oder „Das innere geistige Potenzial aktivieren"

Die Intuition ist eine natürliche Fähigkeit des Menschen. Folglich müssen wir sie nicht erlernen, sondern lediglich üben. Genau betrachtet, ist nicht einmal das notwendig, denn wir brauchen uns nur zu er-innern, uns nur unser inneres Wissen bewusst zu machen. Und das geschieht am einfachsten in Stille und ohne Absicht, wenn Sie nur die Wahrnehmung auf einen Punkt richten. Das fällt vielen von uns schwer, denn wir sind ja gewohnt, jedes Tun mit einem Ziel und Zweck zu verbinden. Es erfordert etwas Übung, bis es Ihnen gelingt, absichts-los zu werden.

Der Quantensprung des Bewusstseins oder das „Zwei-Ebenen-Bewusstsein“

Unser Bewusstsein ist mehrdimensional, wir können deshalb mehrere Ebenen gleichzeitig wahrnehmen. Stellen Sie sich einen Taucher vor. Wenn er mit seiner Tauchermaske halb unter Wasser ist, kann er sowohl unter Wasser wie auch über Wasser sehen und sogar beides gleichzeitig. Es ist ein Zustand, in dem der Geist die Grenzen des Bewusstseins überschreitet, jedoch gleichzeitig denkt, ohne bewusst zu denken. Dadurch entsteht das Gefühl von großer innerer Vertrautheit und enormer Sicherheit – all das ist Ausdruck der Intuition.

Auch Sie besitzen die Fähigkeit der mehrdimensionalen Wahrnehmung. Wenn Ihre physischen Sinne aktiv sind, so nehmen Sie materiell wahr. Sie können aber auch Ihr Bewusstsein auf den energetischen Bereich richten – also energetisch wahrnehmen. Mit einem solchen Bewusstsein werden Sie erkennen, was ist und was sein wird, und eine Situation mental voraus-erleben. Auch diese Fähigkeit ist in Ihnen bereits vorhanden, aber sie ist – weil nie oder selten genutzt – mehr oder weniger verkümmert.

Das moderne Leben ist geprägt von Aktivität und Hektik, dem Gegenteil von Stille und Gelassenheit. Galten Ruhe und Gelassenheit früher einmal als Tugenden, so sind sie heute reiner Luxus. Ständig äußeren Reizen ausgesetzt, unter Stress, Zeitdruck, Überforderung befinden sich die meisten Menschen in einem Zustand chronischer Überanstrengung. Sie finden kaum Zeit zur Regenierung Ihrer äußeren und inneren Sinne. Diese Unruhe ist aber ungünstig für Ihre Intuition, denn sie kann am besten in einem entspannten Zustand wahrgenommen werden – das gilt ganz besonders für die Anfangsphase, die Zeit, in der Sie erst lernen, sie freizusetzen, sie zu hören und zu verstehen. Aber nicht nur Ihre Intuition kann sich besser entfalten, wenn Sie ruhiger und ausgeglichener sind. Die Qualität

Ihres Lebens verbessert sich allgemein, wenn Sie versuchen, Stress und Hektik abzubauen, sich zu ent-spannen und von außen nach innen zu gehen.

Wenn Sie lernen, trotz aller Hektik sich in einen Zustand der Entspannung zu versetzen, können Sie immer – wenn Sie es wünschen – in einen Zustand der Gedankenstille eintreten. Das ermöglicht es Ihnen dann, Ihr Bewusstsein jederzeit auf die Zukunft zu richten und Ihre Intuition für Sie wirken zu lassen. Sie können sich in dieser Entspannungssituation bereits geistig bei dem entscheidenden Gespräch mit dem Personalleiter „sehen". Sie „hören" die Fragen des Personalchefs und wissen schon in diesem Augenblick, wie Sie sich auf das Gespräch vorbereiten sollten, obwohl es erst nächste Woche stattfindet. Oder Sie „hören" Ihren Arzt sagen, dass alle Untersuchungsergebnisse in Ordnung sind, Sie also ruhig die geplante Reise nach Tibet in die extreme Höhe antreten können.

★

Nutzen Sie Ihr geistiges Potenzial,
dann wissen Sie genau,
wann der richtige Zeitpunkt
und wo der richtige Ort für Ihr Handeln ist.

★

Von der kleinen Persönlichkeit zum Meisterbewusstsein

Wenn Sie den geistigen Weg gehen wollen, dann sollten Sie wissen, dass dies nicht einfach ein anderer Weg ist, den Sie sich aussuchen können, oder eine andere Art zu leben ist. Der geistige Weg ist der einzige Weg überhaupt, den jeder einmal gehen *muss* – früher oder später. Es ist der Weg zu sich selbst – der Weg, der Sie nach Hause führt. Bevor Sie die Schwelle zum Selbst überschreiten, ist es erforderlich, dass Sie Ihr Ego an der Garderobe abgeben, weil hier der Bereich des „Ich" endet. Ihr „Ich" kann Sie ab diesem Punkt nicht weiter begleiten, denn es kann Sie nicht zu Ihrem Ziel – dem Meisterbewusstsein – führen. Wenn Sie die „Illusion des Ichs" aufgelöst haben, wird der

Weg frei. Dann erst können Sie den letzten Schritt machen. Das „Ich“ hat nämlich nur begrenzte Möglichkeiten, unbegrenzte Möglichkeiten stehen dagegen dem wahren „Selbst“ zur Verfügung. Deshalb ist es so wichtig, dass Sie sich mit ihm identifizieren. Kein Weg führt an der Selbst-Identifikation vorbei.

Erinnern Sie sich an die eigene Identität, erwecken Sie Ihr Selbst, lernen Sie es kennen. Es geht nicht nur um das persönliche Wachstum, die individuellen Wünsche und Ziele – es geht um das Erwachen des Ganzen. Und immer wieder sollten wir uns in Erinnerung rufen, dass wir dieses Potenzial in uns haben und es lediglich zu ent-wickeln brauchen.

Meditation als Weg zum Meisterbewusstsein

Sorgen Sie für ein entsprechendes Umfeld – einen ruhigen Raum, in dem Sie ungestört sind und sich wohl fühlen. Vielleicht stört Sie das helle Licht, dann zünden Sie eine Kerze an. Machen Sie es sich bequem, lösen Sie Gürtel, Krawatte etc., und setzen Sie sich auf einen Stuhl oder legen sich auf die Couch, schließen die Augen und atmen tief und ruhig (s. a. Kapitel 5).

Sie gehen in das Meisterbewusstsein durch Erinnerung. Erinnern Sie sich, dass Sie der Meister sind. Sie waren schon immer der Meister, und Sie werden immer der Meister sein. Das ist die Wirklichkeit, Ihre Wirklichkeit. Diese Wirklichkeit ist nur für einige Zeit in Vergessenheit geraten. Sie hatten angenommen, auf dem richtigen Weg zu sein und haben dabei nicht bemerkt, dass Sie Ihren Weg verloren hatten. Doch nun gehen Sie zurück – zu Ihrem Weg. Und Sie finden Ihren Meister in sich, erkennen Ihr *Wahres* Wesen. Ihr Meister hat auf Sie gewartet. Er ist für Sie da, bereit, in Erscheinung treten zu dürfen. Er wartet nur darauf, dass Sie sich von der „Ich-Umklammerung“ des Selbst lösen. Dies vollzieht sich, sobald Sie zur Seite gehen, dann kann der Meister in Erscheinung treten. Vollziehen Sie diesen Schritt – jetzt in diesem Augenblick.

Spüren Sie, wie der Meister Sie erfüllt? Spüren Sie nach, fühlen Sie, wie es tief in Ihnen aussieht. Stellen Sie sich alles

bildhaft vor, sehen Sie jede Veränderung in For
klaren Bildes vor Ihrem geistigen Auge, und
ganz dem Gefühl hin, das dabei entsteht.

Sehen Sie den Meister in Ihrem Inneren
das hinter Ihrem Ich zum Vorschein komm
deutlich erkennen, dass nur Ihr Ich zwischen Ihn
Meister stand. Lassen Sie das Licht leuchten und se
dass es immer heller wird. Sehen sie, wie das Licht durch
hindurchstrahlt. Sie fühlen es und Sie sehen es. Und langsam werden Sie selbst zum Licht. In Ihnen geschieht etwas Wundervolles: Sie sehen, wie sich Ihr Bewusstsein erhellt, wie Sie zum lichtvollen Bewusstsein werden – nur noch lichtvolles Bewusstsein sind.

Fühlen Sie die Veränderung? Ihr ganzes Sein wird von Licht durchströmt. Sie sind das Licht, Sie sind lichtvolles Bewusstsein, Sie sind lichtvolles Meisterbewusstsein. Spüren Sie, was dieses lichtvolle Meisterbewusstsein in Ihnen aus-löst, was es be-wirkt? Gesundheit, Heil-Sein, Frieden, Liebe, Harmonie. Alle Schmerzen lassen nach. Körper und Seele können heilen, heil und ganz werden, verschmelzen in einem hellen Licht zu einer Einheit.

- ★ Was geschieht jetzt in Ihnen?
- ★ Welche Erkenntnisse werden Ihnen nun zuteil?
- ★ Spüren Sie ganz bewusst, wie Sie heil werden, wie Ihr Körper sich verändert, wie Ihre Seele heil wird, wie Sie zu einem Ganzen zusammenwachsen.

Sie nehmen die Botschaft wahr, erlangen die Erkenntnis, die Sie jetzt und in diesem Augenblick benötigen. Der Schmerz wird immer kleiner, immer schwächer und löst sich langsam ganz auf. In dem Maße, in dem der Schmerz sich in nichts auflöst, erweitert sich Ihr Bewusstsein. Sie wissen jetzt auch, warum Sie den Schmerz benötigten. Sie wissen nun aber auch, dass er Ihnen nicht mehr dienlich sein kann. Sie brauchen ihn nicht mehr. In Ihrem Meisterbewusstsein ist Ihnen klar, was zu tun ist. Eine große Klarheit und Sicherheit erfüllt Sie. Lassen Sie diesen Eindruck auf sich wirken. Dazu müssen Sie nicht

werden, es geschieht ganz von selbst. Das, was nun ge-
eht, ist Er-innerung. Ihr *Wahres Wesen*, Ihr Meister, wartet
rauf, jetzt in Erscheinung treten zu dürfen, wirken zu dürfen.

Treten Sie hervor – leben Sie als Sie selbst. Jetzt, in diesem Moment, spüren Sie Ihr *Ewiges Sein*. Sie empfinden sich als der, der Sie wirklich sind. Sie erkennen, dass es unmöglich ist, in diesem Bewusstsein krank oder unglücklich zu sein. Krankheit und Unglück lösen sich auf und verschwinden. Alles Un-Heil entfernt sich aus Ihrem Leben, aus dem Körper, aus der Partnerschaft, aus allen Lebensumständen. Sie sind heil. Heilen Sie alle Lebensumstände – jetzt. Ihr Meisterbewusstsein – und Sie wissen jetzt, Sie sind es selbst – heilt alles, worauf Sie dieses Bewusstsein richten.

Bleiben Sie in diesem Zustand, fühlen Sie die Heilung, spüren Sie, dass Sie in allen Bereichen Ihres Seins heil werden. Und ganz langsam lösen Sie sich von diesem Bild, von diesem Gefühl und kehren in das Tagesbewusstsein zurück, sind wieder ganz im Hier und Jetzt. Das Gefühl des Heilseins, des Ganzseins, des Verschmelzens mit dem Universum und dem Licht, nimmt Sie mit. Es begleitet Sie, solange Sie dies möchten.

Bleiben Sie im Meisterbewusstsein.. Und sollten Sie das Gefühl haben, dass das Licht in Ihnen schwächer wird, wiederholen Sie einfach die Meditation.

Nachdem Ihr Meisterbewusstsein... erweckt ist, kann es geschehen, dass große Veränderungen in Ihrem Leben geschehen: Ihre momentane berufliche Laufbahn kann zu Ende sein, Ihre Partnerschaft sich auflösen. Das mag für Sie schmerzlich sein und Sie schrecken, aber wenn eine solche Veränderung eintritt, dann ist das sicherlich hilfreich für Sie.

Es zeigt nämlich, dass Sie erst einiges in Ihrem Leben loslassen sollten, damit Sie zu Ihrem Selbst finden können. Sie werden in ein neues Stadium des Seins eintreten, einen Zustand, der Ihnen wahre Erfüllung und tiefes Glück schenken wird.

Das Meisterbewusstsein ist kein Zustand, in dem man einmal ist und aus dem man wieder herausfällt. Es ist wichtig, dass Sie eins mit dem Meister in sich werden – und bleiben. Dann können Sie das Meisterbewusstsein erweitern, können über sich und Ihren eigenen Körper hinausgehen und andere Menschen mit einbeziehen. Dabei spielt es keine Rolle, ob die betreffenden Personen anwesend sind oder nicht.

Lassen Sie Ihr Meisterbewusstsein in und für Ihre Mitmenschen wirken. Je mehr Sie Ihr Meisterbewusstsein auch für andere einsetzen, desto mehr erhebt es Sie selbst. Ihr Bewusstsein wird dadurch immer klarer und lässt Sie immer heiler werden. Alles, was Sie für andere Menschen tun, hat Auswirkungen auf Sie selbst. Heilen Sie andere, so wird Ihnen im selben Maße Heilung zuteil.

Beachten Sie, dass diese Regel sowohl für das Positive wie auch für das Negative gilt: Was immer Sie einem anderen Menschen zufügen, geschieht auch Ihnen selbst!

Sie können heil werden in jeder Beziehung. Ihr Körper kann gesunden, Ihre Seele und Ihre Lebensumstände können heilen. Nehmen Sie Ihren Beruf: Im Meisterbewusstsein erkennen Sie, ob er wirklich der richtige Beruf für Sie ist, ob Sie einen „Ruf" verspüren, eine innere Berufung. Folgen Sie dem Ruf, und Sie werden im Beruf Erfolg haben und neue Einsichten gewinnen, die oft Konsequenzen erfordern. Auf diese Weise können Sie Veränderungen in allen Lebensbereichen bewirken.

Mit Übung können Sie immer mehr im Meisterbewusstsein bleiben. Heilen Sie sich, heilen Sie Ihr Umfeld, heilen Sie die Welt! Und Sie werden zum Segen für jeden, der Ihnen begegnet. Verbinden Sie das Meisterbewusstsein nicht nur mit besonderen Aktivitäten, sondern nehmen Sie es auch mit in den Alltag, verbinden Sie es mit ganz banalen Tätigkeiten, wie z. B. Staubwischen, Auto fahren oder Briefe schreiben. Gehen Sie in jede Situation Ihres Lebens als Meister, und bleiben Sie im Meisterbewusstsein. Üben Sie, Ihr Bewusstsein mit dem anderer Menschen zu verschmelzen. Denken, fühlen und erleben Sie Situationen z. B. aus der Perspektive Ihres Partners. Wenn Ihnen dies gelingt, ist der nächste Schritt nicht schwer: Sie wissen, was er sagt, bevor er den Mund öffnen wird.

Die kleine Persönlichkeit sieht sich als Opfer ihrer Gedanken, kann die Gedanken weder kontrollieren noch in eine bestimmte Richtung lenken. Sie wird deshalb auch zu einem „Opfer" ihrer Gedanken. Sie lebt „fahrlässig", und früher oder später bestraft sie das Leben dafür, so wie das Gericht fahrlässiges Verhalten im Straßenverkehr bestraft. Der Zugang zum Meisterbewusstsein eröffnet Ihnen das Wissen, dass *SIE* der Meister Ihrer Gedanken sind: Die Gedanken ordnen sich Ihnen unter.

★

Sie entscheiden, was Sie denken!

★

Räumen Sie auf!

So wie Sie Ihre Wohnung besser neu einrichten können, wenn Sie zuerst Ordnung schaffen und Dinge, die Sie nicht mehr benötigen, ausräumen und die verbleibenden Gegenstände reinigen und vielleicht neu anordnen, geschieht es auch mit dem Meisterbewusstsein. Der Schritt zum Meisterbewusstsein lässt sich leichter vollziehen, wenn Sie zuvor Ordnung schaffen.

Ihren Schreibtisch, Ihre Wohnung, Ihr Auto – alles wird mehr oder weniger regelmäßig aufgeräumt. Warum schaffen Sie nicht auch Ordnung in Ihrem Geist? Machen Sie einen geistigen Hausputz:

★ Werfen Sie alte Denkmuster weg.
★ Lassen Sie Schuldgefühle los.
★ Entfernen Sie alle negativen Elemente wie Minderwertigkeitskomplexe, Neid, Missgunst, Eifersucht, Aggressionen.
★ Schaffen Sie Platz für positive Aspekte wie Optimismus, Liebe, Sympathie, Selbstvertrauen, Selbstachtung.
★ Ordnen Sie neu.
★ Ersetzen Sie Lustlosigkeit, schlechte Laune und Traurigkeit durch Begeisterung, Lebensfreude und Lächeln.

Damit es nicht nur bei Worten bleibt, sollten Sie diesen geistigen Hausputz schriftlich festhalten. Notieren Sie auf einem Blatt all das, was Sie ändern und auflösen wollen. Betrachten Sie jeden einzelnen Punkt, erinnern Sie sich an seine negativen Auswirkungen. Vergessen Sie dabei nicht destruktive Gefühle wie Neid, Missgunst, Eifersucht. Lassen Sie alles los, was nicht zu Ihnen gehört. Wenn Sie sich aller Punkte auf Ihrer Liste bewusst sind und alle Punkte dann bewusst losgelassen haben, zerreißen Sie das Blatt und werfen es weg. Auf diese Weise verabschieden Sie sich von allen störenden Elementen und entlassen sie aus Ihrem Leben.

Nun widmen Sie sich den Eigenschaften, die künftig wichtig in Ihrem Leben sein werden und jetzt in Ihr Bewusstsein rücken. Vermutlich nehmen Sie nur wenige neue Eigenschaften auf, weil viele positive Elemente schon immer vorhanden waren. Doch Sie haben sie nur zu wenig beachtet, sie wurden verdrängt und sind eingestaubt. Gehen Sie auch hier Punkt für Punkt durch, verbinden Sie Erinnerungen mit den einzelnen Eigenschaften. Notieren Sie Ihre positiven Eigenschaften, und bringen Sie dieses Blatt an einer Stelle in Ihrer Wohnung an, auf die Ihr Blick häufig fällt. So stellen Sie sicher, dass die Auswirkungen Ihres Hausputzes auch weiterhin sichtbar bleiben und sich immer wieder – und damit tiefer und tiefer – in Ihr Bewusstsein einprägen.

Wenn Sie so vorangehen, werden Sie sich nicht nur wohler fühlen, sondern eine Reihe angenehmer Erfahrungen machen. Ihr Leben wird erfüllter, und Sie werden erfolgreicher, haben mehr Energie und Freude am Leben.

Von der Intuition zur Super-Intuition

Worin besteht der Unterschied zwischen Intuition und Super-Intuition? Wir haben erfahren, dass Intuition in jedem Menschen angelegt ist und diese Fähigkeit lediglich ent-faltet werden muss. Dann können wir künftige Situationen mental vorauserleben, wir wissen, wer am Telefon ist, wir erhalten Informationen exakt in dem Moment, in dem wir sie benötigen. Intuition lässt uns hinter die Fassaden blicken, lässt uns die richtigen Entscheidungen treffen. Intuition macht unser Leben einfacher, glücklicher und erfüllter.

Super-Intuition ist die Ausweitung davon – eine Steigerung! Während Sie bei der Intutition alles erfahren, was Sie benötigen, und diese Antworten häufig über Fragen erhalten, geschieht Super-Intuition durch geistige Führung. Wenn Sie beispielsweise einen Parkplatz vor dem Theater suchen, fragen Sie: „Soll ich rechts fahren? Soll ich in die linke Straße einbiegen?" Und Ihre Intuition wird Ihnen jeweils die richtige Antwort geben – Sie also Schritt für Schritt leiten. Die Super-Intuition hingegen führt Sie ganz automatisch. Sie brauchen nicht mehr zu fragen: „Rechts, links oder geradeaus?" – Sie werden ganz selbstverständlich geleitet. Sie wissen – ohne Fragen, ohne Überlegungen –, was Sie tun sollten, damit es optimal gelingt.

Die Super-Intuition ermöglicht auch eine verbesserte Wahrnehmung übersinnlicher oder außersinnlicher Ereignisse. Dazu gehört beispielsweise die Präkognition, das Vorhersehen von Ereignissen.

Vom erfolgreichen Menschen wird erwartet, dass er seinen Verstand benutzt und logisch denkt, seine Entscheidungen verstandesmäßig begründet und diese logisch nachvollziehbar sind. Die Wissenschaft hat neuerdings bewiesen: Die Betonung des Verstandes bringt uns nicht weiter. Das einseitige Training der rationalen, linken Hirnhälfte, Sitz des verstandesmäßigen Denkens und der Logik, lässt die rechte Gehirnhälfte, in der die gefühlsmäßigen, intuitiven Kräfte angesiedelt sind, verkümmern. Die Ergebnisse wissenschaftlicher Untersuchungen beweisen eindeutig, dass der Verstand allein sehr begrenzt ist.

Nicht einmal die verstandesmäßige Einschätzung der eigenen Fähigkeiten fällt richtig aus. Beispielsweise wurden 100 Studenten befragt, ob sie glaubten, das Semester erfolgreich abschließen zu können. 59 antworteten mit „Ja“. Ein Parapsychologe, der keine Details kannte, traute immerhin 81 Studenten einen erfolgreichen Abschluss zu. Tatsächlich erreichten 75 Studenten das Ziel. Sie sehen, Wissen allein genügt nicht.

Intuitive Fähigkeiten sind im Privatleben wie im Geschäftsleben notwendig. Je mehr Ihre Intuition entwickelt ist, desto erfüllter wird Ihr Leben und desto größere Erfolge haben Sie im Beruf. Ist Ihr Geist entspannt und frei, dann kann Intuition wirken. Zweifel und Skepsis sind aber Hindernisse für die Intuition und erst recht für die Super-Intuition. Ein Sportler, der sich nicht einmal mental seinen Sieg vorstellen kann, der nicht daran glaubt, dass in ihm enorme Stärken und Fähigkeiten stecken, wird niemals einen Sieg erringen können, auch wenn er noch so viel trainiert. Seine Blockade liegt nicht im physischen Bereich, sondern in der geistigen Starrheit.

Super-Intuition ist Leben in ständiger Geistesgegenwart. Bei der Intuition erfahren Sie benötigte Antworten meistens über Fragen. Die Super-Intuition verleiht Ihnen ständig Informationen zu allem, worauf Sie gerade Ihr Bewusstsein richten und womit Sie sich befassen. Das Ergebnis ist eine untrügliche „innere Gewissheit“, die Sie durch Ihr Leben begleitet. Sie leben auf der vierten Stufe intuitiven Bewusstseins.

Die vier Ebenen intuitiven Bewusstseins

1. Ich lebe aus dem Verstand, bin Realist und erlebe nie bewusst Intuition.
2. Ich erlebe gelegentlich Intuition, wenn zufällig einmal Gedankenstille entsteht. Aber ich weiß nie vorher, wann das sein wird und kann meine Intuition auch nicht auf eine bestimmte Frage oder Aufgabe richten.
3. Ich kann jederzeit Gedankenstille herstellen und so ganz bewusst „auf Empfang“ gehen. Ich empfange Intuition ganz

gezielt, indem ich meine Aufmerksamkeit dabei auf eine ganz bestimmte Frage oder Aufgabe richte.

4. Ich lebe in der Identifikation als Bewusstsein und bin so ständig auf Empfang und in der Geistes-Gegenwart. Ich lebe in und aus der Intuition. Auch ohne eine bestimmte Frage zu stellen, fällt mir alles zur rechten Zeit ein. Ich bin im rechten Augenblick am richtigen Ort und kann das Richtige tun. Ich erlebe dabei täglich, dass Intuition von ihrem Wesen her frei ist von Irrtum. Das gilt auch für das Vorhersehen von Ereignissen oder Entwicklungen.

Den geistigen Riesen wecken

Wenn Sie den Schritt von der Intuition zur Super-Intuition machen möchten, dann sollten Sie Ihre Intuition ständig trainieren und Ihr Potenzial nutzen, denn so können Sie den geistigen Riesen in sich aktivieren. Sind Sie dann zu dem Menschen geworden, der Sie wirklich sind, können Sie Ihr geistiges Erbe antreten. Lassen Sie Ihr Bewusstsein grenzenlos werden und das Genie in sich erwachen!

Sie brauchen sich bloß daran zu erinnern, wer Sie wirklich sind. Dabei werden Ihnen Ihre Fähigkeiten und Stärken bewusst, und Sie erkennen, dass Sie dieses Potenzial ständig nutzen können. Schärfen Sie immer wieder Ihr Bewusstsein für die Tatsache, dass Sie bestimmen, was sein soll – und es wird geschehen! Sie sind der Schöpfer Ihrer Lebensumstände. Verinnerlichen Sie diese Erkenntnis. Sie sind nicht Opfer unglücklicher Zufälle, sondern Sie sind der Meister. Erkennen Sie Ihre wahre Größe, erleben Sie Ihr wahres Selbst, und sagen Sie sich jeden Tag aufs neue:

★

Ich gestalte bewusst
die Schöpfung als Mitschöpfer mit.

★

Der Schöpfungsauftrag

Damit Sie einen kleinen Überblick über die Fülle von Möglichkeiten erhalten, will ich Ihnen einige Punkte des Schöpfungsauftrags nennen. Übernehmen Sie daraus zuerst für Ihr Leben nur das, was Sie anspricht.

Sie sollten aber immer wieder einmal diese Aufstellung zur Hand nehmen und überprüfen, ob Sie den einen oder anderen Punkt neu für sich in Anspruch nehmen könnten. Damit beobachten Sie, wie Sie sich weiterentwickeln, welche Fortschritte Sie im Laufe der Zeit machen.

- ★ Ich lebe bewusst in der ständigen Selbst-Identifikation und trete damit ein in die Fülle der Wirklichkeit.
- ★ Ich habe es in der Hand, kann bewusst alles abrufen, kann meine Energie gezielt einsetzen und wirken lassen, kann entstehen lassen.
- ★ Klarheit, Freude, Liebe, Helligkeit, Vitalität, Erfüllung, Erfolg, Wohlstand in allen Bereichen, Heilung.
- ★ Ich vollende mich selbst als Aufgabe.
- ★ Ich übernehme die Verantwortung für das Ganze.
- ★ Ich vollende die Schöpfung als Mit-Schöpfer.
- ★ Ich mache den Schritt vom Augenblick in die Zeitlosigkeit und werde dadurch alters-los.
- ★ Ich bin frei von Karma, denn nur ein „Ich" hat ein Karma, ich jedoch bin das Selbst. Damit habe ich mich bewusst entbunden vom „Rad der Wiedergeburt".
- ★ Ich erkenne und erlebe, ich bin erleuchtet und damit zurückgekehrt ins wahre Leben.
- ★ Ich lasse geschehen – multidimensional, bin grenzenloses, allumfassendes schöpferisches Potenzial.
- ★ Ich habe damit den geistigen Riesen in mir erweckt.
- ★ Mein wahres Selbst wird mir jeden Tag bewusster.

Die Bestandsaufnahme

Bevor Sie beginnen, an der Entfaltung Ihrer Intuition zu arbeiten, sollten Sie eine Bestandsaufnahme Ihrer augenblicklichen Situation machen. Wer sind Sie, wo sind Sie, wohin wollen Sie? Erkennen Sie, was in Ihnen angelegt ist, werden Sie sich Ihres Selbst bewusst! Beantworten Sie folgende Fragen in aller Ruhe, am besten schriftlich:

Als wer lebe ich?

★ Womit identifiziere ich mich?
★ Als wer denke, fühle, rede, handle ich?
★ Was empfinde ich als einen Teil von mir? Was nicht?

Welche „inneren Bilder" (Selbst-Bilder) habe ich?

★ Leide ich an einem Mangel? An welchem?
★ Besitze ich ein Wohlstandsbewusstsein?
★ Wovor habe ich Angst? Was be-fürchte ich?
★ Was hoffe ich?
★ Was erwarte ich?
★ Was weiß/vermute ich, das bald geschieht?

Wie gesund empfinde ich mich?

★ Habe ich ein ausgeprägtes Krankheits- oder ein Gesundheitsbewusstsein?

Wer oder was „führt" mein Leben?

★ Der Zufall? Der Verstand? Die Intuition?
★ „Fälle" ich Entscheidungen oder „treffe" ich Entscheidungen?

Lebe ich im Erfolgsbewusstsein?

★ Empfinde ich mich als Gewinner?
★ Wo erwarte ich Erfolg als zu mir gehörig?
★ Wo nicht?
★ Warum nicht?
★ Wofür habe ich mich in meinem Leben unwiderruflich entschieden?
★ Wofür entscheide ich mich jetzt unwiderruflich?

Was bedeutet für mich ein „erfülltes Leben"?

★ Wie erreiche ich meine Erfüllung?
★ Was muss ich jetzt tun, damit ich ein erfülltes Leben führe?

Wo immer ich unsicher bin, mache ich den Test mit dem Pendel

(s. Seite 231 ff.)

★

Wenn ich dafür sorge,
dass ich in jedem Augenblick „stimmig" lebe,
so stimmen auch meine Lebensumstände.

★

Resümee

- ★ Zum Wissen hinter dem Wissen kommen wir durch Auflösung der von uns selbst geschaffenen Realität.
- ★ Der Verstand kann nur eindimensional sehen, deshalb sind reine Verstandesentscheidungen nur begrenzt richtig.
- ★ Lernen Sie sich selbst kennen, stärken Sie das Vertrauen zu sich, denn selbstbewusste Menschen sind sicherer und freier. Intuition kann sich am besten in Freiheit entfalten.
- ★ Das Dritte Auge ist ein Kanal der Intuition.
- ★ Sie haben so viel geistiges Potenzial in sich, dass Sie die (selbst gesetzten) Grenzen überschreiten können. Unvorstellbares kann Wirklichkeit werden.
- ★ Lernen Sie, sich zu entspannen – Intuition kann sich in Stille und Absichtslosigkeit am besten entfalten.
- ★ Schaffen Sie Ordnung in Ihrem Geist, damit Sie den Schritt von der kleinen Persönlichkeit zum Meisterbewusstsein machen können.
- ★ Einmal im Meisterbewusstsein zu sein bedeutet immer im Meisterbewusstsein zu sein.
- ★ Erkennen Sie, dass Sie der Meister Ihrer Gedanken sind.
- ★ Definieren Sie Ihren augenblicklichen Standpunkt, machen Sie eine Bestandsaufnahme und legen Sie das Ziel fest.
- ★ Nur wer ein Ziel hat, kann auch ankommen.
- ★ Leben Sie nach dem Schöpfungsauftrag.

3.

So wecken Sie das Genie in sich

Genie und Genialität

Genie ist die eine unbegrenzte Kraft des „Selbst“; Genialität ist der Raum zwischen dem reinen Geist, dem höchsten Bewusstsein und dem noch unentwickelten Menschen.

Genialität ist unser geistiges Erbe, es ist die Gabe, das Wesentliche in jeder Situation zu erkennen. Sie ist nicht etwa einigen Auserwählten vorbehalten und muss ebenso wie die Intuition nicht erlernt, sondern lediglich er-innert werden. Genialität und Intuition gehören zusammen und sind ein natürlicher, angeborener Teil des wahren Selbst.

Was Sie im Augenblick noch abhält, Ihr Genie zu erwecken, ist Ihr Ich. Doch sobald Sie den Schritt vom Ich zum Selbst gemacht haben, steht Ihnen Ihre natürliche Genialität zur Verfügung.

★

Genie ist das Bindeglied zwischen Gott und Mensch.

★

Woraus besteht Genialität?

Genialität besteht aus zwei Vorgängen:

★ *Die innere Erleuchtung*: Das ist das blitzartige Erkennen der eigenen wahren Natur. Die daraus entstehenden Fähigkeiten und Kräfte sind in unendlicher Weise allumfassend.

★ *Die Mithilfe*: Jeder Mensch ist aufgerufen, die Schöpferkraft der Wahrheit und Wirklichkeit in jedem seiner Mitmenschen zu erwecken, damit dieser sich an sich selbst erinnert und den Schritt vom Ich zum Selbst wagen kann. So verbreiten sich Wahrheit und Wirklichkeit in der Welt.

Mit dem Erwachen der Genialität erweitert sich der geistige Horizont. Sie erkennen überall die Wirklichkeit hinter dem Schein, Sie erkennen die Wirksamkeit der geistigen Gesetze als eine Folge der allumfassenden Ordnung, in der die menschliche Existenz eingebettet ist. Sie sind im Vollbesitz der *Einen Kraft* und können damit die stärkste Kraft des Universums nutzen. Ihre Mitmenschen fühlen, dass Sie die von Ihnen angestrebte geistige Ebene bereits erreicht haben, dass Sie dort bereits wohnen, dort zu Hause sind.

Welche Auswirkungen hat die Genialität?

Ihre Genialität sorgt dafür, dass Sie immer zur rechten Zeit am rechten Ort sind, um das Richtige zu bewirken. Sie sagen das richtige Wort zur richtigen Gelegenheit; Sie schweigen, wenn es angebracht ist. Sie machen keine Fehler, handeln richtig, so dass alles stimmt. Alles wird vollständig und optimal erledigt. Es sind keine Regeln bekannt, nach denen das Genie wirkt. Was wir jedoch erkennen, ist die Tatsache, dass das Genie die vorhandene Ordnung gestaltet und erweitert. Das Genie berührt die in jedem Menschen wohnende Weisheit.

Das Intuitions-Training

Intuition ist das Sehen mit den Augen der Seele

Durch das unmittelbare Verstehen, was ist, war und sein wird, überschreiten wir die Grenzen des Verstandes und gelangen zum „universellen Denken“. Das ist nicht etwa eine verstärkte Form des verstandesmäßigen Denkens, so wie wir es gewohnt sind. Das „universelle Denken“ basiert vielmehr auf unserer intuitiven Fähigkeit. Und das versetzt uns in die Lage, Entscheidungen zu treffen, die „stimmen“ – jetzt und in der Zukunft. Je mehr wir Intuition entfalten, je mehr Raum wir ihr in unserem Leben geben, je mehr sie unser Denken und Handeln bestimmt, desto erfüllter und glücklicher werden wir. Wir können zur Weisheit gelangen, wenn wir ganz aus der Kraft der Intuition leben.

★

Intuition ist frei von Irrtum.

★

Intuition ent-falten

Sie sind nun innerlich bereit und möchten Ihre Fähigkeiten entfalten. Sie sollten erst einmal den richtigen Bereich in Ihrem Inneren finden, damit Sie nach und nach dieses Potenzial aktivieren können. Wie bei der Zwiebel kann auch der Mensch eine Schale nach der anderen abtragen, um zu seinem Kern zu gelangen. Dann steht ihm sein ganzes Potenzial zur Verfügung, er lernt, die bereits in ihm vorhandenen Möglichkeiten wirklich zu nutzen und kann so zu wahrer Erfüllung und Erfolg finden.

Aber Sie sollten sich auch darüber im klaren sein, dass jede Veränderung erst einmal Unangenehmes mit sich bringen kann. Alte Denkmuster, Verhaltensweisen, Gewohnheiten müssen losgelassen werden. Das fällt nicht immer ganz leicht. Einer der Gründe, warum wir uns nicht verändern, liegt darin, dass wir viele unserer Verhaltensweisen überhaupt nicht bemerken, weil wir uns ja schon lange so oder so verhalten, so oder so denken. Intuition kann jedoch nicht wirken, wenn wir festhalten am Gewohnten, wenn wir in starren Schemata denken, fühlen und handeln. Lernen Sie also um, filtern Sie aus Informationen und Nachrichten das heraus, was wahr ist, und fügen Sie es zu einem neuen Ganzen zusammen.

Alle Erkenntnisse, die Sie gewinnen, können nur dann einen Sinn haben, wenn Sie sie auch umsetzen. Jeder Augenblick bietet eine Chance. Nutzen Sie diese Chance, denn sie kommt nicht wieder. Suchen Sie Ihre eigene Wahrheit und befolgen Sie sie. Wenn Sie das nicht tun, erhalten Sie Nachhilfeunterricht vom Schicksal – in den unterschiedlichsten Formen wie zum Beispiel als Krankheit, Misserfolg. Wenn Sie sich ändern, werden sich auch Ihr Leben und Ihre Lebensumstände verändern.

Fassen Sie den Mut, in Ihr Inneres vorzudringen. Gehen Sie durch das „Tor der Unwissenheit“, überschreiten Sie die selbst gesetzten Grenzen, damit Sie Ihre eigenen grenzen-losen Fähigkeiten nutzen.

★

Loslassen von Beschränkungen,
Begrenzungen sowie negativen und destruktiven Denkweisen.
Machen Sie Platz in Ihrem Inneren
für den göttlichen Funken,
erkennen Sie die Wahrheit hinter dem Sichtbaren:
Lassen Sie Ihre Intuition frei,
machen Sie den Schritt in eine erfüllte Zukunft.

★

Denken Sie „rechts“-seitig!

Damit ist keineswegs eine politische Richtung gemeint, sondern die rechte Seite Ihres Gehirns, denn unsere Fähigkeiten sind auf zwei Seiten verteilt. In der linken Seite des Gehirns:

- ★ denken Sie logisch, linear, analytisch;
- ★ rechnen Sie;
- ★ sprechen Sie;
- ★ kontrollieren Sie Gedanken und Taten;
- ★ lesen, schreiben, ordnen Sie;
- ★ erinnern Sie sich an Begriffe, Namen;
- ★ ist der Sitz des Intellekts.

Hier können Sie am besten rechnen, denken, lesen, schreiben, komplizierte Sachverhalte erkennen und analysieren. Hier wird linear gedacht und geordnet; hier sitzt Ihr Gedächtnis für Fakten und das Wissen, das Sie sich erworben haben.

Unser Kurz- und Langzeitgedächtnis machen unser Wissen aus. Hier haben wir – ähnlich einem Computer – alles gespeichert, was wir erlebt und erfahren haben. Wenn wir Informationen richtig verknüpfen, finden wir Zugang zu diesem großen Wissensspeicher, aber auch wenn wir Erinnerungen ins Bewusstsein hochsteigen lassen. Es ist bekannt, dass in Hypnose, bei Meditationen oder extremen Angstzuständen, in Todesnähe oder ähnlichen außergewöhnlichen Situationen längst vergessene Erinnerungen ganz deutlich ins Bewusstsein gelangen. Wie in einem Film haben Menschen, die kurz vor dem Tod standen oder bereits klinisch tot waren und wieder ins Leben zurückkehrten, ihr Leben vor sich ablaufen sehen.

Das sind allerdings ganz extreme Situationen. Im Alltag benutzen wir das objektive Denken, die Ratio. Die Sinneseindrücke werden wahrgenommen, gespeichert und vernetzt. Daraus entstehen individuelle Verhaltensweisen, die unser Leben beeinflussen und das Überleben möglich machen. Durch unsere Erziehung und unsere Kultur wurde uns von klein auf vermittelt, dass der Verstand das Wichtigste in unserem Leben sei. Mit dem Verstand, so haben wir gelernt, können wir alle Probleme lösen, alle Situationen meistern. Der Verstand stehe also an erster Stelle in unserem Leben. Auf der rechten Seite:

- ★ fühlen Sie;
- ★ entwickeln sich die Emotionen;
- ★ sind die künstlerischen Fähigkeiten angesiedelt;

★ erkennen Sie figurativ, symbolisch und gleichzeitig;
★ sitzen Ihre Träume und Phantasien;
★ befinden sich Ihre Erinnerungen an Gesichter, Situationen, Gefühle (räumliches Gedächtnis);
★ ist der Raum für spirituelle Entwicklung.

Auf dieser Seite des Gehirns denken wir nicht aktiv, sondern eher passiv. Wir empfinden, folgen intuitiven Eingebungen, haben Ahnungen – alles Kreative und Innovative entspringt dieser Seite. Und nicht nur das: Durch die rechte Hemisphäre sind wir mit dem kollektiven Unbewussten verbunden, dem Erfahrungsschatz der gesamten Menschheit. Alles, was jemals gedacht wurde und gedacht werden wird, ist hier für uns zugänglich.

Für ein wahrhaft glückliches und erfülltes Leben ist das Zusammenspiel beider Gehirnhälften notwendig. Ein Schriftsteller entwickelt in der linken Hälfte den logischen Ablauf seines Romans, in der rechten Seite findet er die richtigen Worte, um den Gefühlen Ausdruck zu verleihen, den emotionalen Bereich darzustellen. Ein Manager hat alle Fakten, Zahlen und Statistiken in der linken Hemisphäre „gespeichert". Der durchschlagende Verbesserungsvorschlag entsteht jedoch erst im Urlaub, einer entspannten Phase, in der er seiner Phantasie freien Lauf lassen kann.

Die Verbindung von rechter und linker Gehirnhälfte lässt uns ganz werden und zu ganzen, runden Ergebnissen kommen. Das ist nicht nur in Wissenschaft und Forschung so, wo Fakten und empirische Beobachtungen notwendig sind. Den Durchbruch, die grandiose Entdeckung, verursacht dic Intuition – sie ist der Zündfunke, der den bereitstehenden Motor anspringen lässt.

Erst wenn Sie um die Fähigkeiten der beiden Hemisphären wissen und ein Gleichgewicht herstellen, können Sie Ihre geistigen Kräfte richtig und voll entfalten. Vergleichen wir das Gehirn mit einem Computer, so verfügen wir damit über eine Software, eine Ressource, deren Kapazität unser Vorstellungsvermögen überschreitet. Nicht das Volumen des Gehirns ist ausschlaggebend für die Intelligenz, sondern die Verknüpfung von Gehirnzellen. In jedem Lebensalter können diese Verknüpfungen ausgeweitet werden – dies geschieht übrigens schneller, als Zellen auf natürliche Weise absterben. Sie sehen, welch enorme Möglichkeiten in Ihnen stecken.

Es liegt nun an dem einzelnen Menschen, inwieweit er dieses Potenzial, seine Software, entwickelt und nutzt. Geben Sie der Intuition mehr Raum in Ihrem Leben, dann haben Sie die Möglichkeit, richtige Entscheidungen zu treffen, kreative Gedanken und Ideen zu entwickeln und allumfassende Erkenntnisse zu gewinnen. Der Erfüllung Ihrer Wünsche steht dann nichts mehr im Wege.

Welch hohen Stellenwert die Vernunft in unserem Leben einnimmt, sehen wir am Sprachgebrauch. Wir fragen uns, ob es „vernünftig“ ist, viel Geld für einen Urlaub auszugeben, und raten einem unglücklich Verliebten, er solle „vernünftig“ sein. Kinder werden angehalten, ihre spontanen Empfindungen zu unterdrücken und sich „vernünftig“ zu benehmen. Da wir die linke Seite so sehr überbewerten, folglich überwiegend einsetzen und be-nutzen, liegen viele Fähigkeiten der rechten Seite brach. Wissenschaftliche Tests haben eindeutig ergeben, dass die Benutzung des Gehirns auf Gewohnheiten beruht. Durch den ständigen Einsatz unserer linken Hemisphäre bleiben die Fähigkeiten der rechten Seite förmlich „auf der Strecke“. Der überproportionale Gebrauch der linken Gehirnhälfte bewirkt, dass die rechte Seite, Sitz unseres Potenzials an menschlicher Schöpfungskraft, brach liegt. Sie sehen das bestätigt, wenn Sie den Zustand unserer Welt betrachten.

Sie können jedoch lernen, auch diesen wichtigeren Bereich – wieder – zu be-nutzen und neu zu aktivieren. Der Mensch ist von der Schöpfung her als ein vollkommenes Wesen angelegt. Das Ungleichgewicht haben wir selbst geschaffen – es entspricht nicht dem Schöpfungsgedanken. Doch wenn die beiden sich ergänzenden Hemisphären wieder zusammenarbeiten, erreichen wir wieder den für uns bestimmten Zustand des höchsten Bewusstseins. Damit geht eine optimale geistige Leistung einher.

Damit Sie sich die rechte Seite überhaupt erst bewusst machen können, sollten Sie das Denken, den Verstand, abschalten und zur Stille kommen, sich freimachen von allem, was Sie belastet.

Sie werden – anfangs vielleicht nur ganz unmerklich – die Existenz der rechten Seite spüren. Lassen Sie sich, lassen Sie all Ihre Sinnesorgane zur Ruhe kommen, um nach innen zu lauschen. Sie werden Ihre innere Stimme hören können, die Stimme Ihres Herzens. Wenn Sie die rechte Seite, die Seite der Intuition, der Gefühle, des inneren Wissens, frei werden lassen, können Sie über die Grenzen, innerhalb derer Sie sich jetzt noch befinden, hinauswachsen.

Stellen Sie sich vor, Sie würden nur ein Bein benutzen. Was geschähe? Das geschonte Bein würde schwächer, die Muskulatur bildete sich zurück, die Gelenke würden steif. Eines Tages könnten Sie dieses Bein gar nicht mehr benutzen. Das andere Bein hingegen wäre überlastet, die Gelenke würden sich schneller abnutzen und immer mehr schmerzen. Unsere Beweglichkeit wäre enorm eingeschränkt. Es käme uns schon deshalb gar nicht in den Sinn, nur ein Bein zu benutzen. Doch was unser Gehirn betrifft, machen wir uns keine Gedanken darüber, dass wir fast nur eine Seite benutzen, anstatt beide Seiten zusammenwirken zu lassen. Wir gönnen uns keine Denk-Pause, legen keine Ruhephase für unseren Denkapparat ein, hören nicht nach innen und lassen nur die linke Seite des Gehirns unermüdlich für uns arbeiten. Damit leben wir tatsächlich sehr einseitig – schlimmer noch als auf einem Bein! Und der Stress, der im heutigen Leben zu einer immer größeren Belastung wird, ist die Folge davon.

Die linke Seite denkt analytisch in „Ja/Nein“- bzw. „Wenn ..., dann ...“-Mustern, während die rechte Seite ganzheitlich „denkt“ – allumfassend. Entscheidungen, getroffen von der linken Seite, machen nie ganz glücklich, denn es bleibt ja immer noch eine Möglichkeit außer acht. Solche Entscheidungen sind mit einem Gefühl des Verlustes, des Verzichts verbunden. Eine Entscheidung *für* etwas beinhaltet *gleichzeitig* eine Entscheidung *gegen* etwas. Wenn Sie aber einmal ganz sicher sind und nicht einer anderen Möglichkeit nachtrauern, dann haben Sie Ihre Entscheidung mit Sicherheit auf der rechten Seite getroffen. Sie *wissen*, dass Sie auf dem richtigen Weg sind. Sie haben keine Zweifel, fühlen kein Bedauern, auf etwas verzichten zu müssen – Sie sind von tiefer Sicherheit und Zufriedenheit erfüllt. Eine solche Entscheidung war nicht die Folge intensiven Denkens, sie war einfach da: eindeutig, ohne Zweifel, ohne Wenn und Aber.

Wie aber können Sie in Zukunft die rechte Seite besser nutzen?

- ★ Schalten Sie bewusst von links – von der Logik – um auf rechts – auf Intuition.
- ★ Wecken Sie die kreativen Kräfte in Ihrem Leben.
- ★ Lösen Sie sich bewusst vom Verstand, von der Logik, und verlassen Sie sich auf die Intuition, auf Ihr Gefühl.
- ★ Erweitern Sie Ihr Blickfeld – nehmen Sie holistisch wahr und reduzieren Sie das lineare Denken.

So können Sie die rechte Hemisphäre des Gehirns ganz in Ihr Leben einbeziehen.

Gezielt Energien freisetzen

Es gibt verschiedene Methoden, Energien überall dort freizusetzen, wo Sie es möchten.

Atemübung

Eine gute Möglichkeit sind Atemübungen. Aktivieren Sie damit die rechte Seite Ihres Gehirns.

Setzen Sie sich bequem hin und schließen Sie die Augen. Atmen Sie ruhig und gleichmäßig durch den geöffneten Mund.

Nun lenken Sie Ihren Atem ganz bewusst nach rechts. Stellen Sie sich dabei vor, wie all Ihre kreativen, emotionalen Fähigkeiten mit Sauerstoff, mit Energie versorgt werden. Fühlen Sie, wie Sie erfüllt werden mit Energie, wie sich Ihr Bewusstsein weitet! Was verändert sich in Ihnen? Lassen Sie sich Zeit zum Nachfühlen. Dann atmen Sie wieder ganz normal.

l nun aktivieren Sie die linke Seite. Atmen Sie bewusst nach s – in den rationalen Bereich Ihres Gehirns. Auch hier fühlen Sie, wie Ihr Verstand, Ihr Intellekt, Ihr Ordnungssinn mit Energie angereichert werden.

Spüren Sie nach, was sich in Ihnen verändert!

Und nun atmen Sie ganz bewusst in beide Seiten des Gehirns. Atmen Sie ruhig, sehen Sie vor Ihrem geistigen Auge, wie beide Hemisphären aktiviert werden. Können Sie dabei eine Veränderung bemerken? Fühlen Sie, wie Sie zu einer umfassenden Einsicht gelangen, wie Ihr Bewusstsein sich weiter vergrößert? Spüren Sie Harmonie und Stärke?

Sie können die Wirkung noch verstärken, wenn Sie durch das jeweilige Nasenloch atmen. Machen Sie jeden Atemzug ganz bewusst. Die Atemlenkung geschieht nur durch Ihr Bewusstsein. Sie brauchen sich dazu nicht die Nase zuzuhalten.

Wenn Sie diese Übung langsam und sehr bewusst machen, werden Sie eine deutliche Veränderung wahrnehmen können. Lassen Sie sich Zeit, fühlen Sie in sich hinein, achten Sie darauf, was geschieht. Spüren Sie dem nach, achten Sie auf Ihre Gefühle und auf alle Veränderungen, die geschehen.

Auf diese Art können Sie jederzeit Ihre rechte Seite gezielt einschalten, aktivieren und für Sie wirken lassen. Den optimalen Erfolg erreichen Sie, wenn beide Hälften zusammenwirken.

Chakra-Übung: Das Kronen-Chakra öffnen

Eine andere Möglichkeit, Energien frei strömen zu lassen, ist die Arbeit mit den Chakren. Die Chakra-Lehre ist ein uraltes Wissen, deren Ziel es ist, den Menschen die Ganzheit seiner selbst bewusst werden zu lassen. Chakra kommt aus dem Sanskrit und bedeutet „Rad" oder „Kraft-Wirbel". Es gibt sieben solche Kraftwirbel, Stellen erhöhter Energie, die sich an bestimmten Stellen im Körper befinden. Sie wirken sowohl körperlich wie auch geistig-seelisch. Unsere Übung befasst sich mit dem Kronen-Chakra (oder Scheitel-Chakra), das in der Mitte der Schädeldecke sitzt. Es steht in unmittelbarer Verbindung mit den umfassenden Erkennnissen über die geistigseelischen Vorgänge im Menschen. Dieses Chakra wird auch „Tausendblütiger Lotus“ genannt, weil die Lotusblüte sich über dem verschmutzten Wasser erhebt, nach oben strebt und somit als Sinnbild für Reinheit gilt, aber auch als Symbol für die Öffnung zum Allbewusstsein.

Stellen Sie sich bildhaft Ihren Schädel als ein Observatorium vor. Das Observatorium bzw. Ihre Schädeldecke öffnet sich in der Mitte. Spüren Sie, wie das Allbewusstsein in Sie hineinströmt? Nun können Sie eins mit dem Allbewusstsein werden. Sie verschmelzen mit dem Allbewusstsein. Spüren Sie dem nach. Lauschen Sie nach innen. Wie fühlen Sie sich?

Sind Sie wirklich ganz eins mit dem Allbewusstsein? Fühlen Sie tiefe Ruhe in sich aufsteigen? Spüren Sie, wie Sie zunehmend mit Energie erfüllt werden? Lassen Sie geschehen, lassen Sie einfach nur das Kronen-Chakra geöffnet – unendlicher geistiger Reichtum eröffnet sich Ihnen. Dieses Gefühl – in Worten nicht zu beschreiben – erfüllt Sie mehr und mehr, wirkt auf Ihr Denken und Handeln. Über diesen Weg können Ideen, Hilfen, Gedankenblitze, Erleuchtung ein-fallen.

Wenn Sie bereit dafür sind, dann lassen Sie Ihr Kronen-Chakra offen. Das lässt Sie in ständigem Kontakt mit dem Allbewusstsein bleiben, macht Sie offen für den göttlichen Funken.

★

Durch die Öffnung und Harmonisierung des Kronen-Chakras entwickelt sich Intuition. Frei werden für die Intuition bedeutet, plötzliche Ein-gebungen zu haben, mit dem „geistigen Auge“ zu sehen, auf die „innere Stimme“ zu hören oder auch einen Einfall aus einem höheren Informationsfeld zu haben. Das Kronen-Chakra öffnet Sie für das Allbewusstsein.

★

Die drei Ebenen des Bewusstseins

Die drei Kräfte des Menschen und deren Zusammenspiel machen die Qualität seiner Existenz, seines Lebens aus. Es ist deshalb wichtig, sich dieser Kräfte bewusst zu sein.

Das Tages-Bewusstsein – verantwortlich für das Denken

- ★ Gedanken gestalten die Wirklichkeit.
- ★ Durch Gedanken wird die schöpferische Urkraft frei.
- ★ Konzentrierte Gedanken wirken wie ein Laserstrahl.
- ★ Die Harmonie der Gedanken bestimmt die Gesundheit.
- ★ Die dominierenden Gedanken bestimmen das Schicksal.
- ★ Durch Gedankendisziplin lassen sich alle Umstände, ja das gesamte Leben, bestimmen.

Das Unterbewusstsein – zuständig für das Fühlen

- ★ Innere Programme bestimmen das unbewusste Tun.
- ★ Durch „Um-erleben" können unerwünschte Programme durch erwünschte ausgetauscht werden.
- ★ Wer das Unterbewusstsein zum Freund gewinnt, kann die unbewussten Energien, die Gefühle, für sich einsetzen.
- ★ Mit Hilfe des Unterbewusstseins wachsen Freude, Optimismus, Vertrauen, Sicherheit und Glück.

Das Überbewusstsein – führt zum Wollen

- ★ Mit dem Überbewusstsein als universellem Ratgeber können optimale Entscheidungen getroffen werden.
- ★ Erkenntnis der Vollkommenheit des wahren Selbst als individualisierter Teil des einen Bewusstseins.
- ★ Über die Intuition kann Kontakt zum „inneren Meister" aufgenommen werden, der Sie in jeder Situation sicher führt und leitet.

Der Glaube

Der Glaube versetzt Berge – so heißt es nicht umsonst. Sicher können Sie bedenkenlos zustimmen, wenn ich sage, dass der Glaube eine starke Kraft ist. Obwohl „Glauben“ gleichzusetzen ist mit „nicht wissen“: Sie glauben einem Menschen und denken, dass er die Wahrheit spricht. Sie glauben an den guten Ausgang einer kritischen Situation. Sie sind von diesem und jenem überzeugt, ohne jedoch Beweise für Ihren Glauben liefern zu können. Leicht fällt das nicht, denn wir haben ja gelernt, eher auf das Wissen zu bauen und auf das zu vertrauen, was wir sehen und beweisen können, als auf den – nicht beweisbaren – Glauben zu setzen. Der Glaube führt uns zurück zu der eigenen göttlichen Natur des Menschen. In der Bibel heißt es: „Dir geschehe nach Deinem Glauben.“ Dass dieses geistige Gesetz seine Richtigkeit hat, sehen Sie, wenn Sie die letzten zwölf Monate Ihres Lebens einmal genau betrachten:

- ★ In welchen Situationen haben Sie geglaubt?
- ★ In welchen Situationen haben Sie gewusst?
- ★ In welcher Situation haben Sie geglaubt zu wissen?
- ★ Und wie sieht das Resultat Ihrer Rückblende aus?

Obwohl wir uns das nicht so gern eingestehen, weil es nicht unserer Vorstellung von der Realität entspricht, geschieht viel weniger nach unserem Wissen oder nach unserem Wollen. Das Meiste geschieht nach unserem Glauben. Das liegt daran, dass die geistige Kraft des Glaubens uns mit der Kraft des Universums verbindet – und dann ist nichts mehr unmöglich.

★

Wissen stellt Tatsachen fest,
Glauben schafft Tatsachen.

★

Ich brauche nicht mehr zu glauben, wenn ich weiß, wenn mir Be-weise vorliegen. Dann habe ich Fakten – der Glaube ist nicht mehr nötig. Glauben ist ein „inneres gewisses (sicheres)

Wissen", das nicht auf äußeren Beweisen beruht. Glauben ist das tiefe innere Erkennen der Wahrheit und der Wirklichkeit.

Wahrer Glaube zeichnet sich aus durch die innere Gewissheit, dass das Erwünschte zu Realität wird, wenn man sich ganz der „Einen Kraft" öffnet und sie auf das angestrebte Ziel richtet.

Der Glaube als solcher ist wertneutral. Sie entscheiden, was Sie glauben. Ob Sie an einen guten Ausgang eines Prozesses oder an eine Verurteilung glauben. Es wird das zur Realität, was Sie glauben, wovon Sie innerlich fest überzeugt sind. Der Glaube kann gegen oder für Sie arbeiten – das liegt ganz an Ihnen.

Ein gutes Beispiel gibt Paracelsus (16. Jahrhundert): „Die Vorstellung ist die Ursache vieler Krankheiten, der Glaube aber ist die Heilung *aller* Krankheiten."

Und das gilt nicht nur für physische Erkrankungen. Heilender Glaube sieht nicht mehr den äußeren Schein, sondern erkennt das innere Sein und verursacht, dass der heilende Glaube sich nach außen manifestiert – als Heilung.

Das Wissen

Es gibt verschiedene Arten, sich Wissen anzueignen. Entscheidend für Sie ist es, welchem Wissen Sie in Ihrem Leben welchen Stellenwert geben.

Wissen durch persönliche Erfahrung = Ich-Teil

Das ist das persönliche Wissen, das jeder sich erwirbt. Wissen, wie man Knöpfe zuknöpft, Wäsche bügelt, Briefe schreibt...

Wissen durch Nachdenken = Wir-Teil

Erlerntes Wissen durch Schule und Studium, z. B. Daten und Fakten, Zeit, Sprache. Der Verstand hilft, sich mit anderen zu verständigen. Die Logik bestimmt. Das Nachdenken ist linear auf einen Punkt gerichtet.

Wissen durch Intuition = Selbst-Erfahrung

Weder Erfahrung, noch Erinnerung, noch Nachdenken vermitteln dieses Wissen. Es ist nicht an Personen gebunden. Es ist schon vorhandenes Wissen, das nicht der Logik, sondern der Wirklichkeit unterliegt. Dieses Wissen ist: sichtbar für die „Augen der Seele", Darstellung einer „inneren Schau der Wirklichkeit" und Intuition.

Intuition ist Kommunikation mit dem Selbst, die Wahrnehmung ist unabhängig von Raum und Zeit und geschieht holistisch. Intuition ist immer gut, hilfreich und heilsam.

Warum verfügen nur so wenige Menschen über das Wissen von der Intuition? Es ist verschüttet,

★ weil sie nicht daran glauben;
★ weil sie es nicht hoch genug einschätzen;
★ weil der Verstand sich einschaltet;
★ weil das Bewusstsein nicht darauf gerichtet wird.

Wie kann dieser Zustand geändert werden? Wir sollten lernen zu „intuitieren", d. h.:

★ Energie zu lesen;
★ Energie zu fühlen;
★ Energie zu hören;
★ Kreativität freizusetzen;
★ intuitive Kreativität zu leben.

Intuition kann sich auch nicht dort entfalten, wo es nur darum geht, recht zu haben, alles besser zu wissen. Intuitive, kreative Menschen können gut damit leben, dass sie nicht alles wissen, nicht alles verstehen.

Geben Sie Ihrer Intuition die Chance der Entwicklung, indem Sie geschehen lassen und nicht durch falsch verstandenen

Wissensdurst einen zündenden Funken, einen Einfall, eine neue Idee von vornherein abwürgen. Vertrauen Sie mehr auf Ihr inneres als auf Ihr verstandesmäßiges Wissen. Ich gratuliere Ihnen, Sie haben vielleicht soeben den Entschluss gefasst, auf Ihre intuitiven Fähigkeiten zu setzen, Ihr enormes Potenzial zu entdecken und zu nutzen. Es ist gar nicht so schwer. Vieles brauchen Sie gar nicht zu lernen, denn Sie haben es bereits in sich. Sie sollten Ihre Fähigkeiten neu entdecken, sich erinnern und alte Programme loslassen. Sie können dabei wundervolle Erfahrungen machen, neue Aspekte in Ihrem Leben finden und zu anderen Dimensionen des Seins aufsteigen. Zu Beginn steht die Entspannung – eine besondere Art der Entspannung.

Das Geheimnis der konzentrativen Entspannung

Ent-spannung bedeutet Spannung lösen, Ent-krampfung, Durchlässigkeit, frei werden, all das loslassen, was einengt, behindert, blockiert, belastet.

Intuition kann am ehesten wirken, wenn Sie frei sind. Wenn Sie keine Erwartungen, keine Vorstellungen haben, keine Vermutungen anstellen, wie eine Situation sich entwickeln könnte. Jede Art von Energie behindert die Intuition. Das gilt auch für den Ehrgeiz. Gerade wenn Sie ein besonders gutes Ergebnis anstreben, dann erhalten Sie es sicher nicht. Wenn Sie besonders intensiv an Ihr Ziel denken, sich alle Details vorstellen – gerade dann funktioniert es nicht. Sie blockieren die Intuition durch Ihre starke Absicht.

Lassen Sie alle Vorstellungen, alle Gedanken, alles Wollen los!

Es ist schwierig zu hören, solange wir eine bestimme Antwort wünschen. Viele unserer Fragen wollen gar nicht wirklich beantwortet werden. Sie dienen lediglich dazu, das zu rechtfertigen, was wir bereits glauben. Wie sollen wir die Antwort so, wie sie uns gegeben wird, annehmen können, wenn wir vorher schon entschieden haben, wie sie aussehen soll?

Wir müssen statt dessen in unserem Herzen sagen: „Ich nehme bereitwillig die Antwort an, die mir als Wahrheit gegeben wird, gleichgültig, ob sie mir gefällt oder nicht.“ Wir müssen das wirklich in unserem Herzen so meinen, denn alle wirklichen Fragen werden von dort gefragt. Was unsere Lippen sagen, ist oft ohne Bedeutung, denn die Sehnsucht unseres Herzens ist unser wahres Verlangen. Was wir in unserem Herzen wollen, hat Vorrang vor allen anderen Bitten.

Am leichtesten geht das, wenn Sie alle Informationen, die sich Ihnen in Bildern, Farben, Emotionen zeigen, zwar annehmen, aber nicht bewerten.

Versuchen Sie einfach nur zu registrieren, was in Ihr Bewusstsein tritt. Sehen Sie sich als eine Art Buchhalter, der lediglich Eintragungen vornimmt, der aber kein Interesse am Resultat hat.

Um Ihre Intuition brauchen Sie sich nicht zu sorgen. Die Intuition ist immer da, ob Sie sie wirken lassen oder nicht. Ihr Augenmerk sollten Sie deshalb nur darauf richten, innerlich frei zu werden, sich zu entspannen und Ihr Wahrnehmungsvermögen zu sensibilisieren. Hilfreich ist es, wenn Sie wissen, welcher Typ Sie sind:

Der visuelle Typ

Es fällt Ihnen leicht, sich Ihre Wirbelsäule als einen offenen Kanal vorzustellen, über den jede gewünschte Information intuitiv einfließt. Sehen Sie vor Ihrem geistigen Auge, dass Sie auf diese Art und Weise ständig von einem Teil des universellen Informationsfeldes des Allbewusstseins erfüllt werden. Stellen Sie sich vor, Sie erhalten so alle Informationen, die Sie brauchen.

Der auditive Typ

Sie hören nach innen, nehmen die leise Stimme Ihrer Intuition wahr. Je öfter Sie auf diese Stimme hören, desto deutlicher hören Sie sie, desto lauter und kräftiger wird sie. Machen Sie sich deren besondere Eigenheiten bewusst. So können Sie die Stimme der Intuition immer und sicher von anderen Stimmen unterscheiden.

Der haptische Typ

Richten Sie Ihre Aufmerksamkeit auf Ihre Hände und Finger. Spüren Sie bewusst Ihre Füße, und spüren Sie bewusst die Temperatur des Bodens durch Ihre Füße. Nehmen Sie jede Veränderung mit Ihrem ganzen Körper wahr. Verbinden Sie Ihre Wahrnehmung mit Ihrer Intuition, die holistisch geschieht. Sie spüren Intuition als Wohlgefühl im ganzen Körper und ganz besonders im Herzen.

Welche dieser Methoden spricht Sie besonders an; auf welchen Kanälen nehmen Sie am besten wahr?

Nun verrate ich Ihnen das Geheimnis der konzentrativen Entspannung.

Tue, was du tust

Um zu tun, was Sie gerade tun, ist Entspannung ebenso wichtig wie Konzentration. Am besten können Sie sich auf eine Sache konzentrieren, wenn Sie entspannt sind. Haben Sie beispielsweise Kopfschmerzen, können Sie sich nicht ganz auf die Worte konzentrieren, die Sie gerade lesen. Wenn das Telefon klingelt, die Kinder nach Ihnen rufen oder Sie in Gedanken noch bei einer geschäftlichen Transaktion sind, dann ist Ihre Aufmerksamkeit geteilt, Sie sind nicht ganz bei der Sache, sind nicht ganz da. Sie sind nicht ent-spannt, sind nicht durch-lässig. Die Energie der Worte kann Sie nicht erreichen, weil Blockaden vorhanden sind. Deshalb:

★ Vertiefen Sie sich ganz in Ihre Tätigkeit.
★ Verschmelzen Sie förmlich mit Ihrem Tun.
★ Werden Sie eins mit Ihren Taten.

Lesen Sie diese Worte entspannt und konzentriert. Nichts anderes zählt in diesem Augenblick als das Wort, das Sie soeben lesen. Nehmen Sie es auf – seine Energie, seine Wirkung... Was fühlen Sie? Was geschieht mit Ihnen? Spüren Sie, wie Ihr Bewusstsein weit und weiter wird? Bemerken Sie, dass Ihr Bewusstsein in dem Maße sich erweitert, in dem Sie sich konzentrieren? Das ist die „konzentrative Entspannung".

Fühlen Sie nach? Was fühlen Sie in diesem Moment? Bleiben Sie in diesem Zustand der Vertiefung bei allem, was Sie tun. Es zählt immer nur das, was Sie tun – in dem Augenblick, in dem Sie es tun. Machen Sie es sich zum Lebensprinzip:

★

Tue was du tust – ganz und im Hier und Jetzt!

★

Einer der wichtigsten Grundsätze von Rupert Lay, Philosoph, Psychoanalytiker und Physiker, lautet: „Age quod agis" – „Tue das, was du tust, ganz und halte nichts für wichtiger als das, was du gerade tust." So schaffen Sie um sich herum ein Energiefeld der absoluten Ruhe; Sie versinken in dem, was Sie gerade tun. Der Kreis schließt sich und Sie erreichen:

★

Ruhe im Tun – in dieser Ruhe kann Intuition wirken.

★

Damit sich diese Grundsätze in Ihrem Leben verankern, nehmen Sie die folgenden Sätze einmal als Grundlage für eine Meditation. Setzen Sie sich ruhig und ungestört hin, und entspannen Sie sich. Dann konzentrieren Sie sich auf die nun folgenden Grundsätze und lassen sie auf sich wirken. Wann immer Sie Intuition praktisch einsetzen wollen, erinnern Sie sich wieder an sie.

Intuition bedarf keiner Vorbereitung. Lassen Sie Intuition geschehen, nehmen Sie wahr, was kommt, ohne Wertung. Intuition ist reine Energie. Jedes Bild oder Wort ist schon Übersetzung. Unschärfe in der Intuition ist unmöglich. Machen Sie sich bewusst, dass jeder die Welt wahrnimmt durch den Filter seiner Persönlichkeit.

Fragen Sie die Intuition, ob sie etwas zu Ihrem Problem oder Ihrer Frage sagen will. Nehmen Sie die Antwort energetisch wahr. Jede Interpretation bedeutet Unschärfe. Oft erhalten Sie eine „Nachintuition" zum besseren Verständnis.

Hilfreich sind folgende Eigenschaften und Verhaltensweisen: Heiterkeit, Klarheit, Gelassenheit, Offenheit, Humor, Lebensfreude, kindliches Staunen, die Fähigkeit, zu sich selbst zu stehen, Bereitschaft zur Veränderung.

Der Eintritt in die Zeitlosigkeit

Über die Intuition können Sie ständig Zugang zu allem Wissen der gesamten Menschheit und dem allumfassenden Wissen des Allbewusstseins haben. Wenn Sie sich auf das universelle Informationsfeld einstimmen, können Sie dort die benötigten Informationen einfach ablesen und brauchen nicht – wie bisher – im Gehirn danach zu suchen. Sie können auch lernen, mit den einzelnen Teilen des Universums zu verschmelzen, sich als ein anderer Mensch oder eine ganz bestimmte Sache zu fühlen und somit *alles* über den anderen zu wissen.

Dies geschieht durch die Verschmelzung des Bewusstseins. Dazu müssen Sie zu einer erhöhten Sinneswahrnehmung gelangen, in einen erweiterten Bewusstseinszustand eintreten. Das Wichtigste dabei ist, den Verstand zum Schweigen zu bringen. Lassen Sie alle Gedanken los. Das können Sie am ehesten erreichen, wenn Sie nicht gegen Ihre Gedanken ankämpfen, sondern Sie einfach ziehen lassen. Halten Sie keinen Gedanken fest, akzeptieren Sie, dass Ihre Gedanken kommen und gehen. Je weniger Beachtung Sie ihnen schenken, desto leichter werden sie sich verflüchtigen – bis sie ganz entschwunden sind. Sie denken nicht mehr, sind in die Gedanken-Stille eingetreten.

Diesen Zustand können Sie über verschiedene Methoden erreichen, u.a. Meditation, Joggen, autogenes Training etc. Manchen Menschen fällt es leichter, die Gedanken loszulassen, wenn sie sich körperlich anstrengen, andere versinken lieber in einer angenehmen Umgebung, auf einer Wiese, im Wald oder im Wohnzimmer, in diese Stille.

Suchen Sie den Weg, der Ihnen am leichtesten fällt. Wenn Sie einige Übungen haben, können Sie überall Gedanken-Stille herstellen. Damit eröffnet sich Ihnen eine andere, unbekannte Welt. Es mag Ihnen im ersten Moment so vorkommen, als würden Sie dabei Ihre Individualität verlieren. Doch das Gegenteil ist der Fall: Sie entfalten Ihre Individualität. Sie spüren Ihren Körper nicht mehr, die Sorgen haben sich aufgelöst – Sie sind be-freit, frei! Ein wunderbares Wohlgefühl wird Sie erfüllen, und Sie treten ein in den Augenblick. Die Zeit steht still, und ohne eigenes Zutun nehmen Sie auf einmal *wahr*. Das geschieht von selbst, so selbst-verständlich, dass Sie erkennen, dass dies Ihr natürlicher Zustand ist und Intuition Ihre ganz natürliche Fähigkeit ist, die Sie nie verlernt hatten. Sie haben Ihre Intuition nur nicht mehr wahrgenommen, weil Ihr Verstand sich in den Vordergrund drängte und immer lauter wurde.

Was Sie nun erfahren, ist das Er-innern, von dem ich immer wieder spreche. Sie brauchen dafür nichts zu lernen. Alles ist vorhanden, bereit für Sie, wann immer Sie durch das Tor des Augenblicks eintreten in die Zeitlosigkeit. Ihre Intuition steht Ihnen sofort und jederzeit zur Verfügung, wenn Sie sich selbst wiedergefunden haben. Dann können Sie auch wieder die ganze Wirklichkeit, also 100 Prozent, wahrnehmen und nicht nur 8 Prozent des Ganzen wie bisher. Die geistige Blindheit ist aufgehoben, ist beendet – Sie nehmen wieder alles wahr, sehen mit den Augen der Seele und erkennen das Ganze.

Kommen Sie „zu Bewusstsein"!

Unser Umfeld erwartet von uns ständige Aktivität: tagsüber in Beruf oder Haushalt, abends beim Freizeit-Stress wie Fitness, Theater-Abo, Hobbygruppen oder Weiterbildung. Müde und erschöpft sinkt der moderne Mensch abends ins Bett, um am nächsten Tag wieder brav sein Soll an Aktivitäten zu erfüllen. Dass dies nicht die Erfüllung des Lebens sein kann, zeigt ein Blick in die Gesichter unserer Mitmenschen oder auf die Krankenstatistiken. Wer ständig in Bewegung ist, kann nichts bewegen. Und irgendwann bleibt er auf der Strecke, ob das im physischen oder psychischen Bereich beginnt, spielt keine Rolle. Betrachten Sie einmal das Resultat dieser hyperaktiven Zeitgenossen.

Was leisten diese Menschen wirklich? Was kann man schaffen, wenn man nie Zeit hat, ständig beschäftigt und unter Zeitdruck ist?

Taten erfordern Wissen, Können und den Einsatz des Intellekts, womit wir wieder bei den beiden Gehirnhälften angelangt sind: Menschen, die ständig in Aktion sind, die nur die linke Gehirnhälfte, den Verstand, nutzen, sind die Einseitigen, die „Einbeinigen", die früher oder später stolpern und stürzen werden. Mit einem Bein lassen sich Langstrecken nicht bewältigen – mit halber Kraft kommt man nicht weit. Deshalb besser mehr Ruhe in sein Leben bringen und beide Hemisphären zusammenwirken lassen. Und dann ist für Sie jeder noch so weite Weg mühelos zu schaffen.

Wir wissen, dass der Sitz der Intuition, der Emotionen, die rechte Gehirnhälfte ist. Vollständig ist ein Mensch nur, wenn beide Hälften verbunden sind. Das erst macht ihn ganz und vollkommen – zu einem ganzen Menschen. In der heutigen Zeit regiert die Logik, wird höher bewertet als die Weisheit. Der Intellekt handelt logisch, rational und ohne Gefühl. So verhält sich übrigens auch ein Computer. Ohne eine Verbindung zum

Herzen, zum Gefühl, haben wir keine bewusste Anbindung an das Leben, verlieren den Kontakt zu uns selbst.

Bewusstsein haben wir alle, doch kaum jemand ist „bei Bewusstsein"! Wir identifizieren uns mit unserer kleinen Persönlichkeit, der wir einen sehr engen begrenzten Raum in unserem Leben zugewiesen haben.

So sehr sind wir mit den begrenzten Möglichkeiten beschäftigt, dass wir dabei das Wesentliche, das Wichtigste übersehen: Unsere wahre Größe – unser wirkliches Sein – nehmen wir nicht wahr.

Es ist Zeit, dass wir unseren kleinen Verstand überschreiten, alle Begrenzungen und Beschränkungen hinter uns lassen, um wieder einzutreten in die Grenzenlosigkeit des Bewusstseins. Wir sollten nach innen lauschen, sollten wahrnehmen, wer wir wirklich sind, die Kleinheit unserer „Alltags-Persönlichkeit" loslassen und anfangen zu leben als derjenige, der wir wirklich sind.

Lassen Sie uns gemeinsam das „Geheimnis Leben" er-gründen und ent-decken, was es uns zu sagen hat. Lassen Sie uns gemeinsam die „Sprache des Lebens" als die wichtigste Sprache überhaupt lernen. Lassen Sie uns im Einklang mit dem Leben sein, lassen Sie uns zu Bewusstsein kommen. Dazu gehört die Entscheidung, ob Sie Ihr „Ich" glücklich machen wollen oder „sich selbst", nämlich denjenigen, der Sie wirklich sind.

Unsere biologische, sichtbare Existenz, unsere materiellen Erfolge – das sind nur Teilbereiche des Lebens. Hinter all dem Sichtbaren, was wir gemeinhin als Leben bezeichnen, verbirgt sich der fast unbekannte Bereich des Wahren Seins: das Bewusstsein, das, worauf es wirklich ankommt, was wirklich zählt. Es ist das Loslösen von der „Ich-Umklammerung des Selbst", das Erwachen des Selbst und das Hervortreten, um als Meister und Schöpfer zu leben – so wie es in der Schöpfung vorgesehen war: als Ebenbild Gottes.

Unser Verstand verlangt immer nach Neuem. Jede Information wird danach bewertet, ob sie bekannt oder unbekannt ist. Nicht ins Kalkül des Verstandes einbezogen wird, ob diese Information im Augenblick für uns wichtig ist, ob sie uns weiterhelfen kann, ob sie unserer Weiterentwicklung dient. Eine neue

Goldmünze ist nicht wertvoller als eine alte. Erst die Umsetzung, die Bewertung, macht den Wert aus. So gibt es in Wirklichkeit nichts Neues. Das, was wir als Neuigkeiten bezeichnen, sind die ewig gültigen Wahrheiten, die eine neue Aufmachung, eine andere „Verpackung", erhalten, damit wir sie beachten.

Etwas wirklich Neues, ein Abenteuer, ist es für die meisten Menschen, wenn sie einmal in die Tiefe ihres Wesens, ihres Seins, gehen. Dann kommen sie in Bereiche der Wirklichkeit, die sie bisher noch nie wahrgenommen haben, von deren Existenz sie oft noch nicht einmal gehört, geschweige denn sie erfahren haben. Eine der wichtigsten Erfahrungen ist das Loslassen, das Geschehenlassen. Sie können eine Information schon tausendmal gehört haben. Wenn Sie aber dabei geschehen lassen, erfahren Sie jedesmal etwas anderes, und es vollzieht sich Veränderung. Und das ist das Entscheidende! Die Information als solche ist nicht so wichtig, wie wir sie oft nehmen. Wirklich wichtig ist das Geschehen dahinter. Lassen Sie geschehen, während Sie dieses Buch lesen. Nicht die Information, die Ihnen die Worte vermitteln, ist das Wichtige. Entscheidend ist, was in Ihnen geschieht – jetzt beispielsweise, während Sie diese Worte lesen, den wirklichen Sinn er-fassen.

Um geschehen zu lassen, sollten Sie offen sein, bereit sein, Veränderungen zuzulassen, über Grenzen hinauszuschreiten. Alles, was Sie in diesem Buch lesen, ist nichts Neues. Es sind uralte, immer gültige Weisheiten. Öffnen Sie sich dafür, seien Sie bereit, die Wahrheit zu erkennen. Lassen Sie geschehen. Der Neuigkeitsgehalt der Worte ist ohne Bedeutung, wichtig ist nur, welche Veränderungen sie in Ihnen auslösen – *jetzt* in diesem Augenblick.

Betrachten Sie Ihr Leben einmal als Theaterstück: Jeder Augenblick ist eine Premiere, alles geschieht zum ersten Mal – ohne Generalprobe. Helfen kann Ihnen dabei alles, wenn Sie es nur zulassen. Lesen Sie einen Text hundertmal, langweilt sich Ihr Verstand, er kennt die Worte schon auswendig. Lassen Sie aber geschehen, erfährt Ihr Selbst jedesmal etwas anderes.

Probieren Sie es aus. Sprechen Sie laut die Worte: „Ich bin ein Schöpfer." Wie verstehen Sie diese Information in diesem Augenblick? Fragen Sie sich:

★ Wer bin ich in diesem Augenblick, in dem ich die Information erhalte?
★ Was bedeutet sie für mich – für denjenigen, der ich in diesem Augenblick bin?
★ Welche Konsequenz wird dadurch für mich in diesem Augenblick möglich?

Das einfache „Geschehenlassen" kann Ihr Leben von Grund auf verändern. Es gibt dann nichts zu lernen oder zu üben, Sie brauchen sich nichts ab- oder anzugewöhnen – es ist bereits geschehen. Sie können von sich sagen:

Ich bin es!

In Wirklichkeit haben Sie immer die gleiche Information in anderen Worten, in einer anderen Verpackung erhalten, nämlich: *Ich bin der Schöpfer!*

Betrachten Sie das Leben nicht als eine Last, als eine Ansammlung von Problemen, die es zu lösen gilt. Nehmen Sie lieber die Aufgaben an, die auf Sie warten, stellen Sie sich den Herausforderungen. Es gibt nichts, was zu schwierig für Sie ist. Alles können Sie meistern, denn alles ist in Ihnen angelegt. Und wenn Sie alle Ihre Fähigkeiten einsetzen, alle Kräfte nutzen, wenn Sie Intuition wirken lassen, dann erfahren Sie ein ganz neues Lebensgefühl, entdecken eine große Freude am „Spiel des Lebens".

Das Loslassen des Ich

Wer hat Ihr Leben bisher geleitet, wer hat bestimmt, was geschehen soll und was nicht? Ihre Antwort wird vermutlich lauten: „Ich". Ihr Ich hat sich auf den Weg gemacht, um mit Ihrer Intuition Kontakt aufzunehmen. Sie bemühen sich, „stimmig" zu werden, haben vielleicht sogar schon Ihre Intuition gefühlt, kleine Erfolge erzielen können. Und doch sind Sie immer noch derselbe: nämlich ein Ich. Damit aber beschränken Sie sich, bleiben mit der Intuiton immer nur im persönlichen Bereich. Das ist zwar ein Anfang, aber noch lange nicht alles.

Es gibt so viel mehr, was in Ihnen steckt, was aber nur aktiviert werden kann, wenn Sie noch einen weiteren Schritt, einen Entwicklungsschritt machen, und der geht vom *Ich* zum *Selbst*.

Intuition im umfassenden Sinn bedeutet, zur Selbst-Identifikation zu finden. Erst dann erhalten Sie die Voll-Macht, die volle Macht, um durch die Tür des Augenblicks einzutreten in das Hier und Jetzt. Machen wir das ganz bewusst:

★

Sie treten aus der Persönlichkeit heraus und gehen in die Wahrnehmung hinein –
Sie ***wissen****.*

★

Die Bedeutung des Augenblicks habe ich bisher noch nicht erwähnt. Alles Wissen im allumfassenden Sinn, jede Information, ist im Augenblick enthalten. Es reicht nicht, in dieser Sekunde zu leben, denn das ist nicht das Jetzt. Sie können zwar Sekunde um Sekunde voranschreiten, trotzdem sind Sie nie im Jetzt. Wenn Sie in den Augenblick eintreten, können Sie das Ich nicht mitnehmen. Sie brauchen es dort auch nicht mehr. Wenn Sie im Augenblick sind, ist es nicht mehr möglich zu denken, nur noch wahrzunehmen. Sie sind nicht mehr in der Dualität, auch nicht in der Einheit – Sie *sind*.

Doch wie kommen Sie in den Augenblick? Eine Möglichkeit ist das Hören. Hören ist Wahrnehmung und nur im Augenblick möglich. Ein Gong kann Sie über den „Klang der Stille" in den Augenblick führen. Lauschen Sie bewusst dem Ton, werden Sie selbst zum klingenden Ton. So wie dieser Ton immer leiser wird – bis er ganz verklungen ist –, so breitet sich auch in Ihnen die Stille aus. Sie erfahren die Stille des Augenblicks, werden selbst zum Augenblick. Hören Sie auf den Ton, lauschen Sie – ohne zu denken, ohne Absicht, ohne Wollen.

Oder Sie hören auf Ihr Herz. Lauschen Sie der Stimme Ihres Herzens, spüren Sie Ihr Herz, gehen Sie den Weg der Liebe, und Sie werden eins mit Ihrem Herzen sein.

Den geistigen Riesen in sich wecken

Stellen Sie sich das Sein als einen Flaschengeist vor. sperrt in der Flasche ist unser Geist klein und unscheinbar. Doch wenn Sie ihn be-freien, aus seinem Flaschengefängnis entlassen, kann er sich entfalten und zu seiner vollen Größe anwachsen. So ist das auch mit unserem Sein. Begrenzt vom Ich, ist das Selbst klein geblieben. Wir haben es in ein Gefängnis namens Ich gesperrt. Es ist deshalb ganz natürlich, dass wir uns klein und unbedeutend fühlen.

Wenn wir jedoch unserer schöpferischen Urkraft Raum in unserem Leben geben, brauchen wir uns um nichts mehr zu sorgen. Wir können das Ich auflösen, die Mauern niederreißen und unser wahres Selbst befreien. Denn unser Sein wird grenzenlos, und dann können Sie sagen:

★

Ich habe den geistigen Riesen, der ich bin, geweckt.
Ich bin zu Bewusstsein gekommen,
bin bei mir selbst angekommen und lebe im Selbst.
Ich trete hervor als der, der ich wirklich bin.

★

Wollen Sie diesen Weg gehen? Dann machen Sie folgende Übung:

Ziehen Sie sich an einen Ort zurück, an dem Sie ungestört sind, an dem Sie sich wohlfühlen, z. B. in ein gemütliches Zimmer, in einen Park. Sie lesen den Text laut und lassen die Worte auf sich wirken. Nehmen Sie sich reichlich Zeit dafür, damit Sie jeder Veränderung, die sich in Ihnen vollzieht, bewusst nachspüren können, und Sie wirklich „geschehen lassen“.

Als erstes werden die Sinnestore geöffnet. Nehmen Sie sich wahr:

- ★ Wo und wer bin ich?
- ★ Wer nimmt wahr?
- ★ Wer fragt?
- ★ Wer spricht?

- ★ Wo ist meine Mitte?
- ★ Wo fange ich an?
- ★ Wo ende ich?
- ★ Bin ich das wirklich, was ich glaube zu sein?
- ★ Was immer ich wahrnehmen und benennen kann, *das bin ich nicht*!

Stellen Sie sich vor, dass Sie in den Spiegel schauen und zu sich sagen:

- ★ Das ist mein Körper.
- ★ Ich mache mir bewusst, *wer* das sagt.
- ★ Ich bin der, der das sagt, der den Verstand benutzt,
- ★ der die Gefühle fühlt, die er ausspricht.
- ★ Ich spüre und erlebe das Gefühl
- ★ *Ich bin.*
- ★ Ich bin da – in meinem Körper, auf meinem Stuhl,
- ★ in diesem Raum, in diesem Haus, in dieser Stadt.
- ★ Ich mache mir bewusst, welchen Raum ich derzeit einnehme.

Und nun folgt die Grundübung, sich als Bewusstsein in seinem Körper wahrzunehmen:

- ★ Wie groß bin ich?
- ★ Wo ist mein Zentrum, wo meine Mitte?
- ★ Ich dehne mich von meiner Mitte aus –
- ★ bis ich meinen ganzen Körper von innen gleichzcitig spüre.
- ★ Damit überschreite ich den Verstand.
- ★ Nun öffne ich das Kronen-Chakra (s. Seite 76 f.), spüre, wie ich mich nach oben öffne, wie ich in Verbindung trete mit dem Allbewusstsein.
- ★ Langsam wachse ich über mich hinaus.
- ★ Meine Energie beziehe ich von jetzt an immer vom „Netz“, von meiner eigenen schöpferischen Urkraft.
- ★ Ich benötige keine Batterie mehr.
- ★ Ich bin nun an die Urkraft angeschlossen und kann in diesem Energiefeld bleiben.

- ★ Mit dieser Kraft kann Heilung geschehen – Heilung im seelischen, geistigen und körperlichen Bereich.
- ★ Ich tauche ein in das Informationsfeld des Allbewusstseins – ich lebe in der Intuition und handele aus der Intuition.
- ★ Ich bin und bleibe immer auf Empfang.

Zu Anfang ist es nicht so leicht, immer auf Empfang zu bleiben. Das Ich lässt sich nicht von einer Minute auf die andere abgelegen, es macht sich immer wieder bemerkbar. Solange das Ich aber noch wirkt, werden Sie es als anstrengend empfinden, im höchsten Bewusstsein zu bleiben. Es ist, als versuchten Sie auf Zehenspitzen zu gehen und fielen doch immer wieder in den Normalgang zurück. Genauso fallen Sie immer wieder zurück in alte Denkweisen, wenn Sie als „Ich“ in das „Selbst“ gehen wollen.

Leichter ist es, wenn Sie sich er-innern, wer Sie wirklich sind, sich mit sich selbst identifizieren und als Selbst leben, dann werden Sie auf dieser Ebene bleiben. Sie können dann sagen:

★

Ich bin ich ***selbst*** *und bleibe es,*
im Alltag, in jeder Situation.

★

Wenn Ihnen dies wirklich gelingt, bedeutet das einen Entwicklungssprung in Ihrem Leben. Sie kommen ganz von selbst vom Wissen zum Tun durch Ihr *Sein*. Machen Sie sich bewusst, dass das, was Sie schon lange wissen, das Richtige ist. Es ist Ihnen nur bisher noch nicht gelungen, es in Ihr Leben zu integrieren. Jetzt vollziehen Sie das: Sie integrieren es jetzt in Ihr Sein und erkennen es als einen Teil Ihres *Selbst* an, als einen Teil Ihres bewussten Seins.

Unterstützen können Sie diesen Entwicklungssprung, wenn Sie herausfinden, was Ihre Fähigkeit, das Selbst zu erfahren, erhöht. Ist es die Stille, die Meditation, der Sonnenuntergang, der regelmäßige Atem, ein Bild, eine Stimmung? Erinnern Sie sich bewusst daran. Alles kann Sie erinnern, in Ihrer Mitte – auf

Empfang – zu bleiben: eine Begegnung, ein Blick auf die Uhr, ein Lächeln …

Was ist die Quelle für die *Eine Kraft*? Erkennen Sie, dass Ihre Art und Weise, Ihre Persönlichkeit, Ihre Gedanken und Gefühle – Ihr individuelles Sein – ein Teil der Vollkommenheit sind. Sie erleben jetzt einen Teil der Vollkommenheit. Dieser Teil wird sich vergrößern, je mehr es Ihnen gelingt, in dem höchsten Bewusstsein zu bleiben. Und es mag Ihnen widersprüchlich erscheinen, wenn ich sage: Es ist alles viel einfacher, als Sie denken. Vergessen Sie all Ihre Vorsätze. Es gibt nämlich keinen besseren Vorsatz, als alle guten Vorsätze zu vergessen und *einfach zu sein* .

Die Sein-Meditation

Genießen und vertiefen Sie das Gefühl *zu sein* mit einer Meditation. Ziehen Sie sich in einen ruhigen Raum zurück, in dem Sie nicht gestört werden können, machen Sie es sich bequem, und schließen Sie die Augen (s. Seite 219 ff.).

Ich mache mir bewusst, wer ich wirklich bin. Ich bin nicht der Körper. Ich bin vollkommenes, ewiges Bewusstsein. Ich war immer und werde immer sein, denn *Ich bin*. Ich bin ein Teil des einen allumfassenden Bewusstseins. Ich mache mir jetzt einmal bewusst, wo ich bin. Ich bin hier in meinem Körper. Ich bin ganz bewusst hier, und ich bin gern hier. Und so konzentriere ich jetzt die Vielfalt meiner Gedanken auf einen Punkt und erlebe dabei das Wunder wahrer Konzentration, indem ich einfach alles andere loslasse außer dem einen, das ich gerade tue: Ich beobachte meinen Atem.

Und während ich ihn beobachte, lasse ich ihn geschehen und erkenne: Nicht ich atme, sondern *Es* atmet mich. *Es* atmet mich. Und so lasse ich den Atem einfach geschehen. Über den Rhythmus meines Atems werde ich eins mit dem Rhythmus des Lebens. Ich erlebe es bewusst: Es atmet mich. Und während ich meinen Atem geschehen lasse, lasse ich die Außenwelt los und sinke in mich hinein, sinke in meine Mitte, in das Licht in mir. Ich gehe einmal ganz hinein in dieses Licht, werde einmal ganz bewusst eins mit mir selbst, *bin* eins mit mir selbst, bin wieder ganz bewusst der, der ich wirklich bin: *Ich selbst.*

Als Selbst lasse ich jetzt mein Bewusstsein weiter werden, beziehe die Menschen meiner Umgebung mit ein in dieses Bewusstsein, lasse mein Bewusstsein immer weiter werden, bis es diesen ganzen Raum erfüllt. Ich erfülle diesen ganzen Raum mit meinem Bewusstsein, bin ganz bewusst eins mit dem Allbewusstsein, eins mit *allem.* Und in dieser Einheit mit *allem* öffne ich mich der stärksten Kraft des Universums: der Liebe. Ich bin im wahrsten Sinne des Wortes liebevoll – voll von Liebe.

Und als Zeichen meiner Liebe nehme ich jeden Menschen so an, wie er ist, gestatte jedem Menschen so zu sein, wie er ist – auch mir selbst. Ich nehme mich selbst in Liebe so an, wie ich bin. In diesem Bewusstsein gehe ich von nun an durch mein Leben. Und wohin ich auch komme, wird die Welt lichter und liebevoller durch mein Sein, so wie ich bin. In diesem Bewusstsein erfülle ich von nun an meine Aufgabe, lebe von nun an wirklich selbst-bewusst.

Und in diesem Bewusstsein kehre ich nun wieder zurück an die Oberfläche des Seins, zurück ins Hier und Jetzt. Wann immer ich bereit bin, öffne ich die Augen, gestatte meinem Körper, sich wieder frei zu bewegen, bin wieder ganz bewusst im Hier und Jetzt. Aber ich bin hier als der, der ich wirklich bin: *als ich selbst.*

Wenn Sie in sich noch Blockaden verspüren, wenn es Ihnen nicht so recht gelingen will, Ihr Selbst zu finden, einfach nur zu *sein*, dann machen Sie folgende Übung:

Die zwei Schritte zur Achtsamkeit

Der erste Schritt

- ⋆ Die „Sünde“ – Sinte – Trennung beenden.
- ⋆ Machen Sie sich bewusst: Wer bin ich wirklich?
- ⋆ Ich bin vollkommenes, unsterbliches Bewusstsein. Ich war immer und werde immer sein, denn ich bin. Ich bin ich

selbst, authentisch, ehrlich, echt, wahr. Ich bin der, der ich wirklich bin!

Der zweite Schritt

- ★ Ich denke, fühle, handle, rede als *ich selbst.*
- ★ Ich *treffe* jetzt eine Entscheidung. Ich erkenne, was zu tun ist.
- ★ Ich erkenne die Lösung für eine Aufgabe, für ein Problem.
- ★ Ich ziehe die Konsequenz aus dieser Erkenntnis.
- ★ Ich empfange jetzt bewusst eine Botschaft des Lebens für mich, für andere, für alle, für eine Situation – für das Leben.
- ★ Ich tue das, was ich tue, ganz bewusst. Durch mein Bewusstsein erhebe ich jeden Gedanken, jedes Wort, jede Handlung.
- ★ Ich erkenne, ob das wirklich zu mir selbst gehört, ob ich das wirklich (noch) bin. Es kann sich dabei um einen Wunsch, ein Ideal, ein Ziel, eine Vorstellung, einen Beruf, eine Verhaltensweise, einen Partner oder einfach um Bekannte handeln. Ich lasse es los, wenn es nicht mehr wirklich zu mir gehört.
- ★ Ich nehme bewusst wahr, was *ich selbst* will in diesem Augenblick. Ich erkenne die „Innere Wirklichkeit". Ich sage bewusst „*Ja*" zu mir selbst, so wie ich bin. Ich gestatte mir, *ich selbst* zu sein.
- ★ Ich denke, fühle, handle und rede in jedem Augenblick so, dass ich Achtung vor mir selbst haben kann und mich in mir *selbst* wohl fühle.

Loslassen, was be-lastet und ein-engt

Negative Gefühle, störende Gedanken, kurz alles, was belastet, können Sie loslassen, um innerlich frei zu werden. Ich führe nur einige destruktive Gefühle auf, unter denen viele Menschen leiden, wie Neid, Missgunst, Eifersucht, Unehrlichkeit, Wut, Aggression, Habgier, Geiz, Engstirnigkeit, aber auch alles andere, was Ihnen nicht guttut.

Fragen Sie sich, warum Sie diese Last tragen, was sie Ihnen sagen will. Die Erkenntnis daraus befähigt Sie, diese Last aufzulösen.

Ärger macht alles nur ärger – er ist loszulassen

Ärger nützt gar nichts; Ärger macht eine schlechte Situation nicht besser – eher umgekehrt. Ärger verändert nichts zum Guten, Ärger macht nur Ihnen selbst zu schaffen, und die Auswirkungen Ihres Ärgers haben negative Folgen. Entwickeln Sie ein Bewusstsein dafür, dass nichts und niemand auf der Welt die Macht hat, Sie zu ärgern. Ärgern können Sie sich nur selbst, und deshalb sind Sie auch der einzige, der jederzeit aufhören kann, sich zu ärgern. Tun Sie es *jetzt*!

Angst erzeugt Angst – sie ist loszulassen

Machen Sie sich bewusst, dass Ihre Angst Ihnen nur zeigen will, dass Sie nicht *Sie selbst* sind, dass Ihr Bewusstsein eng ist. Ihre Angst ist eine Chance und eine Aufforderung, Ihr Bewusstsein zu erweitern und sich wieder daran zu erinnern, wer Sie wirklich sind. Mittels Ihrer Angst können Sie herausfinden, dass es nichts auf der Welt gibt, das Sie wirklich fürchten müssten, weil Sie den Grund dazu selbst verursachen. Sie verursachen überhaupt alles, was Ihnen geschieht, und deshalb können Sie dies jederzeit ändern. Tun Sie es *jetzt*!

Stress reduziert die Lebensqualität – er ist loszulassen

Erkennen Sie, dass Stress nur entstehen kann, wenn Sie versuchen, in der zur Verfügung stehenden Zeit mehr zu erledigen, als machbar ist. Das ist nicht möglich, also sollten Sie es auch nicht versuchen. Es liegt allein an Ihnen, dieses Missverhältnis aufzulösen und sich vom Stress zu befreien – für immer. Tun Sie es *jetzt*!

Was trennt Sie noch von Ihrer Intuition?

Wenn Sie wissen wollen, was Sie behindert, was Sie noch abhält, Ihre Intuition zuzulassen, stellen Sie sich folgende Fragen:

- ★ Was kann ich noch erkennen?
- ★ Was sollte ich endlich loslassen?
- ★ Was ist zuvor noch in Harmonie zu bringen, damit ich mit meiner Intuition ganz in Kontakt kommen kann?
- ★ Empfange ich bereits intuitive Impulse?
- ★ Als Wort? Als Symbol? Als Gefühl? Als Farbe?

Entscheiden Sie sich für die Intuition, geben Sie ihr Raum zum Wirken, lassen Sie los und werden Sie einfach frei und durchlässig, lassen Sie geschehen. Öffnen Sie den Kanal, das Kronen-Chakra, schließen Sie sich an das „Kosmische Netz" an.
Und wie bei einem Radiosender richten Sie sich Ihre Empfangszeiten ein: jeden Tag zu einer festgesetzten Zeit. Üben Sie das so lange, bis Sie auf „ständigem Empfang" sind! Notieren Sie, welche Informationen Sie erhalten.

Wenn Sie das Gefühl haben, dass immer noch nichts geschieht, Sie weiterhin auf der Stelle treten, dann suchen Sie die Ursachen für diesen Stillstand:

- ★ Haben Sie vielleicht tief in sich Angst vor dem großen Erfolg? Sie haben eine neue Verkaufsstrategie entwickelt; Ihre Intuition sagt Ihnen, diese Idee ist revolutionär und verspricht einen durchschlagenden Erfolg. Dennoch lassen Sie sich von der Geschäftsleitung mit dem Argument abspeisen, dass eine Schulung der Mitarbeiter entsprechend Ihrem Konzept nicht lohnend sei. Sie aber wissen ganz genau, dass mit Ihrer Strategie der doppelte Umsatz gemacht werden könnte. Aber insgeheim wagen Sie weder, mit Nachdruck Ihre gute Idee zu verkaufen, noch sich damit selbständig zu machen. Die Unsicherheit, nicht zu wissen, was geschehen könnte, wenn Sie den Riesenerfolg wirklich erzielen, lässt

Sie zögern. Ein anderes „klassisches“ Beispiel ist der Schauspieler, der sich jahrelang auf die Prüfung an der bekanntesten Schauspielschule vorbereitet hat und im letzten Augenblick den Termin absagt, obwohl er weiß, dass er die besten Chancen für eine Aufnahme hat.

★ Wollen Sie die Botschaft nicht verstehen, weil sie Ihnen unbequem ist oder etwas in Ihnen sich weigert zu glauben? Oder fürchten Sie, mit den Konsequenzen nicht fertig zu werden?
★ Die Intuition sagt Ihnen, dass Ihr Geschäftspartner Sie betrügt. Sie wollen das nicht wahrhaben, weil Sie glauben, in der augenblicklichen Situation keinen anderen Partner zu finden. Oder die innere Stimme drängt wegen der Stiche in der Herzgegend zu einem Arztbesuch. Der Verstand wehrt diese Warnung ab mit der Begründung, dass Sie sich jetzt eine Krankheit aus finanziellen Gründen nicht leisten können.
★ Sind Sie auf etwas Bestimmtes fixiert? Erwarten Sie mit Ungeduld eine Antwort auf eine drängende Frage? Warten Sie etwa nur darauf, dass Ihr Freund endlich von Heirat spricht, und unterdrücken dabei die leise warnende Stimme, dass er nicht der ideale Partner für Sie ist?
★ Oder warten Sie vielleicht auf eine Antwort, obwohl Sie sie intuitiv bereits wissen? Ihre innere Stimme hat Ihnen schon längst gesagt, dass die Position, um die Sie sich beworben haben, nicht wirklich Ihren Vorstellungen entspricht. Trotzdem erwarten Sie die Antwort auf Ihre Bewerbung.
★ Fehlen Ihnen das tiefe Vertrauen und der Glaube an die Wirksamkeit der Intuition?
★ Sie folgen ab und zu Ihrer inneren Stimme, Sie trainieren Ihre intuitiven Fähigkeiten und erzielen dabei auch Erfolge. Trotzdem kommen Sie immer wieder zu der Meinung, bei den Erfolgen handelt es sich um glückliche Zufälle. Sie lassen sich schnell von verstandesorientierten Zeitgenossen davon überzeugen, dass nur eine logische Folgerung zu einem richtigen Ergebnis führen kann – nach dem Motto: „Was nicht ist, kann auch nicht sein!“
★ Sind Sie stark an allgemein gültige Konventionen gebunden, oder haben Sie vor Autoritäten großen Respekt? Tendieren Sie dazu, die Ansichten von Experten zu übernehmen, nur

weil diese „anerkannt“ sind? Weil der Vorstandsvorsitzende einen Export nach Asien ablehnt, schließen Sie sich seiner Auffassung an. Schließlich ist er der oberste Boss des Konzerns und „muss“ es ja wissen, obwohl tief in Ihnen ein starkes Gefühl vorhanden ist, dass gerade in Thailand ein aussichtsreicher Markt für das neue Produkt der Firma besteht.

Misstrauen Sie sich selbst?

Eine bekannte Autorin schrieb an einem Buch, hatte schon einen beträchtlichen Teil fertig, als ihr plötzlich der Gedanke kam, eine Sicherungskopie anzufertigen. Da sie in all den Jahren ihrer Tätigkeit immer ohne Sicherungskopie und ohne Schwierigkeiten gearbeitet hatte, verwarf sie diese Idee als Unsinn. Ein Blitzschlag, der den Strom des gesamten Gebäudes für mehrere Stunden unterbrach, machte die Arbeit von Monaten zunichte.

Einem neu eingestellten Busfahrer fiel ein, dass er den Ölstand kontrollieren sollte. An der nächsten Raststätte sah er jedoch in den Autopapieren, dass gerade erst eine Inspektion gemacht wurde. Er ließ deshalb seinen Gedanken fallen. Eine teure Entscheidung, denn der Öltank hatte ein Loch.

Verlangen Sie zu viel?

Erwarten Sie von Ihrer Intuition, dass sie Ihnen bis ins kleinste detaillierte Angaben macht? Jemand will ein Haus kaufen, in dem er seinen Lebensabend verbringen möchte. Er legt besonderen Wert auf eine ruhige Lage im Grünen. Alles scheint perfekt: Lage, Größe und Aufteilung, Preis. Doch irgend etwas beunruhigt den Käufer, lässt ihm keine Ruhe.

Da er aber keine stichhaltigen Argumente für seine Beunruhigung findet, die gegen eine Unterzeichnung des Vertrags sprechen, kauft er das Haus. Ein Jahr später beschließt die Gemeinde, eine Schnellstraße direkt hinter dem Haus zu bauen. Der Traum von Ruhe und Beschaulichkeit ist plötzlich zerplatzt.

Haben Sie Angst vor Risiken?

Intuition ist von ihrer Natur her mit Ungewöhnlichem verknüpft. Denn alles Erklärbare, alles Bekannte beruht auf dem Verstand. So tun wir uns schwer, uns auf Dinge einzulassen, die verstandesmäßig nicht fundiert sind, egal ob es sich um finanzielle Risiken oder den Verlust von Ansehen, Zuneigung oder Respekt handelt. Wer sich am liebsten in jeder Situation doppelt absichert, wer einen Großteil seines Einkommens für Versicherungen ausgibt, der lässt wenig Raum für die Entfaltung seiner Intuition.

Ich möchte Ihnen hier noch einige Fähigkeiten aufzählen, die bei intuitiven Menschen stärker ausgeprägt sind. Umfangreiche Untersuchungen haben ergeben, dass sich intuitive Menschen durch folgende Verhaltensweisen auszeichnen: Sie gehen mit großer Sicherheit und mit viel Selbstbewusstsein in jede Situation, stellen sich den Aufgaben und glauben daran, dass ihre Lösung richtig ist. Intuitive Menschen sind innerlich frei und reagieren emotional und spontan. Sie haben keine Angst, weder vor Kritik noch vor Unbekanntem und sind bereit, neue Wege zu gehen, sich Herausforderungen zu stellen, Neues zu erforschen.

Das Bewusstsein auf richtige Inhalte lenken

Intuition geht einher mit dem Bewusstseinszustand, in dem Sie sich befinden. Beobachten Sie einmal die unterschiedlichen Bewusstseinszustände, die Sie im Verlauf eines Tages durchleben. Wie ist Ihre Denk- und Ihre Wahrnehmungsfähigkeit, wenn Sie gerade erst aufgewacht sind? Und wie nach dem Frühstück, am Mittag, abends und nachts bevor Sie ins Bett gehen? Können Sie die Unterschiede feststellen? Die Art und Weise, wie wir eine Intuition wahrnehmen (können), ist abhängig von unserem Bewusstsein oder besser gesagt, von dem Zustand, in dem sich unser Bewusstsein befindet. „Erkenntnis ist eine Funktion des Seins. Auf eine Veränderung im Sein des Erkennenden folgt eine entsprechende Veränderung in Art und

Umfang der Erkenntnis“ – so Aldous Huxley. Besonders gilt das für die Intuition.

Es liegt also an Ihnen, worauf Sie Ihr Bewusstsein lenken. Entsprechend wird Ihr Leben verlaufen. Sie haben die Wahl – es gibt verschiedene Möglichkeiten:

Negative Dinge

Wir sehen nur noch Ungerechtigkeit, Hass, Neid, Angst, Egoismus, Stress, Gedankenlosigkeit und betrachten dies als unumstößliche Tatsachen. Natürlich haben wir recht damit.

Aber konsequenterweise nimmt unser Bewusstsein alle diese negativen Schwingungen an, und sie manifestieren sich in unserem Leben als negative Ereignisse oder Umstände – als unser Schicksal. Wir erleben negative „Zufälle“, haben Pech und verzeichnen Misserfolge, sind unglücklich und unzufrieden.

Positive Dinge

Wenn wir unser Bewusstsein auf die vielen positiven Dinge richten, dann erkennen wir Hilfsbereitschaft, Verständnis, Freundschaft, materielle Verbesserungsmöglichkeiten, Freiheit, Kraft und Gesundheit. Wir wissen, dass wir jederzeit die Möglichkeit haben, einen falschen Weg zu verlassen und die richtige Richtung einzuschlagen. Wir können die Wirklichkeit hinter dem Schein erkennen.

Folglich nimmt unser Bewusstsein die positiven Schwingungen an, die sich in unserem Leben als Glück, Gesundheit, Harmonie – kurz als ein angenehmes Schicksal – für uns manifestieren.

Richten wir unser Bewusstsein auf die schöpferische Urkraft – auf Gott –, dann ist weder eine bestimmte Form wichtig noch Zeit, Raum oder Ort. Dann richten wir unsere Aufmerksamkeit nur noch auf das, was das Leben in diesem Augenblick von uns will. Wir erfüllen den Augenblick, sind in steter Harmonie mit dem Strom des Lebens und leben ein erfülltes Leben. Es sind keine weiteren Inkarnationen nötig, weil wir endlich frei sind vom Schicksal. Wir leben gemäß unserer Bestimmung in Harmonie mit der Schöpfung und ihrer göttlichen Ordnung. Dieses hohe Bewusstsein schafft hohe Gedanken und Ideen, es eröffnet alle Möglichkeiten. Es ist Ursprung der Intuition.

Im höchsten Bewusstsein bleiben oder „Den spirituellen Weg ungeteilter Aufmerksamkeit gehen“

Es ist der natürliche Wunsch eines jeden Menschen, im Zustand des höchsten Bewusstseins so lange wie möglich zu bleiben. Ich will Ihnen hier anhand einer Geschichte das Geheimnis verraten:

Ein Mann, der Erleuchtung erlebt hatte, aber dieses Bewusstsein nicht lange halten konnte, fragte einen Meister: „Wie kann ich ständig im höchsten Bewusstsein bleiben?“ Der Meister antwortete: „Ich kenne jemanden, der ständig im höchsten Bewusstsein ist. Es handelt sich um einen König, der in einem fernen Land wohnt. Gehe hin und frage ihn, ob er dir sein Geheimnis verrät.“

Der Mann machte sich auf den Weg. Es war eine mühsame und lange Reise. Endlich erreichte er das fremde Land und gelangte zu dem König, dem er sein Anliegen vortrug. Der König lächelte und sagte: „Ich verrate dir gern mein Geheimnis. Aber vorher musst du eine Prüfung bestehen, weil ich sicher sein muss, dass du würdig bist, dieses Geheimnis zu erfahren. Trage eine Schüssel, die bis zum Rand mit Wasser gefüllt ist, auf deinem Kopf um den Palast herum. Hinter dir geht mein Scharfrichter mit gezogenem Schwert. Wenn du nur einen einzigen

Tropfen verschüttest, schlägt er dir den Kopf ab. Du kannst diese Prüfung ablehnen, aber dann kann ich dir das Geheimnis nicht verraten."

Der Mann war entschlossen und antwortete: „Und wenn es mein Leben kosten sollte, es ist den Preis wert."

Er ging vor den Palast, erhielt die mit Wasser gefüllte Schüssel, setzte sie auf seinen Kopf und machte sich auf den Weg. Konzentriert setzte er einen Schritt vor den anderen. Hinter sich hörte er den Schritt des Scharfrichters. Er wusste, ein einziger Fehler und sein Leben war beendet. In höchster Konzentration gelang es ihm, die gestellte Aufgabe zu meistern. Er wurde wieder zum König geführt. Dieser sagte: „Ich will dir jetzt gern mein Geheimnis verraten, aber du kennst es bereits." Er lächelte. „Genau wie du soeben gehe ich bei allem, was ich tue, in höchster Konzentration einen Schritt nach dem anderen."

Erläutern möchte ich noch, dass zu dieser Zeit das Wassertragen als Frauenarbeit und damit als eine niedere Tätigkeit galt. Erkennen Sie, dass es keine Erniedrigung (mehr) gibt, wenn man alles im höchsten Bewusstsein tut, sich auf das Scheitel-Chakra (oder Kronen-Chakra) konzentriert und so handelt, als würde der kleinste Fehler das Leben kosten.

Die Sinnestore öffnen

Bevor Sie beginnen, Ihre Sinne zu trainieren, sollten Sie eine Reinigungsübung machen. Das macht sie aufnahmefähiger, und die Übungen haben eine größere Wirksamkeit.

Stellen Sie sich einen Wasserfall vor – groß und schön. Das Wasser hat eine angenehme Temperatur. Sie stellen sich unter diesen Wasserfall und spüren, wie das Wasser durch Sie hindurchfließt. Das Wasser reinigt Sie, macht Sie innerlich sauber und ganz klar, ganz rein. Alles, was Sie nicht mehr benötigen, wird ausgeschwemmt, ebenso das Unbrauchbare, das Alte, Überholte. Sie fühlen sich erleichtert und befreit von allem

Ballast. Das Wasser reinigt Ihre Aura und erfüllt Sie mit Harmonie.

Nun geht es daran, die fünf bewussten Sinne zu wecken, denn dann können Sie den „sechsten Sinn" leichter entfalten.

Sehen

Schließen Sie Ihre Augen und entspannen Sie sich. Stellen Sie sich einen dunklen Punkt vor, halten Sie Ihr Bewusstsein auf diesen Punkt gerichtet. Es ist ganz natürlich, dass Sie Ihre Gedanken dabei nicht ganz abstellen können. Beachten Sie Ihre Gedanken einfach nicht, lassen Sie sie kommen und gehen. Wenn die Gedanken weniger werden und Sie zur Ruhe kommen, dann stellen Sie sich „Sehen" mit Ihrem geistigen Auge vor.

„Sehen" Sie geometrische Figuren: Sehen Sie einen Kreis, ein Dreieck, ein Viereck. Wenn Ihnen das nicht gelingt, dann zeichnen Sie die Figuren auf ein Blatt Papier und betrachten Sie sie so lange, bis Sie diese Darstellungen auch mit geschlossenen Augen „sehen" können. – Was geschieht in Ihnen?

Nun machen Sie diese Übung mit den Zahlen: Zählen Sie von 1 bis 10. „Sehen" Sie jede einzelne Zahl ganz groß und deutlich.

Üben Sie mit Gegenständen: Wählen Sie solche Dinge, die Sie gut kennen, z. B. Ihre Lieblingsvase. Stellen Sie sich genau das Material, die Form, das Muster vor. Sie sollten vor Ihrem geistigen Auge die Vase bis ins Detail sehen.

„Sehen" Sie Farben: Alles ist gelb – Sie sehen nur dieses wundervolle satte Gelb. Üben Sie mit anderen Farben. Sehen Sie die jeweilige Farbe so deutlich und intensiv, bis Sie ganz von dieser Farbe erfüllt sind.

Dann mit einem Bild oder einem Foto: Betrachen Sie das Bild ganz genau, sehen Sie sich alle Details an, alle Farben, jede Kleinigkeit. Lassen Sie das Bild auf sich wirken, denken Sie jetzt nicht mehr. Dann decken Sie das Bild ab und schließen die Augen. Nun stellen Sie sich alle Einzelheiten genau vor, lassen Sie alles exakt vor Ihrem geistigen Auge entstehen. Öffnen Sie nun die Augen, und notieren Sie jedes Detail, an das Sie sich erinnern. Überprüfen Sie das Ergebnis mit dem Bild. Machen Sie diese Übung so lange, bis Sie das Bild vollständig in sich aufgenommen haben und es dann exakt beschreiben können, ohne eine Kleinigkeit zu übersehen.

Und hier eine Übung, die Sie mit der Familie oder mit Freunden durchführen können: Sie schließen die Augen und entspannen sich. Währenddessen zeichnet eine der Personen eine Figur auf ein Blatt Papier, z. B. einen Kreis oder eine Schlangenlinie. Sie zeichnet diese Figur jedoch nicht vollständig. Nun öffnen Sie die Augen und vollenden sofort und ohne nachzudenken die Figur. Behalten Sie den entspannten Zustand – frei von Gedanken – möglichst auch beim Zeichnen bei.

Fühlen

Nehmen Sie verschiedene Gegenstände in die Hand, z. B. Papier, Seide, Wolle, Holz, Glas, einen Stein, oder berühren Sie die Gegenstände auch nur. Konzentrieren Sie sich dabei voll und ganz auf Ihre Hände, auf die Handflächen, die Fingerspitzen. Lassen die Berührung mit allen Empfindungen tief in Ihr Bewusstsein eindringen. Spüren Sie nach. Was geschieht dabei in Ihnen?

Nehmen Sie die Gegenstände jetzt nicht nur in die Hand, sondern streichen Sie vorsichtig über die einzelnen Dinge, fühlen Sie genau das Material, die Kühle, das Weiche oder eine rauhe Schale. Spüren Sie die Empfindung nach. Nach einer Woche des Übens können Sie die Materialien leicht voneinander unterscheiden.

Riechen

Riechen Sie bewusst, wenn z. B. gekocht wird. Können Sie die Speisen vom Geruch her erkennen? Können Sie die verwendeten Gewürze allein durch den Geruch identifizieren? Erkennen Sie am Geruch, ob Ihr Bäcker gerade Brot oder Kuchen bäckt?

Lernen Sie Blumen am Duft zu erkennen. Lassen Sie sich mit geschlossenen Augen durch einen blühenden Garten führen und „riechen" Sie, identifizieren Sie die Blüten am Geruch.

Jeder Mensch hat einen eigenen, meist sehr zarten Körperduft. Versuchen Sie, die Ihnen nahestehenden Menschen an Ihrem Geruch zu erkennen. Achten Sie darauf, welche Parfums Ihre Freunde und Bekannten benutzen, und prägen Sie sich die jeweilige Duftnote ein. Dann stellen Sie sich den Duft vor, so lange, bis Sie ihn in der Nase spüren, ihn wirklich riechen. Was geschieht dabei in Ihnen?

Riechen Sie auch die Luft. Wie riecht es im Sommer, wenn es lange trocken war und dann endlich ausgiebig geregnet hat? Erinnern Sie sich an den Geruch der feuchten Erde? Riechen Sie es, wenn der erste Schnee kommt oder ein Gewitter in der Luft liegt?

Schmecken

Dies ist eine sehr angenehme Übung. Trainieren Sie Ihren Geschmackssinn, indem Sie sich ganz deutlich den Geschmack Ihrer Lieblingsspeise vorstellen. Lassen Sie beispielsweise die Praline langsam auf der Zunge zergehen. Wenn Sie es richtig machen, dann läuft Ihnen das Wasser im Mund zusammen. Schmecken Sie geistig die verschiedenen Früchte oder Weinsorten, imaginieren Sie den Geschmack von Milchschokolade, von Zitroneneis, Knoblauchbrot, Traubensaft, Champagner. Diese Art des Schmeckens ist absolut kalorienfrei. Was geschieht in Ihnen?

Hören

Hören Sie bewusst alle Geräusche in Ihrer Umgebung. Dann wählen Sie ein Geräusch, auf das Sie sich ganz konzentrieren. Beginnen Sie mit einer einfachen Übung, hören Sie genau auf die Stimme Ihres Gesprächspartners oder eines Radiosprechers, nehmen Sie den Tonfall, die Eigenheiten der Aussprache genau wahr. Dann gehen Sie zur nächsten Übung über: Suchen Sie einen Ton oder eine Stimme aus einer Geräuschmischung heraus. Zum Beispiel im Schwimmbad: Nehmen Sie eine Stimme, auf die Sie Ihre ganze Aufmerksamkeit richten. Sie hören dann nur noch diese Stimme, hören genau, was sie sagt. Die anderen Stimmen nehmen Sie lediglich als Geräuschkulisse wahr. Oder Sie versuchen, aus dem morgendlichen Gezwitscher der Vögel eine Vogelstimme herauszufiltern oder beim Konzert den Klang eines einzigen Instruments. Lassen Sie die Melodie zum „Ohrwurm“ werden.

Erinnern Sie sich an eine typische Aussage eines Menschen, mit dem Sie viel zu tun haben, und stellen Sie sich vor, dass er diesen Satz sagt. Beispielsweise Beckenbauer mit „Schauen wir einmal“ oder Ihre Tante mit „Ich habe immer Glück“. Stellen Sie sich das so plastisch vor, dass Sie förmlich die Worte hören. Hören Sie dabei nicht nur den Satz, sondern auch die Stimme, die Tonlage, die Aussprache. Üben Sie mit unterschiedlichen Personen.

Lauschen Sie bewusst auf alle Geräusche, z. B. in einer stillen Wohnung. Hören Sie das Knacken des Kühlschranks, wenn der Strom wieder anspringt, hören Sie das Blatt, das von Ihrem Gummibaum zu Boden fällt? Was geschieht dabei in Ihnen?

Abgesehen von diesen fünf Sinnen besitzt der Mensch eine Reihe anderer Sinne wie etwa den Sprachsinn, den Sinn für Gedanken, den Ichsinn, den Gleichgewichtssinn, den Sinn für Bewegung, für Wärme, den Geschäftssinn und den Sinn für das Leben.

Befassen wir uns mit dem Gedankensinn. Durch das Aussprechen oder Schreiben der Gedanken gehen wir meist irrtümlich davon aus, dass Denken sich ausschließlich in Worten äußert. Doch Gedanken sind eng verbunden mit plastischen, bildhaften Vorstellungen, die oft nur schwer in Worte zu fassen sind. Wie oft haben wir konkrete Ideen, aber es fehlen die richtigen Worte, um sie zu vermitteln.

Das bedeutet, der Sprecher muss nachdenken, die richtigen Worte finden. Der Zuhörer muss ebenfalls nachdenken, um wirklich zu verstehen, was gesagt wird. Gedanken sind weit mehr als Worte oder Sprache. Sie dienen sozusagen als „Verpackung“ für das Wissen, die Nachricht, die Erkenntnis, die dahinter steht.

Der Sprachsinn ist nicht allein abhängig von der Sprache, sondern ist eine Kombination von Sprache, Vorstellung und Gedanken. Sie sehen, es ist komplizierter, als gemeinhin angenommen wird.

Der Ich-Sinn beinhaltet die gesamte Persönlichkeit eines Menschen. Wenn Sie von sich sprechen, so meinen Sie im allgemeinen Körper, Geist und Seele. Durch Ihr Ansprechen der Wirklichkeit in Ihrem Mitmenschen erreichen Sie sein Selbst, erkennen dabei, dass er denselben Ursprung hat wie Sie selbst, also ein ebenbürtiges, ein menschliches Wesen ist – im Gegensatz zum Tier. Durch diese Erkenntnisse heben sich Wertungen und Einteilungen von selbst auf. Es gibt keine Menschen unterschiedlicher Qualität, keine Einteilung in wertvolle oder minderwertige Menschen oder Völker. Durch den Ich-Sinn kann sich das Gebot „Liebe Deinen Nächsten wie Dich selbst“ erfüllen. Aus dem Ich-Sinn wachsen Selbsterkenntnis und die Liebe zur Menschheit.

Sie sollten alle Ihre Sinne schulen, bis die Sinnestore weit offen stehen. Dann gelangen Sie vom Sehen zur Wahrnehmung, können Intuition „mit allen Sinnen“ empfangen.

Wenn wir den Schritt vom „Ich“ zum Selbst gemacht haben, dann erkennen wir, dass wir ständig Informationen auf der Intuitionsebene empfangen. Wir sind so über alles informiert, was wichtig für unser Leben ist. Wenn wir „bei Bewusstsein“ sind, können wir alles holistisch erfassen. Wir können uns sogar auf die Frequenz eines anderen Menschen oder einer Sache einstellen, für ihn bestimmte Botschaften empfangen, wenn er sie nicht versteht oder vielleicht sogar ablehnt, sie zu empfangen. Intuition ist nicht an Raum oder Zeit gebunden, so dass es möglich ist, auch Botschaften anzunehmen, die eine andere Zeit oder einen weit entfernten Ort betreffen. Wir sind sogar fähig, ganz bewusst mit unserer Intuition in die Vergangenheit zurückzugehen und Ereignisse zu verstehen, die uns unverständlich geblieben sind. Wir können kraft unserer intuitiven Fähigkeiten anderen Menschen eine Nachricht senden, sie bitten, uns anzurufen, uns zu treffen – auch wenn das vom verstandesmäßigen Denken her unwahrscheinlich erscheinen mag. Doch wir wissen ja, dass Intuition in keinen Rahmen zu pressen ist, dass Intuition nicht ausgetretenen Pfaden folgt – und deshalb ist viel mehr möglich, als wir uns überhaupt vorstellen können.

Wenn wir uns allein auf unseren Verstand und unsere fünf Sinne verlassen, finden wir keinen Kontakt zu unseren intuitiven Fähigkeiten. Wir können vielleicht sogar den Ruf der Intuition hören, den intuitiven Impuls spüren, doch die Leitung zum Bewusstsein ist durch die Aktivität des Verstandes blockiert. Stellen Sie sich vor, Sie sprächen ständig mit Ihrem Verstand via Telefonleitung. Sie könnten dann manchmal ein leichtes Knacken in der Telefonleitung hören – den vergeblichen Versuch Ihrer Intuition, Sie zu erreichen. Da jedoch die Leitung besetzt ist, könnte die Botschaft der Intuition nicht zu Ihnen durchdringen.

Manche Menschen sind völlig vom Verstand besetzt, so dass sie gänzlich unerreichbar für die Intuition bleiben. Andere wiederum nehmen die Intuition zwar wahr, doch hören sie die Information so weit entfernt und so leise, weil die Verbindung eben sehr schwach ist. Sie haben deshalb nicht den Mut, sich auf diese schwache Stimme zu verlassen. Es ist der Verstand, der uns von unserem wahren Selbst trennt. Damit bleibt unser Blickfeld beschränkt. Wie wir wissen, sehen wir nur acht Prozent und halten dies dann unglücklicherweise für die ganze Wirklichkeit. Solange wir eine solche Illusion aufrechterhalten, sind die Konflikte mit der Wirklichkeit geradezu vorprogrammiert.

Machen wir aber den entscheidenden Schritt vom „Ich" zum Selbst, können wir die *ganze Wirklichkeit* erkennen. Dann haben wir zwei Wahrnehmungbereiche zur Verfügung: den äußeren mit den fünf physischen Sinnen sowie den intuitiven mit allen geistigen Sinnen. Das Wundervolle ist, dass wir dazu weder auf etwas verzichten müssen, noch etwas erlernen müssen – wir bekommen ganz einfach eine Fähigkeit geschenkt.

★

Intuition ist die Wahrheit der Wirklichkeit
und unterliegt somit keinem Irrtum.

★

Der Psychoanalytiker C.G. Jung betrachtete die Intuition als eine der vier Grundfähigkeiten des Menschen: Denken, Fühlen, Wollen und Intuitieren. Alles ist polar. Beim Denken unterscheiden wir das rationale, analytische Denken und das bewusste, synthetische Denken, beim Fühlen das körperliche Gefühl und das feine Gespür, den Spür-Sinn. Beim Wollen steht das Gierige, Egoistische dem höheren Willen der inneren Führung gegenüber und beim Intuitieren die eher unbewusste Funktion des Instinktes der überbewussten umfassenden Orientierung der Intuition. In der Übergangszeit behelfen wir uns mit dem logischen Denken. Nur leider bleiben viele Menschen in dieser Übergangsphase stecken, kommen nicht weiter und erreichen nicht den Einblick in die Wirklichkeit, erfahren nicht die umfassende Klarheit. Sie bleiben entwicklungsmäßig „auf der Strecke“, und ihr Lebenslauf ist deutlicher Ausdruck dieser Entwicklung.

Machen Sie sich einmal das gesamte Ausmaß der Intuition bewusst: Die ganze Welt können Sie in sich entdecken, das Wissen aller Zeiten tragen Sie in sich. Oft erfahren Sie Intuition ganz von selbst, doch Sie können sie ja auch gezielt aktivieren. Indem wir über uns hinauswachsen zu uns selbst, können wir immer leichter zu Bewusstsein kommen und immer länger im Bewusstsein verweilen. Auch wenn wir nicht lernen, sondern uns nur zu er-innern brauchen, gibt es Methoden, Techniken und Hilfen, die es uns erleichtern, unsere Intuition für uns wirken zu lassen. Wir können die Leitung für die Intuition frei machen. Eine der wichtigsten Übungen dafür ist, die Gedanken-Stille herzustellen wie auch die Wahrnehmung in allen Bereichen zu verbessern.

Gedanken-Stille in Alpha

Wie Sie wissen, befindet sich der Wahrnehmungsbereich für die Intuition direkt *über* dem Kopf. Immer, wenn Sie Intuition gezielt wirken lassen wollen, sollten Sie deshalb Ihr Wahrnehmungszentrum an diese Stelle verlagern. Dann befinden Sie sich automatisch im Alpha-Zustand. Als Alpha-Zustand wird

Gehirnstromfrequenz von 7-14 Hertz bezeichnet, das ist optimale physische und psychische Zustand eines Menschen. In dieser Phase ist der Mensch offen und durchlässig, kann Botschaften empfangen und seine geistigen und seelischen Möglichkeiten am besten ausschöpfen. Gedanken-Stille kann nur im Alpha-Zustand geschehen. Es bedarf für die meisten Menschen einiger Übung, um sich in diesen Zustand zu versetzen. Aber glauben Sie mir, es ist einfacher, als Sie denken.

Wenn Sie noch nicht so geübt sind, dann sollten Sie einen ruhigen Ort wählen, an dem Sie niemand stört, so dass Sie sich ganz auf sich konzentrieren können (s. Seite 217 ff.). Achten Sie auf Ihre Atmung. Konzentrieren Sie sich auf Ihren Atem, und werden Sie ruhig und immer ruhiger. Sie können auch ein geistiges Bild wählen, wie die Vorstellung vom Meer: Die Wellen kommen und gehen. Unterstützen können Sie Entspannungsübungen durch ruhige Musik, Düfte oder auch durch das warme Licht einer Kerze. Anfangs werden Sie durch Ihre Gedanken gestört. Doch es liegt an Ihnen, ob Sie sich stören lassen. Wandeln Sie die Gedanken um in Wolken, die einfach vorbeiziehen. Sie brauchen sie gar nicht zu beachten, lassen Sie einfach geschehen! Und immer tiefer wird das angenehme Gefühl. Auf einmal bemerken Sie, dass Ihr Verstand stillsteht, dass keine Gedanken mehr vorhanden sind. Sie sind ruhig, entspannt und frei.

Ihr Wahrnehmungsvermögen über dem Kopf ist jetzt aktiviert. Bildlich gesehen ist der Trichter über Ihrem Kopf geöffnet, so dass er die Ein-fälle auffangen und in Ihr Bewusstsein leiten kann. Dies ist der Alpha-Zustand, in dem Intuition geschieht. Je geübter Sie sind, desto länger verweilen Sie in diesem Zustand. Und vor allem können Sie auf Wunsch in jeder Lebenslage jederzeit intuitiv sein. Aber noch wichtiger ist, dass Sie mehr und mehr aus der Intuition leben, dass Sie „bei Bewusstsein" sind.

Und hier eine weitere Übung, damit es Ihnen leichter fällt, Ihre Gedanken ziehen zu lassen. Sie befinden sich in einer bequemen Lage:

1. Machen Sie nach jedem Ausatmen bewusst eine Atempause.
2. Stellen Sie sich einen blauen Himmel vor. Ihre Gedanken sind große weiße Wolken, die dahinziehen. Lassen Sie die Gedanken ganz einfach an sich vorbeiziehen. Pusten Sie sie nicht weg, sondern betrachten Sie die Wolken, ohne ihren Lauf zu behindern oder zu beschleunigen.
3. Blicken Sie in die Leere, ins Nichts.
4. Konzentrieren Sie Ihre Gedanken bewusst auf einen Punkt. Bündeln Sie Ihre Gedanken. Nehmen Sie nichts wahr, sondern richten Sie Ihren Blick auf einen Gegenstand, z. B. eine Mauer, ein Blatt Papier, ein Bild.
5. Konzentrieren Sie sich auf Ihren Atem und lassen Sie ihn bewusst los. Kommt ein Gedanke, sagen Sie ihm: „Jetzt nicht, jetzt konzentriere ich mich auf Gedankenstille."
6. Üben Sie in Ihrer bevorzugten Art so lange, bis kein Gedanke mehr da ist, bis Sie ruhig geworden sind, bis Ihre Gedanken stillstehen, bis Sie gedanken-leer sind.

Die Vokal-Imagination

Im Zusammenhang mit der Öffnung der Sinne möchte ich Ihnen eine Technik zeigen, die Ihre innere Kraft weckt. Imaginieren Sie die Vokale: I – E – O – U – A.

Sie stellen sich dabei vor, dass das Zentrum des Klangraumes in der Mitte Ihrer Zehen liegt. Umhüllen Sie die Zehen mit dem Klang, und stellen Sie sich dies so lange vor, bis Sie es sehen können. Der Klang sollte so stark sein, dass er die Zehen regelrecht einhüllt.

Dann gehen Sie weiter. Legen Sie das Zentrum des Klangraums nun auf die Fußsohle, dann in die Fersen, schließlich in die Knöchel. Sie sollten einen Bereich erst einige Wochen üben, bevor sie zum nächsten weitergehen.

Beginnen Sie mit den Füßen, dann können Sie anschließend auf die gleiche Art und Weise die Knöchel bis zu den Knien durcharbeiten. Dann erweitern Sie die Übung auf den Bereich Knie bis zum Beinende, später bis zum Nabel, dann bis zum Herzen. Der nächste Schritt geht zum Hals, und der letzte

Schritt schließt das Kronen-Chakra ein. Es dauert ein Jahr, bis der gesamte Körper durchgeübt ist.

Wichtig ist, dass der jeweilige Körperteil beim stummen oder halblauten Wiederholen der Vokale ständig im Bewusstsein gehalten wird. Wenn das nicht gelingt, dann beginnen Sie einfach noch einmal bei dem entsprechenden Körperteil. Normalerweise benötigt man für die fünf Vokale etwa zwei Sekunden, um sie zu denken oder auszusprechen. Vielleicht benötigen Sie anfangs etwas mehr. In diesem Fall sollte es Ihr Ziel sein, auf den Zweisekundenrhythmus zu kommen. So können Sie dann einen Körperteil in 30 Sekunden durchüben. Bei jeder Übung sollten Sie immer beide Füße mehrmals durchüben; für die anderen Körperteile genügt die einmalige Übung. Sie benötigen für diese Übung insgesamt 30 Minuten.

Schon bei der Fuß-Vokalisierung spüren Sie eine Veränderung. Nach etwa einem Jahr könnten Sie das Kronen-Chakra durch die Vokal-Imagination voll geöffnet haben. Es dauert meist drei Monate, um das Dritte Auge zu öffnen. Wenn Ihnen das nicht gelingt, dann liegt es daran, dass Sie nicht präzise genug imaginieren. Sie benötigen für diese Übung vollkommene Konzentration. Richtig ist die Übung, wenn Sie sich danach erfrischt fühlen. Sind Sie nach der Übung müde, machen Sie etwas falsch. Legen Sie dann am besten einige Tage Pause ein, und machen Sie dann weiter. Achten Sie auf Ruhe und Entspannung, und seien Sie mit ganzem Herzen dabei. Dann werden Sie ein Wunder erleben!

Die innere Stimme zum Klingen bringen

So wie wir wieder lernen sollten, mit dem geistigen Auge zu sehen, ist es auch wichtig zu lernen, unsere innere Stimme wieder zu hören. Dazu brauchen Sie sich nicht in ein Kloster zurückzuziehen, sondern lediglich umzuschalten: nicht nur mit den Ohren, sondern mit dem Herzen hören. Und wir werden zu der überraschenden Erkenntnis kommen, dass unsere innere

Stimme ständig mit uns spricht. Sie hat auch bisher immer mit uns gesprochen, nur haben wir sie nicht beachtet.

Woran erkennen Sie Ihre innere Stimme? Wenn Sie mit jemandem sprechen, benutzen Sie Worte. Damit geben Sie der Information eine bestimmte Frequenz, die als Schall mit dem Ohr aufgenommen wird. Gleichzeitig mit der Information, die richtig oder falsch sein kann, senden Sie auf einer anderen Ebene – der Seelenebene – und mit einer anderen Frequenz, die energetisch von der Seele Ihres Gesprächspartners empfangen werden kann. Diese Information ist immer richtig, denn die Seele kennt keine Lüge.

Es ist also äußerst wichtig, nicht nur akustisch zu hören, sondern auch energetisch – von Seele zu Seele. Auf dieser Ebene gibt es nur die Wahrheit, auf dieser Ebene wird die Sprache von allen Menschen auf der Welt verstanden, denn diese Sprache ist international. Wie aber kann man diese Sprache erlernen?

Das größte Hindernis ist natürlich die laute Stimme unseres Verstandes, die alles andere übertönt. Und da wir uns angewöhnt haben, so sehr auf den Verstand zu achten, hören wir nur noch ihn. Die innere Stimme ist aber ein unverzichtbarer Teil unseres Wahren Wesens. Sie kann uns alle Antworten geben, wenn wir wieder lernen, sie zu hören.

Auch hier ist es die Gedanken-Stille, in der unser Wahrnehmungsvermögen für die innere Stimme geschärft wird. Stellen Sie die Gedanken-Stille mit der von Ihnen bevorzugten Weise wie Meditation, Autogenem Training etc. her. Wenn Sie still werden, wenn es in Ihnen still wird, können Sie die Stimme Ihres Herzens hören. Ihre innere Stimme ist immer da, spricht immer zu Ihnen. Sie brauchen dafür nur Ihre inneren Ohren zu öffnen. Vielleicht hören Sie anfangs Ihre innere Stimme ganz leise und schwach. Doch je mehr Beachtung Sie ihr schenken, desto kräftiger wird sie werden. Gleichzeitig erfahren Sie die tiefe Wahrheit, mit der die innere Stimme zu Ihnen spricht. Sie sind jetzt davon überzeugt, dass Sie sich immer auf Ihre innere Stimme verlassen können.

Manche Menschen hören ihre innere Stimme am besten, wenn sie eine bestimmte Tätigkeit ausführen. Dabei spielt es keine Rolle, ob sie joggen, Musik hören oder meditieren. Wenn das auch bei Ihnen so ist, dann empfehle ich Ihnen, zur Unterstützung diese Tätigkeit auszuüben. Sie werden ganz von selbst feststellen, dass Ihre innere Stimme sich immer häufiger bemerkbar macht, wenn Sie erst einmal den Kanal, das innere Ohr, geöffnet haben. Dann können Sie jederzeit „hören" und bald die Stimme des Verstandes von der wahren inneren Stimme unterscheiden.

Stellen Sie sich innerlich auf Empfang, und Sie werden die Antwort auf Ihre Fragen finden oder einen Ratschlag, eine Lösung für ein Problem erhalten. Vielleicht haben Sie jetzt noch Schwierigkeiten, sind sich nicht sicher, ob es wirklich die innere Stimme ist, der Sie Gehör schenken. Wenn Sie eine Frage stellen und auf die Antwort lauschen, so hören Sie verschiedene Stimmen. Es spricht nicht nur der Verstand, auch das Gemüt will zu Wort kommen, das Unterbewusstsein. Doch welches ist die innere Stimme? Haben Sie ein wenig Geduld, hören Sie aufmerksam zu! Die lauteste Stimme ist immer die des Verstandes. Sie erkennen diese Stimme auch daran, dass sie Ihnen kein Gefühl von Sicherheit oder Geborgenheit gibt.

Die innere Stimme ist ganz anders. Sie ist leise, vermittelt Ihnen ein tiefes Gefühl von Sicherheit. Sie *wissen*, dass für Sie gesorgt ist, weil Sie in Kontakt sind mit der *Einen Kraft*. Und Sie werden entlastet, müssen nicht mehr entscheiden. Sie wissen genau, ohne zu denken oder zu überlegen, was am besten für Sie ist, was richtig ist. Wenn Sie erst einmal in Kontakt mit Ihrer inneren Stimme sind, brauchen Sie sich nicht mehr mit einer mittelmäßigen Alternative oder der zweitbesten Lösung zufriedenzugeben, dann gibt es für Sic nur cincs: das Allerbeste in jeder Beziehung.

Im Laufe der Zeit wird Ihre innere Stimme immer kräftiger werden; Sie können sie bald genau von den anderen Stimmen unterscheiden. Wenn eine Botschaft nicht mit dem Gefühl von Sicherheit und Geborgenheit verbunden ist, dann kann diese Botschaft nicht von Ihrer inneren Stimme kommen; und das wissen Sie mit untrüglicher Bestimmtheit.

Sie können die innere Stimme aber auch über andere Kanäle empfangen, beispielsweise über Menschen, Informationen aus

Büchern, Zeitschriften oder dem Radio, über Musik oder andere Dinge, die für Sie wichtig sind. Sie können Ihre innere Stimme fragen, auf welchem Kanal sie sendet. Achten Sie aber darauf, dass Sie alle Vorstellung über eine mögliche Antwort loslassen. Wenn Sie nämlich schon bei der Fragestellung an das denken, was Sie gern hören wollen, verfälschen Sie die Antwort. Es gibt Situationen, in denen wir gar nicht die Wahrheit hören wollen, sondern auf eine bestimmte Antwort fixiert sind. Wir wollen nicht unsere innere Stimme, wollen nicht die Wahrheit hören. Was Sie dann hören, ist nicht die innere Stimme, die zu Ihnen spricht, vielmehr macht Ihr „Ich" sich wieder einmal bemerkbar.

Wie oft glauben wir aus einer vorgefassten Meinung heraus zu wissen, was das Beste ist und was geschehen soll. Wir möchten gern weiter in den gewohnten Bahnen denken, handeln und leben, aber nicht die uns bereits bekannten Folgen unserer gewohnten Einstellung erfahren und erleiden. Die Botschaften der inneren Stimme mögen uns nicht gefallen und in keiner Weise mit unseren Wünschen übereinstimmen, aber das ist sicher: Es sind die richtigen Botschaften, die richtigen Antworten.

Zu den wichtigsten Fragen sollte für Sie werden: „Was geschieht hier in diesem Moment?" oder: „Was bedeutet das?" Wenn Sie offen sind, können Sie wirklich erkennen und die Wahrheit auch im Außen hören. Es spielt dann keine Rolle, durch wen Sie die wahre Antwort hören. Besser noch ist es, wenn Sie Ihre innere Stimme bitten, auch unaufgefordert zu Ihnen zu sprechen. Dann brauchen Sie sich um nichts mehr zu kümmern, denn Sie erhalten jede Botschaft im richtigen Augenblick – ohne Ihr Dazutun. Ihre innere Stimme warnt Sie vor Gefahr, zeigt Ihnen den richtigen Weg, behütet Sie. Sie ist immer anwesend, ob Sie bewusst an sie denken, ob Sie schlafen, arbeiten oder meditieren.

Manchmal erhalten wir nicht sofort eine Antwort auf eine Frage. Dann ist wahrscheinlich die Zeit dafür noch nicht reif. Vertrauen Sie Ihrer inneren Stimme. Sie gibt Ihnen jede Information zur richtigen Zeit, denn sie weiß, wann diese Ihnen am besten nützt. Wenn etwas nicht in Ordnung ist, wird die innere

Stimme Sie alarmieren. Sie wird Sie vor Schaden bewahren, auf Sie achten und Sie vor Unheil beschützen. Sie können sich auf Ihre innere Stimme verlassen, sie schläft nie, macht keinen Urlaub, keine Pause. Sie ist immer da und immer bereit, mit Ihnen zu kommunizieren – manchmal sogar mit Methoden, die nicht immer sofort verständlich erscheinen. Doch wenn Sie sich einmal bedingungslos auf Ihre innere Stimme eingelassen haben, erkennen Sie immer wieder ihre Botschaft.

Erinnern Sie sich: Wie oft haben Sie in Ihrem Leben sich plötzlich – ohne ersichtlichen Grund – anders verhalten als gewöhnlich? Und war das nicht immer gut für Sie?

Ich will Ihnen ein Beispiel erzählen: Sophia hatte es eilig, trotzdem kehrte sie um, ging noch einmal in die Wohnung zurück, weil ein Gefühl der Unsicherheit sie beschlichen hatte. „Vielleicht habe ich die Kaffeemaschine nicht abgestellt", dachte sie. Die Maschine war ausgeschaltet, aber ihre Katze lag apathisch unter dem Sofa. Der sofort aufgesuchte Tierarzt stellte eine Darmverschlingung fest. Hätte Sophia nicht auf ihre innere Stimme gehört, hätte sie am Abend ihre Katze tot vorgefunden.

Oder Renate, die mit einer Freundin verabredet war. Renate war etwas zu früh am Treffpunkt. Es war bitterkalt, und sie wollte nicht im Freien warten. Sie hatte zum Warten einen Buchladen und eine elegante Boutique zur Auswahl. Irgend etwas tief in ihr ließ sie in die Boutique gehen, was ungewöhnlich für Renate war, da sie sich nie für Mode interessierte. Außerdem arbeitete sie gerade an ihrer Doktorarbeit über religiöse Konflikte. Schon allein deshalb ging sie eigentlich an keiner Buchhandlung vorbei. In der Boutique fiel ihr ein seidenweicher Schal in die Hände. Als ihr Blick auf das Etikett fiel, sah sie „100 Prozent Cashmere". Kaschmir – daran hatte sie bei ihrer Arbeit noch gar nicht gedacht... Diesen Einfall hatte sie ihrer inneren Stimme zu verdanken, die sie in den richtigen Laden geführt hatte.

Um leichter Kontakt zu Ihrer inneren Stimme zu finden, sollten Sie feste Zeiten einhalten. So wie Sie vielleicht das Radio jeden Tag zu einer bestimmten Zeit einschalten, um die Nachrichten oder Ihre Lieblingssendung zu hören, so sollten

Sie jeden Tag zu einer festgesetzten Zeit nach innen lauschen und Ihre Antennen besonders gut auf den Empfang der inneren Stimme einrichten. Wenn es nicht klappt, prüfen Sie, ob Sie nicht doch bereits wieder eine Lieblingsantwort im Sinn haben – also nicht wirklich offen sind. Lassen Sie los vom Wollen!

Unsere Fähigkeit, die innere Stimme zu hören, ist immer so gut oder so schlecht wie unsere Bereitschaft, unsere Vorstellungen und Erwartungen aufzugeben, loszulassen und frei zu werden. Dann werden wir offen für die Wirklichkeit. Manchmal suchen wir nach einer Problemlösung, ohne zu erkennen, dass es das Problem nicht gibt. Wenn die Botschaft der inneren Stimme lautet: „Es gibt keine Lösung“, dann bedeutet das nichts anderes, als dass es auch kein Problem gibt. Nur uns „erscheint“ manchmal eine Situation als Problem.

★

Offenheit ist der Schlüssel
für das Tor der Wahrnehmung.

★

Die innere Stimme können wir nicht mit den Ohren hören. Wenn Sie sich auf Ihre Ohren einstellen, unterbrechen Sie den Kontakt zu Ihrer inneren Stimme. Es ist Ihre Entscheidung, wem Sie Aufmerksamkeit schenken, wem Sie zuhören:

★ dem Verstand oder der Intuition;
★ den Augen oder der Wahrnehmungsfähigkeit;
★ den Ohren oder der inneren Stimme.

Wenn Sie sich für die innere Stimme entscheiden, so glauben Sie ja nicht, dass Sie dadurch entlastet werden von Arbeit oder Verantwortung. Ihnen wird weder die Verantwortung abgenommen, noch werden Sie in Ihrer Entscheidungsfreiheit beeinträchtigt. Die innere Stimme ist ein Ratgeber, dient als Wegweiser. Dennoch wird sich Ihr Leben grundlegend ändern, wenn Sie ihr folgen: Ein Leben im Einklang mit Ihrer inneren Stimme gibt Ihnen alles, was Sie für Geist, Seele und Körper benötigen. Sie erhalten vielleicht nicht immer, was Sie sich vorstellen, was Sie sich wünschen. Aber Sie können sicher sein, dass Sie alles bekommen, was Sie zur Lösung Ihrer Aufgaben, zur Erfüllung Ihres Lebens benötigen und was Sie wirklich glücklich macht.

Anfangs betrachten Sie die Botschaft der inneren Stimme vielleicht als eine Alternative. Wenn Sie ihr folgen, bemerken Sie, dass sie recht hat, dass sie stimmt. Und Sie werden mehr und mehr auf die innere Stimme hören, dadurch wunderbare Einsichten und vor allem Frieden und ein Leben im Einklang mit der Schöpfung erfahren.

Die „innere Konferenz" oder „Wer will was von mir?"

Gestatten Sie Ihrem Körper, vollkommen bewegungslos zu sein. Schließen Sie die Augen, atmen Sie ruhig und gleichmäßig und versetzen Sie sich in folgende Situation:

Ich sinke „in mich hinein", bis in meine Mitte. Ich ruhe in mir und sehe dann vor mir in meiner lichten Innenwelt eine Wiese. Ich fühle mich leicht und frei, gehe auf diese Wiese und nehme sie mit allen Sinnen wahr. Ich rieche das frische Gras, spüre den weichen, kühlen Boden unter meinen Füßen, höre die Vögel singen und sehe Schmetterlinge von Blume zu Blume fliegen. Während ich mich so umsehe, bemerke ich in der Nähe eine Gestalt. Ich lenke meine Aufmerksamkeit auf diese Gestalt und erkenne sie als meinen Körper. Ich begrüße meinen Körper und frage ihn, wie ich ihm helfen kann.

Eine weitere Gestalt tritt hinzu. Ich erkenne sie als mein Gemüt. Ich begrüße mein Gemüt und frage es, wie ich ihm helfen kann. Ich erzähle ihm auch, wie es mir helfen könnte. Als nächstes tritt der Verstand in die Runde. Ich begrüße auch ihn, höre ihm zu, was er mir zu sagen hat. Nun kommt auch mein Ego in den Kreis, und ich höre, was es mir mitteilen will.

Dann erscheint meine Persönlichkeit. Auch sie begrüße ich und höre zu, was sie sich wünscht. Als letztes erscheint die Intuition. Ich wende mich ihr zu, um zu erfahren, was ich tun kann und muss, um in ständigem Kontakt mit ihr zu sein und zu bleiben.

Während ich so nacheinander mit jedem einzelnen Aspekt meines Seins spreche, höre ich die einzelnen Stimmen und lerne, sie voneinander zu unterscheiden. Ich erfahre die Haltung der einzelnen Aspekte meines Seins. Das befähigt mich, auf sie einzugehen. Nun sage ich jedem Aspekt meines Seins, was ich von ihm erwarte. Ich teile ihm auch mit, dass ich bereit bin, ihn und die anderen Aspekte regelmäßig zu treffen, damit alles zwischen uns geklärt werden kann und wir in einer harmonischen Einheit miteinander leben können. Ich lasse mir für diese Begegnung viel Zeit. Zur Vertiefung der Selbstwahrnehmung machen Sie folgende Übung:

Beobachten Sie Ihren Körper, Ihren Verstand, Ihre Gedanken und Ihre Gefühle. Gehen Sie ganz hinein in die Situation, nehmen Sie wahr, fühlen Sie, lauschen Sie nach innen.

- *Wer* nimmt den Körper wahr?
- *Wer* beobachtet die Gedanken?
- *Wer* macht sich die Gefühle bewusst?
- *Das sind Sie!*

Werden Sie sich nun Ihrer Wahrnehmung bewusst. Gehen Sie in die „Wahrnehmung der Wahrnehmung". Das ist wichtig, denn die Wahrnehmung bestimmt das Handeln.

Das Ziel ist, „stimmig" zu sein

Intensivieren Sie nun Ihre Wahrnehmungsfähigkeit durch Links-/Rechts-Atmen, denken Sie links und rechts, und Sie kommen zur Vollkommenheit, erreichen Ganz-Sein.

Dazu atmen Sie erst auf der linken Seite, dann ganz bewusst auf der rechten Seite – wie auf Seite 34 f. ausführlich beschrieben. Dann fügen Sie beide Seiten zu einem harmonischen Ganzen zusammen. Atmen Sie tief und ruhig, sehen Sie, wie Ihr Atem Ihren ganzen Körper durchdringt, spüren Sie, wie Ihr Bewusstsein sich erweitert, grenzenlos wird.

Folgen Sie nun mit Ihren Gedanken Ihrem Atem nach dem gleichen Schema: Denken Sie links, denken Sie rechts. Spüren

Sie, wie Ihre Gedanken sich manifestieren, wie sie erst die eine, dann die andere Seite Ihres Körpers durchdringen.

Nun verbinden Sie linke und rechte Gehirnhälfte – denken Sie ganzheitlich. Denken Sie als ganzer Mensch. Lassen Sie dieses Gefühl auf sich einwirken. Spüren Sie eine Veränderung? Intensivieren Sie Ihre Wahrnehmung:

1. Machen Sie die Augen zu, und führen Sie den Zeigefinger der rechten Hand in großem Bogen an die Nasenspitze; dann mit der linken Hand. Wiederholen Sie dies je fünfmal.
2. Machen Sie die Augen zu. Gehen Sie gerade auf einer imaginären Linie. Prüfen Sie, ob Sie eine gerade Linie vollzogen haben.
3. Lassen Sie Ihre Gefühle nachwirken. Beobachten Sie die Veränderungen, die durch ständiges Üben eintreten.

Reine Wahrnehmung

Eine vollkommene Wahrnehmung kann nur erreicht werden, wenn Sie mit Kosmos und Allbewusstsein verbunden sind. Dann können Sie zu dem werden, was Sie sind – zu *Bewusstsein*, zu Ihrem *Selbst* – und Sie können sagen „*Ich bin!*" Machen Sie eine Übung zur Harmonisierung von Erde und Kosmos:

Stehen Sie gerade und entspannt. Stellen Sie sich vor, wie Ihre Wirbelsäule sich am unteren Ende verlängert, den Boden erreicht und sich noch weiter verlängert, bis sie in den Erdmittelpunkt reicht. Nehmen Sie nun bewusst die Kraft der Erde auf. Lassen Sie diese Kraft durch die Wirbelsäule über das Kronen-Chakra in den Kosmos fließen.

Jetzt öffnen Sie das Kronen-Chakra und lassen das Allbewusstsein einströmen. Durch Ihre Wirbelsäule hindurch lassen Sie das Allbewusstsein in die Erde fließen. Beide Kräfte verbinden sich in Ihnen zu *einer* Kraft.

Sie spüren jetzt, dass Sie die harmonische Verbindung beider Kräfte sind. Das Allbewusstsein verkörpert sich in Ihnen und durchgeistigt Ihren Körper.

★

*Sie sind die **eine** Kraft.*
Sie sind Bewusstsein.
Sie sind.

★

Es gibt eine ganze Welt wundervoller neuer Ideen, Wege und Möglichkeiten, die auf der nächsthöheren geistigen Ebene für jeden zur Verfügung stehen. Es gab schon immer Menschen, die die Fähigkeiten besaßen, aus dieser Quelle zu schöpfen. Mit der folgenden Technik können auch Sie dazugehören:

Atmen Sie vier Sekunden tief ein und „sehen" Sie dabei über sich das strahlende Licht des Allbewusstseins.

Halten Sie den Atem an, während Sie bis zwölf zählen (zwölf Sekunden). Erheben Sie dabei Ihr Bewusstsein in das Allbewusstsein, und denken Sie dabei an die Aufgabe, für die Sie eine Inspiration brauchen.

Dann atmen Sie aus und warten, bis ein neuer Atemzug kommt. Danach beginnen Sie wieder von vorne. Machen Sie insgesamt sieben Atemzüge.

Schreiben Sie alles nieder, sobald Ihnen eine Idee in den Sinn kommt, damit sie sich während des Schreibens eintwickeln kann. Mit zunehmender Übung werden Sie dabei immer erfolgreicher werden.

Intuitive Wahrnehmung

Wenden wir uns der Wahrnehmung zu, schalten das Sehen über die Augen aus und schauen nun mit geschlossenen Augen. Unsere Aufmerksamkeit richten wir nach oben. Vertiefen können Sie diese Aufmerksamkeit durch folgende Übungen:

Optimierung

Ich öffne das Kronen-Chakra, lasse mein kleines Ich hinter mir und wende mich dem Selbst zu. Ich spüre, wie der Riese in mir erwacht, wie er größer und größer wird. Meine genialen Fähigkeiten können nun wirksam werden. In der Gedankenstille öffne ich das Tor des Himmels.

Das Universum ist mein Bewusstsein. Ich werde reine Existenz. In der Zeitlosigkeit vertieft sich meine Wahrnehmung ins Unendliche.

Zuwendung zum anderen Menschen

Ich finde heraus:

- Als *wer* wende ich mich ihm zu?
- Als *wen* erkenne ich ihn?

Nach Beantwortung dieser Frage ist der Weg frei zur vollkommenen und liebevollen Verschmelzung mit ihm. Tiefer Friede und alles umfassende Liebe erfüllen mich.

Eigene Stärken kennen lernen

Finden Sie heraus, welche medialen Fähigkeiten bei Ihnen mehr und welche weniger ausgeprägt sind. Wenn Sie sich mit den folgenden Fragen intensiv beschäftigen, dann lernen Sie sich und Ihre Stärken besser kennen, können Ihre Fähigkeiten optimal nutzen.

Wie schätzen Sie sich selbst ein?

1. Sind Sie Sender?
2. Sind Sie Empfänger?

Auf welche Weise wirkt Intuition bei Ihnen?

Sehen Sie Intuition?

Hellsichtige Menschen erhalten umfassende Informationen, häufig als Symbole. Die Gefahr besteht jedoch, dass diese ignoriert, nicht verstanden oder falsch gedeutet werden. Typisch für Hellsichtige ist, dass sie überall Licht brauchen. Sie „sehen" oft Bilder oder Filme. Sie haben ein gutes Vorstellungsvermögen, können häufig auch Aura und Chakren sehen. Manchmal reicht ihre Fähigkeit so weit, dass sie durch einen Menschen hindurchsehen können, einen Röntgenblick haben. Intuitive Botschaften erhalten sie oft im Traum. Diese Fähigkeiten können noch weiter entfaltet werden, wenn sie eine „Intuitions-Ampel" einrichten (s. Seite 222 ff.).

Fühlen Sie Intuition?

Sie erleben Intuition häufig als innere Gewissheit, als tiefe und unwiderrufliche Sicherheit. Sie können Energie „lesen" und tendieren dazu, die Gefühle anderer Menschen aufzunehmen. Sie fühlen beispielsweise, wenn jemand in einem dunklen Raum anwesend ist. Ihre erste Frage ist immer: „Wie fühle ich mich dabei?"

Sie können die Aura eher fühlen und sind in der Lage, aus der Aura eine Diagnose über den Zustand des betreffenden Menschen zu machen. Ihre Hand kann als Antenne wirken, d.h. Sie nehmen Energien über Berührung auf. Reiki ist Ihre Heilmethode.

Hören Sie Intuition?

Sie können Stimmen leicht unterscheiden. Intuition zeigt sich Ihnen als innere Stimme, die ein Gefühl der Geborgenheit, der Sicherheit und Gewissheit verursacht. Sie können andere Menschen am besten und vollkommensten wahrnehmen, wenn Sie sie hören. Ihre innere Stimme spricht zu Ihnen ohne besondere Aufforderung.

Nehmen Sie Intuition wahr?

★ Zeitorientierte Wahrnehmung fragt: „Was geschieht *jetzt* irgendwo?"
★ Raumorientierte Wahrnehmung fragt: „Was geschieht *hier* irgendwann?"
★ Lösungsorientierte Wahrnehmung fragt: „*Wie* geschieht es?"
★ Fragenorientierte Wahrnehmung fragt: „*Was* geschieht hier?"

Die Arten und Kanäle der Wahrnehmung sind nicht immer klar abgegrenzt; die Übergänge können fließend sein, der Schwerpunkt kann sich verlagern. Verbessern können Sie auf jeden Fall Ihre Intuition, wenn Sie multidimensional senden und empfangen lernen.

Die verschiedenen Ebenen der Persönlichkeit

An dem Zustand der verschiedenen Ebenen können Sie erkennen, in welchen Bereichen Sie eine gute Wahrnehmung haben und wo noch Mängel sind.

Ausdruck der Persönlichkeit

Wie steht es um Gesundheit, Erfolg, Partnerschaft, Wohnung, Beruf, spirituelle Entwicklung?

Eigenschaften der Persönlichkeit

Welche Verhaltensmuster, Bewusstsein, Prägung, Eigenheiten, Grenzen, Gefühle, Blockaden, Hindernisse, Probleme, Wünsche, Potenziale, Ziele, Zukunft, Alternativen habe ich?

Der Schatten

Wie sieht es mit dem unterdrückten Teil, dem nicht gelebten Teil meiner Persönlichkeit aus, der mich von der Vollkommenheit trennt?

Das Wesen

Kenne ich die Grundstruktur des Seins-Bewusstseins? Bin ich so, wie ich „gemeint" bin? Im Seins-Bewusstsein gehe ich durch alle Inkarnationen.

Wenn Sie vom Sehen zum Wahrnehmen umschalten, dann stehen Ihnen viele unterschiedliche Möglichkeiten zur Verfügung. Oftmals sind die einzelnen Arten der Wahrnehmung nicht deutlich voneinander zu trennen, sondern gehen fließend ineinander über.

Sie träumen etwa von einer Freundin, die Sie seit einigen Jahren aus den Augen verloren haben. Am folgenden Tag kommt Ihnen Ihr Traum der letzten Nacht in den Sinn. Sie sahen Ihre Freundin im Bus sitzen, in dem Sie zur Arbeit fahren. Dieses Bild erscheint ganz plastisch vor Ihren Augen. Einige Tage später steigen Sie in den Bus und sehen tatsächlich Ihre Freundin. Hier haben wir die Verbindung von Traum und Präkognition. Sie wissen bereits, was in der Zukunft geschieht.

Erinnern Sie sich einmal genau, denken Sie zurück. Haben Sie nicht auch schon einmal erspürt, wenn es einem Ihnen nahestehenden Menschen nicht gutging? Bei ausgeprägten intuitiven Fähigkeiten kann es geschehen, dass Sie exakt in dem Moment fast körperlich wahrnehmen, wenn jemand in Gefahr ist. Nehmen wir an, Sie sind ein Mensch, der sich auf seine Intuition verlässt, dann können Sie erfahren, wenn Ihr Kind auf einer Klassenfahrt einen Unfall hat. Die Mitteilung kann auf den unterschiedlichsten Kanälen erfolgen:

Voraus-Sicht

Wenn Sie an den Schulausflug denken, *sehen* Sie Ihre Tochter hinfallen. Oder Sie haben einen Traum, in dem eine dunkle Wolke nicht aufzulösen ist.

Fern-Wahrnehmung

Sie spüren einen körperlichen Schmerz und „wissen" gleichzeitig, dass Ihrem Kind etwas passiert ist.

Klar-Sehen

Sie „sehen" vor Ihrem geistigen Auge, dass das Kind gestürzt ist.

Klar-Fühlen

Sie fühlen Unruhe und Sorge, Ihre Gedanken richten sich sogleich auf Ihr Kind. Sie „fühlen" genau, dass etwas nicht in Ordnung ist.

Hell-Hören

Ihre innere Stimme sagt Ihnen, dass etwas nicht stimmt; Sie „hören" Ihre Tochter weinen.

Telepathie

Sie wissen, dass ein Unfall passiert ist und möchten mit Ihrer Tochter sprechen. Dieser Gedanke erreicht Ihre Tochter, und sie ruft Sie vom Krankenhaus aus an. Schon bevor das Telefon klingelt, wissen Sie, dass Ihre Tochter am Apparat sein wird.

(Technical) Remote Viewing

Sie „sehen" den Ort, genau vor sich, an dem der Unfall Ihrer Tochter passiert ist. Sie können diesen Ort detailgenau beschreiben, obwohl Sie nie körperlich dort gewesen sind.

Für alle Wahrnehmungsarten gilt, und das ist auch Voraussetzung für Ihre Intuition, dass Sie offen sind für die Botschaften. Auch sollten Sie lernen, Botschaften zu entschlüsseln. Nicht immer ist eine Information sofort verständlich. Die Fehler geschehen bei der Interpretation, die jedoch zu verhindern sind, wenn Sie dabei Sie selbst bleiben, wenn Sie Vertrauen zu sich, zu dem Meister in sich haben. Wie und auf welche Weise Intuition bei Ihnen wirken kann, hängt davon ab, welcher Typ Sie sind (s. Aufstellung Seite 83 f.).

Ein visueller Mensch wird eher sehen als hören. Je mehr Sie sich vertrauen, je größer Ihr Glaube ist, desto sicherer sind Sie in Ihrer Auslegung. Und was kann einen skeptischen Menschen am ehesten überzeugen? Die Erfahrung. Je häufiger Sie erfahren, dass Ihr „Einfall", Ihre Empfindung, Ihr Bild oder Ihr Traum stimmen, desto mehr werden Sie sich auf die Intuition verlassen.

Damit Sie sich bewusst werden, dass Sie schon früher intuitiv gehandelt haben, schauen Sie auf Ihr bisheriges Leben:

- ★ Wann hat die Intuition gewirkt?
- ★ Wie haben Sie die Intuition erkannt?
- ★ Sind Sie ihr gefolgt, oder haben Sie sich für den Verstand entschieden?
- ★ Wie war das Resultat?

Denken Sie genau nach. Erkennen Sie die Intuition auch als solche? Oder sagen Sie einfach: „Rein zufällig habe ich beim Personalchef der Firma XY angerufen und gefragt, ob ein Sachbearbeiter gesucht wird. Und zufällig sollte in Kürze eine solche Position frei werden. Ich habe den Job bekommen." Oder: „Ich sitze im Theater immer im Parkett, doch letztes Jahr nahm ich aus unerklärlichen Gründen einen Sitz in der Loge, obwohl Parkettplätze noch zu haben waren. Dort lernte ich meine große Liebe kennen."

Wenn Sie sich nun ganz genau an solche Ereignisse erinnern, dann versuchen Sie herauszufinden, warum Sie so gehandelt haben. Es gibt keine Zufälle. Nicht zufällig haben Sie beim Personalchef im richtigen Moment angerufen oder einmal einen anderen Platz im Theater gewählt. Irgend etwas – tief in Ihnen – hat Sie veranlasst, genau zur richtigen Zeit das Richtige zu tun, um einen Wunsch zu realisieren.

Ich bin davon überzeugt, dass Sie eine Reihe von Begebenheiten aufführen können, in denen Ihre Intuition Ihnen geholfen hat. Intensivieren Sie diese Fähigkeit, trainieren Sie Ihre Sinne, und entfalten Sie die in Ihnen angelegten Fähigkeiten, um in Harmonie mit sich und damit auch mit dem Kosmos zu leben.

Träume – Klarträume – Botschaften verstehen

Nicht umsonst halten sich viele Menschen an den guten Rat, „eine Sache noch einmal zu überschlafen". Galt der Schlaf früher als ein Erholungszustand mit reduzierten Körperfunktionen, so weiß man heute, dass ein Mensch während des Schlafes eine Menge „Arbeit" erledigt. Im Traum arbeitet er Erlebtes auf, sogar aus früheren Existenzen, sortiert Eindrücke und Gedanken. Vieles erscheint ihm wirr und unerklärlich, oftmals findet er keinen Bezug zum eigenen Leben, kann weder Personen erkennen noch überhaupt einen Zusammenhang sehen.

Da im Schlaf der Verstand ausgeschaltet ist, haben wir direkten Zugang zu unserem Selbst, zum Unterbewusstsein und zum allumfassenden Wissen. Träume geschehen überwiegend in der rechten Gehirnhälfte. So ist es erklärlich, dass intuitive Menschen sich leichter an ihre Träume erinnern als verstandesbetonte. Hier kann die Intuition sehr klar zu uns „sprechen", kann uns wichtige Informationen übermitteln. Es bedarf ein wenig der Übung, um Träume als ein Mittel zu erkennen, das uns ganz klare Botschaften schickt, das Antworten auf Fragen geben kann und hilft, die richtigen Entscheidungen zu treffen.

Die Sprache des Traums ist das Symbol, das mit der linken Gehirnhälfte schwierig zu deuten ist.

Beim Erinnern an den Traum geschieht eine Art Umwandlung der Symbole in Bilder – der Wechsel von der rechten zur linken Seite. Träume sind Schäume – sagt ein Sprichwort –, das gilt aber nur für denjenigen, der die Nachricht nicht entschlüsseln kann.

In vielen Kulturen haben Träume einen hohen Stellenwert, wenn es um Botschaften von Göttern, um Nachrichten von Verstorbenen oder um Antworten auf Bitten geht. Schriftsteller haben im Traum Romaninhalte erlebt, Forscher sensationelle Entdeckungen gemacht, und sogar ein Blick in die Zukunft wird uns manchmal durch den Traum gewährt. Von Abraham Lincoln weiß man, dass er im Traum durch das Weiße Haus ging und einige Menschen um einen Toten stehen sah. Man sagte ihm, der Tote sei der Präsident. Wenige Tage nach diesem Traum wurde Lincoln ermordet.

Viele Menschen können sich an ihre Träume nicht erinnern und behaupten deshalb, überhaupt nicht zu träumen. Das ist aber nicht so – inzwischen liegen wissenschaftliche Beweise vor: Der Mensch erlebt pro Nacht in der Regel fünf Träume.

Sie können lernen, sich an Ihre Träume zu erinnern. Dabei werden Sie viel über sich selbst erfahren, indem Sie Ihre Bedürfnisse, Wünsche und Talente sowie Ängste und Zweifel richtig kennenlernen. Nicht verarbeitete Erlebnisse erscheinen so lange – oft in verzerrter Form –, bis Ihre Seele sie verarbeitet hat und loslassen kann. All das vermögen unsere Träume: Erinnerungen wachrufen, aktuelle Probleme lösen – und vor allem lernen wir uns so kennen, wie wir wirklich sind. Im Traum wird das Seelenleben des Menschen geordnet und sortiert – ähnlich einem Aufräumprogramm im Computer. Diese Reinigung ist für Geist und Seele unerlässlich, um gesund zu bleiben. Tests haben bewiesen, dass Menschen, die gewaltsam am Einschlafen und so am Träumen gehindert wurden, psychisch krank wurden.

Wie können Sie nun Intuition durch den Traum erkennen? Beginnen Sie damit, dass Sie sich an Ihre Träume erinnern lernen. Das ist nicht schwierig. Jeden Morgen, gleich nach dem Erwachen, notieren Sie, was Sie geträumt haben. Wenn Sie zu den Menschen gehören, die nachts oft aufwachen, legen Sie einen Notizblock oder ein Diktiergerät neben das Bett und halten Sie Ihre Träume immer gleich fest. Es dauert vielleicht ein paar Tage, bis Sie sich überhaupt an Fragmente oder wenigstens einen einzigen Traum erinnern. Aber Sie werden bald feststellen, dass Sie immer mehr Details in Ihr Wachbewusstsein rufen können. Versuchen Sie aus den Informationen, die Ihnen Ihre Träume vermitteln, das herauszufiltern, was Ihnen Ihre Intuition sagen will. Anfangs können Sie die verschiedenen Einflüsse nicht unterscheiden. Doch wie bei der inneren Stimme kristallisiert sich die Intuition im Laufe der Zeit heraus.

Sie können über den Traum Botschaften der Intuition erhalten, können sich durch den Traum Antworten auf Fragen geben lassen. Sie erkennen Intuition an dem tiefen Gefühl der Sicherheit, das sich einstellt. Wenn Sie vor einem Problem stehen, lassen Sie den Verstand los, übergeben Sie die Lösung dem Meister in Ihnen. Vor dem Einschlafen stellen Sie sich die problematische Situation vor. Stellen Sie Ihre Frage und schlafen Sie ein in dem Vertrauen, dass die Lösung schon vorhanden ist. Lassen Sie sich fallen – und träumen Sie.

Ihre Intuition kann Ihnen durch den Traum die Antwort oder die Lösung anzeigen. Es kann sein, dass Sie eine symbolhafte Antwort erhalten, dass Sie förmlich einen Film vor sich ablaufen sehen oder dass der Traum, oberflächlich gesehen, gar nichts mit Ihnen zu tun hat. Dennoch kann er die Antwort enthalten. In einem solchen Fall sollten Sie einfach den Traum auf sich wirken lassen. Und plötzlich – wie ein Blitz aus heiterem Himmel – steht die Lösung klar und deutlich vor Ihnen. Oder, ausgelöst durch die Bilder des Traums, entsteht vor Ihrem geistigen Auge ein Bild, bei dem sich tiefe Ruhe und Zuversicht in Ihnen ausbreitet. Sie „blicken durch“, wissen genau, was Sie tun sollen.

Sie können auch von ungewöhnlichen Situationen träumen, können sich in Situationen sehen, die Sie als völlig absurd abtun. Ein Seminarteilnehmer erzählte, dass er vor vielen Jahren, als Fernreisen so gut wie unbekannt waren, lebhaft von einem exotischen Land träumte. Er erlebte sich in einem prächtigen Palast als Gast eines einflussreichen Mannes, nahm an einem wahrlich traumhaften Fest teil, sah schöne Frauen in exotischen Kleidern tanzen, sah Puppenspieler und hörte fremde Musik. Als er erwachte, war ihm dieser Traum sehr lebendig im Gedächtnis. Er konnte jede Einzelheiten auch nach Wochen und Monaten noch vor seinem geistigen Auge entstehen lassen. Dass er selbst jemals in ein so entferntes Land reisen sollte, schien außerhalb jeder Realität. Der Traum ließ ihn nicht los. Als er dann – etwa fünf Jahre nach diesem Traum – von seinem Chef gefragt wurde, ob er für zwei Jahre als Berater für ein Staudammprojekt nach Indien gehen wolle, war er nicht im mindesten überrascht. Seine Intuition hatte ihm diese Botschaft schon lange vorher übermittelt, hatte ihn vorbereitet, ohne dass es ihm jedoch bewusst war. Da zur damaligen Zeit dieser Auftrag so exotisch erschien, die Traumbilder aber so klar und deutlich gesprochen und sich so tief in sein Gedächtnis verankert hatten, begann er, auf seine Träume genauer zu achten. Dabei konnte er eine Verbindung zwischen Traum und jeweiliger Lebenssituation feststellen. Aufmerksam geworden, begann er Tagebuch zu führen – eines für das tägliche Leben und eines für seine Träume. Je intensiver er sich mit den Träumen befasste, desto mehr konnte er verstehen. Viele Situationen sah er ganz klar vor sich, ja er hörte sogar seine eigene Stimme, hörte seine Frau oder Mitarbeiter ganz deutlich sprechen. In schwierigen Phasen seines Lebens schlief er mit den Fragen ein, die ihn beschäftigten. Indem er sie einfach auf sich wirken ließ, verstand er die Antworten und lernte, Situationen zu deuten.

Lassen auch Sie Intuition im Schlafe auf sich wirken. Sie brauchen nur offen sein, sich zu er-innern und loszulassen, ins Selbst zu gehen.

Klarträume

Es gibt auch eine andere Möglichkeit, Intuition über den Traum zu erfahren – die Klarträume. Klarträume nennt man die Träume, bei denen der Träumende merkt, dass er träumt. Nach einer gewissen Zeit des Trainings ist es möglich, im Traum sein Gegenüber zu befragen – ihn etwa um einen Rat in einer schwierigen Situation zu bitten.

Nehmen wir an, Sie sind Sachbearbeiter in einer Versicherung und möchten gern Abteilungsleiter werden. Nehmen Sie sich vor, im Traum Menschen, Tiere oder Dinge zu fragen, wie Sie Abteilungsleiter werden.

Ihre Intuition kann Ihnen den Weg zum Ziel zeigen. Zum Beispiel, wie Sie am besten, schnellsten und leichtesten Abteilungsleiter werden und was Sie dafür wann und wie tun sollten.

Nicht nur Lösungen, Wege und Hilfen erhalten Sie im Traum. Auch Blockaden und Hindernisse können bewusst werden. Sie mögen vielleicht erkennen, dass Ihr Selbstbewusstsein doch nicht so ausgeprägt ist, wie Sie das gern hätten und für die angestrebte Position benötigten. Sie können innere Ängste aufdecken und erkennen, dass es viel mehr Perspektiven gibt, als Sie bisher angenommen haben. Klarträume sind ein guter Weg, intuitive Fähigkeiten zu entdecken.

Bei einer wirklichen Lösung gibt es weder Gewinner noch Verlierer, eine wahrhafte Lösung ist, wenn *alle* Beteiligten durch diese Lösung etwas gewinnen.

Mentales Vorauserleben – Hellsehen

Sie wissen mehr, als Sie denken, als Sie sich überhaupt zutrauen, als Sie sich vorstellen können! Auf irgendeine unerklärliche Weise erfassen wir Ereignisse, die oft noch in der Zukunft liegen. Wir können sie manchmal nicht von unserem Alltagsdenken unterscheiden und erkennen erst dann, wenn das Ereignis eintritt, dass wir es schon vorher „gewusst" haben. Oft verspüren wir einen starken Impuls, etwas zu tun oder zu unterlassen. Wenn wir aber keinen vernünftigen Grund erkennen können, bleiben wir lieber bei dem verstandesmäßigen Verhalten, um dann später festzustellen, dass wir doch besser dieser „Eingebung“ gefolgt wären.

Vertrauen Sie Ihrer Intuition, und Sie sind Ihren Mitmenschen einen riesigen Schritt voraus. Sie können nämlich bereits heute mental erfahren, was morgen oder in der nächsten Woche geschehen wird. Sie wissen, welcher Zeitpunkt für eine Bewerbung ideal ist, ob die Freundin auch in 20 Jahren noch die ideale Lebenspartnerin für Sie sein wird oder ob Sie Ihr Geld in Aktien oder besser in Immobilien investieren sollten. Verstärken Sie diese Fähigkeit. Hellsehen bedeutet nichts anderes, als plötzlich Einblicke in einen Bereich zu bekommen, der über das Bewusstsein, den rational erfassten Raum, hinausgeht. Dabei begreift man meist nur einen kleinen Teil der gesamten Information, z. B. einen Satz, ein flüchtiges Bild, eine plötzliche Eingebung. Im allgemeinen bezieht sich Hellsehen auf die Zukunft – die Präkognition. Der Blick kann aber ebenso gut in die Vergangenheit gerichtet sein – die Retrokognition. Dann erscheinen Ereignisse, die Jahrzehnte zurückliegen können oder aber auch nur zehn Minuten.

Wir gewinnen durch diese Sicht der Dinge eine andere Erkenntnis, sehen plötzlich klar und wissen, warum etwas geschehen ist. Das Hellsehen in der Gegenwart zeigt dem „Hellseher“ oder dem Medium, was in diesem Augenblick an einem anderen Ort geschieht. Vor seinem geistigen Auge läuft das Geschehen wie ein Film ab. Wollen Sie Ihren Blick ausweiten, über die selbst gesetzten Grenzen schreiten? Dann machen Sie mit mir folgende Übungen:

1. Legen Sie ein kleines Stück Papier in einen festen Briefumschlag. Mischen Sie ihn unter fünf gleichartige Umschläge. Die Aufgabe lautet, den Umschlag mit dem Papier herauszufinden. Entspannen Sie sich, öffnen Sie Ihre Sinnestore. Dann lassen Sie Ihre Hände über die Umschläge gleiten. Sie nehmen mit den Händen, mit den Fingerspitzen wahr. Stellen Sie sich vor, dass an Ihren Fingerspitzen kleine Kameras

angebracht sind, mit denen Sie durch das Material sehen können. Fühlen Sie, ob sich die Temperatur Ihrer Hände bei den einzelnen Kuverts verändert. Drehen Sie die Umschläge um, wiegen Sie sie in der Hand und hören Sie auf Ihre Intuition. Wählen Sie das richtige Kuvert.

2. Es klingelt an der Wohnungstür. Bevor Sie öffnen, fragen Sie sich, wer geläutet hat: Mann, Frau, Kind? Bekannter oder Unbekannter? Für Fortgeschrittene: Wie sieht die Person aus?
3. Bevor das Telefon klingelt, wissen Sie bereits, wer am anderen Ende der Leitung ist.
4. Denken Sie an eine alte Bekannte, die Sie gern wiedersehen wollen. Konzentrieren Sie sich auf diesen Gedanken. Was passiert? Für Fortgeschrittene: Stellen Sie sich genau vor, wo oder bei welcher Gelegenheit Sie die alte Freundin wieder treffen.
5. Machen Sie Gedankenspiele in der Familie oder im Freundeskreis: Einer fungiert als Sender. Diese Person konzentriert sich auf ein Bild, ein Foto o.ä. und sendet diese Vorstellung an die Mitspieler. Jeder schreibt oder zeichnet auf, was er „empfangen" hat.
6. Ein Freund soll in fünf Briefumschläge unterschiedliche Gegenstände legen, z. B. Geldscheine, Prospekte, Fotos, Fahrkarten. Hören Sie auf Ihre Intuition und nennen Sie den jeweiligen Inhalt.
7. Sie sind in einem Geschäft, möchten einen warmen Pullover kaufen. Stellen Sie sich Farbe, Material, Modell des gewünschten Pullovers intensiv vor. Was zeigt Ihnen die Verkäuferin?
8. Bevor Sie Ihre Post öffnen, fragen Sie sich, welche Nachricht der jeweilige Briefe enthält.
9. Bitten Sie „gedanklich" einen Freund, Ihnen eine bestimmte Bitte zu erfüllen, etwa Karten für die Oper zu besorgen.

Wie sehen die Resultate aus, die Sie dank Ihrer Intuition erzielen? Vergleichen Sie die heutigen Ergebnisse mit den Resultaten, die Sie nach zwei, sechs, zwölf Monaten intensiven Trainings erzielen.

Telepathie – Gedankenlesen

Ihre Intuition befähigt Sie nicht nur dazu, Gedanken zu lesen, sondern auch Ihre eigenen Gedanken anderen Menschen zu übermitteln. Bestimmt haben Sie schon erlebt, dass Ihr Gesprächspartner Ihre eigenen Gedanken ausgesprochen hat, und zwar in dem Moment, in dem sie Ihnen in den Sinn kamen. Liebespaare machen solche Erfahrungen häufiger, weil ihre Gefühle sie aufnahmefähiger machen. Man muss aber nicht unbedingt verliebt sein, um Übersinnliches wahrnehmen zu können. Wenn Sie Ihre Fähigkeiten bewusst trainieren, bleiben sie Ihnen erhalten und lassen nicht nach, wie dies meist bei Verliebten geschieht, wenn sie sich wieder ent-lieben.

Die Gedanken anderer Menschen zu lesen heißt nicht, deren grundsätzliche Meinung oder Lebenseinstellung zu erforschen. Gedankenlesen bedeutet zu wissen, was der Gesprächspartner in dem Augenblick denkt, während ich mit ihm spreche. Die Intuition gibt Ihnen diese Möglichkeit. Es geht nicht darum, das Augenmerk auf bestimmte Kriterien zu richten und Ihr Gegenüber optisch oder akustisch zu sezieren. Nein, je mehr Sie sich auf derartige Punkte konzentrieren, desto weniger werden Sie überhaupt erfahren. Sie werden dann nämlich noch nicht einmal richtig hören, was der andere sagt, geschweige denn seine Gedanken oder seine wahre Meinung erfahren können.

Um Gedanken „lesen" zu können, sollten Sie erst einmal den Weg frei machen für ein vertieftes Bewusstsein. Also den Verstand ausschalten und sich ganz einlassen auf den anderen Menschen. Hören Sie zu, sehen Sie ihn an, aber versuchen Sie nicht, ihn zu erforschen, denn dann bleibt Ihnen das Wichtigste verborgen. Lassen Sie geschehen, erwarten Sie nichts, sondern leben Sie im Hier und Jetzt! Wenn Sie im Augenblick sind, wenn Sie ohne Absicht in die Situation gehen, kann Ihre Intuition wirken. Sie sind offen für Informationen und Botschaften, die Sie sonst niemals empfangen würden, weil das Vermögen unserer fünf Sinne dafür nicht ausreicht. Durch Intuition erfahren Sie viel mehr – nicht nur von Ihrem Gesprächspartner, vom Leben überhaupt. Ihr geistiger Horizont erweitert sich.

Die Gedanken anderer Menschen kommen Ihnen manchmal bruchstückhaft in den Sinn, manchmal erfassen Sie sie nur global. Es kann aber auch vorkommen, dass Ihr Gesprächspartner Ihre Gedanken aufgreift und ausspricht. Nehmen wir an, Sie wollen mit einem Kollegen die Urlaubszeiten absprechen. Sie gehen in sein Büro, und bevor Sie überhaupt zu Wort kommen, fragt er Sie, wie Sie sich die Urlaubsplanung vorstellen. Durch Ihre Gedanken an den Kollegen und den Gesprächsinhalt haben Sie ihn bereits geistig aktiviert.

Diese Fähigkeit können Sie verstärken, indem Sie bei wichtigen Gesprächen sich nicht nur auf die Personen und das Thema einstimmen, sondern konkret Ihre Ziele visualisieren.

Sich ein-stimmen

Bevor Sie zu einer wichtigen Besprechung gehen, bereiten Sie nicht nur Ihre Unterlagen sorgfältig vor, sondern befassen sich auch intensiv mit der Persönlichkeit der Gesprächsteilnehmer. Lassen Sie das Bild der jeweiligen Personen vor Ihrem geistigen Auge erscheinen, und hören Sie dabei auf Ihre innere Stimme. Was sagt sie Ihnen? Welches Gefühl vermittelt sie Ihnen?

Sie können bereits jetzt einen geistigen Dialog führen. Dabei haben Sie auch Gelegenheit, Ihrem Gesprächspartner wichtige Informationen zukommen zu lassen. Stellen Sie sich vor, Sie möchten eine Gehaltserhöhung. Sehen Sie sich, wie Sie in das Zimmer des Chefs gehen, sich bequem hinsetzen und Ihr Anliegen vortragen.

Hören Sie, was Ihnen Ihre innere Stimme sagt – ob Sie lieber etwas bestimmter auftreten, Fakten für Ihre Leistung vorlegen oder einfach mit Charme diese Aufgabe meistern sollten. Ihre innere Stimme weist Ihnen den richtigen Weg, sagt Ihnen, wie Sie Ihren Chef überzeugen können. Vor dem Gespräch können Sie Ihrem Chef auf mentaler Ebene Ihre Wünsche mitteilen und ihn vorbereiten, ihn positiv auf das Gespräch einstimmen.

Mit der Fähigkeit des Gedankenlesens können Sie erkennen, ob jemand die Wahrheit spricht oder ob er lügt. Tief in Ihrem Inneren wissen Sie genau, ob die Äußerungen Ihres Gesprächspartners mit seiner wahren Meinung übereinstimmen. Negative Gefühle, jede Art der Dissonanz sollten Sie beachten und sollten genau herausfinden, wo die Ursachen dafür liegen.

Trainieren Sie die Fähigkeit, Gedanken zu lesen, indem Sie mit Freunden ein Spiel machen: Agieren Sie als Sender. Stellen Sie sich eine bestimmte Situation ganz genau vor. Senden Sie die Information an Ihre Mitspieler. Jeder soll nun berichten, welche Nachricht er von Ihnen erhalten hat.

Oder: Versuchen Sie zu erkennen, was Ihr Parnter oder Ihr Kollege gerade denkt.

Sie können sogar telepathische Vereinbarungen treffen: Verabreden Sie sich an einem bestimmten Ort zu einer bestimmten Zeit mit einer bestimmten Person. Ihre Nachricht kann den Betreffenden erreichen – bei guten telepathischen Fähigkeiten ist dieser Übermittlungsweg manchmal sogar sicherer und auf jeden Fall schneller als ein Brief. Üben Sie in praktischen alltäglichen Dingen: Bitten Sie in Gedanken Ihren Partner, beim Einkaufen Brot, Obst etc. mitzubringen.

Kennen Sie ähnliche Situationen aus eigener Erfahrung? Sie haben im Café Espresso bestellt. Dann fällt Ihnen ein, dass es für Sie eigentlich schon zu spät für einen starken Kaffee ist, weil Sie dann nicht gut schlafen können. Der Ober bringt Ihnen „irrtümlich“ Tee.

Hilfe – ich habe keinen Erfolg!

Wenn Sie überhaupt keine Erfolgserlebnisse verzeichnen können, wenn Sie nie den richtigen Umschlag erkennen, mit Ihren Vermutungen, wer am Telefon ist, immer falsch liegen, dann sollten Sie sich keinesfalls als Versager betrachten oder etwa glauben, Sie hätten keine intuitiven Fähigkeiten, kein außersinnliches Wahrnehmungsvermögen. Vermutlich haben Sie eine zu hohe Erwartung, stellen an sich zu große Ansprüche. Damit blockieren Sie sich selbst. Sie können nämlich nicht einmal zur Gedanken-Stille kommen. Damit fehlt Ihnen die Basis. Sie sind nicht frei, denn Sie haben ja bereits ein bestimmtes Ergebnis im Sinn. Oder Sie haben unbewusst Angst vor den Kräften in Ihnen.

Seien Sie unbesorgt, es kann Ihnen gar nichts passieren! Nichts geschieht, was Ihnen schaden könnte.

Im Kapitel 5 habe ich eine Reihe von Übungen für Sie zusammengestellt, die Ihnen helfen, Ihre intuitiven Fähigkeiten zu entfalten und zu trainieren.

Resümee

- ★ Genie ist das Bindeglied zwischen Gott und den Menschen.
- ★ Geniale Fähigkeiten sind in jedem Menschen vorhanden und warten nur darauf, trainiert zu werden.
- ★ Alles, was Sie noch von Ihrer Intuition trennt, sollten Sie loslassen: Beschränkungen, Begrenzungen und negative Denkmuster.
- ★ Durch das Öffnen des Kronen-Chakras kann sich Intuition entfalten.
- ★ Schalten Sie sich an das „Netz“ des allumfassenden Wissens.
- ★ Bewusstsein, Glaube und Wissen führen uns zur Intuition.
- ★ Tue, was du tust! Verschmelzen Sie im Hier und Jetzt mit Ihrem Tun.
- ★ Identifizieren Sie sich nicht mehr mit Ihrer kleinen Persönlichkeit. Seien Sie „Sie selbst“.
- ★ Machen Sie den Schritt vom Ich zum Selbst.
- ★ Wenn Sie bei Bewusstsein sind, haben Sie den geistigen Riesen in sich erweckt.
- ★ Richten Sie feste Empfangszeiten für Ihre Intuition ein – bis Sie ständig „auf Empfang“ sein können.
- ★ Bewusste Wahrnehmung öffnet alle Sinnestore.

★ Die innere Stimme hören lernen und die verschiedenen Aspekte des Seins kennenlernen.
★ Wo liegen Ihre stärksten mentalen Fähigkeiten?
★ Welcher Typ sind Sie?
★ Intuition benötigt Freiheit. Sorgen Sie für Gedankenleere und innere Ruhe, verfolgen Sie keine bestimmte Absicht.
★ Ob Träume, Hellsehen oder Gedankenlesen – Ihre Intuition findet einen Weg, Ihnen die Botschaften zu senden, die Sie brauchen.

4.

Wie lässt sich durch Intuition Ihr Leben verändern?

Wir haben uns mit den verschiedenen Aspekten der Intuition befasst, haben Übungen gemacht, um die Wahrnehmung zu verändern, das Bewusstsein zu erweitern und die vorhandenen Fähigkeiten zu entfalten und zu trainieren.

Der nächste Schritt sollte nun die Umsetzung der erworbenen Erkenntnisse sein, damit Sie Ihr Leben auch in der Tat verändern können. Bevor Sie sich an diese Arbeit machen, sollten Sie sich Gedanken zu folgenden Fragen machen:

- Wo stehen Sie jetzt?
- Welche Rolle hat die Intuition in Ihrem bisherigen Leben gespielt?
- Was wollen Sie erreichen?
- Wie führt der Weg zu Ihren Zielen?
- Was müssen Sie dafür tun?
- Worauf müssen Sie achten?

Die Zukunft erkennen

Sie können Ihren eigenen Lebensweg intuitiv wahrnehmen: Stellen Sie sich vor, Sie gehen auf einen hohen Berg. Vom Gipfel haben Sie eine gute und weite Aussicht. Wenn Sie nach unten blicken, sehen Sie einen Weg und wissen, das ist Ihr Lebensweg. Sie sehen den Punkt, an dem Sie sich im Augenblick befinden – den Gegenwartspunkt. Auch die Vergangenheit können Sie sehen, die einzelnen Stationen Ihres Lebens, die Sie schon durchschritten haben. Und Sie können erkennen, wie Ihr Lebensweg weitergeht.

Sie sehen die Stationen, die vor Ihnen liegen, die Schwierigkeiten, die auftauchen, und die Aufgaben, vor die Sie gestellt werden. Sie können auch die verschiedenen Alternativen und unterschiedlichen Möglichkeiten erkennen. So wissen Sie bereits jetzt, wohin Sie gelangen, wenn Sie sich für diese oder jene Alternative entscheiden.

Sie können auch wahrnehmen, wohin Ihr Lebensweg führt und prüfen, ob das wirklich Ihr Ziel ist, ob Sie wirklich in diese Richtung gehen wollen. Und Sie sehen gleichzeitig, an welcher Kreuzung Sie abbiegen sollten, um auf den Weg zu gelangen, der Sie zu Ihrem Ziel bringt.

Von Ihrem Standpunkt aus können Sie auch Ihr nächstes Leben erkennen. Sie sehen, womit es beginnt, und es wird Ihnen bewusst, was Sie *jetzt* tun können, wenn Sie einen anderen Beginn wünschen. Sie erkennen, welche Fähigkeiten und Kräfte Sie in Ihrem nächsten Leben benötigen werden und was Sie jetzt tun sollten, um diese Kräfe zu entwickeln. Sie sehen, welche Möglichkeiten Sie jetzt schaffen sollten, damit Sie später in dem Maße darüber verfügen können, wie Sie es benötigen.

Sie können immer wieder zu dem Berg zurückkehren, um zu überprüfen, ob Sie auf dem richtigen Weg sind und wohin er führen soll – für Ihre heutige Existenz wie auch für künftige Leben.

Antworten auf Ihre Fragen über die Zukunft erhalten Sie, wenn Sie Ihre Zukunft intuitieren: Entspannen Sie sich, finden

Sie ganz zu innerer Ruhe und Stille (s. Seite 219 ff.). Dann machen Sie sich Ihre wahren Lebensziele bewusst, indem Sie intuitiv innere Bilder aufsteigen lassen. Sie können konkrete Fragen zu Ihrer Zukunft stellen. Sehen Sie die Bilder, die vor Ihrem geistigen Auge erscheinen. Schalten Sie den Kanal Ihres inneren Bildschirms auf das Programm „Zukunft". Lassen Sie die Eindrücke auf sich wirken.

Sie können den Blick ganz allgemein auf Ihre persönliche Zukunft richten, aber auch Ihre Aufmerksamkeit auf einen bestimmten Bereich fokussieren oder fragen, wie es mit Ihrer Gesundheit, Ihrer beruflichen Laufbahn, Ihrem Familienleben aussieht. Ebenso können Sie herausfinden, welche Schritte Sie unternehmen können, um Aufgaben besser zu meistern, wo Sie Prioritäten setzen sollten, wie Sie Probleme vermeiden und erfolgreicher in jeder Beziehung sein können.

Sie sollten diese Übung so oft wie möglich machen. Je mehr Sie Ihre Zukunft intuitieren, desto bewusster gehen Sie in Ihre Zukunft.

Wenn der Mensch sich in einer Krisensituation befindet und er glaubt, dass es keine Lösung für sein Problem, keinen Weg mehr gäbe, erkennt er oft erst, welche Fähigkeiten in ihm stecken. Geht es Ihnen auch so? Sie brauchen diese Fähigkeiten nur zu aktivieren und auf Ihre Intuition zu vertrauen. Und vielleicht war es notwendig, dass Sie gerade jetzt in einer Krise stecken, um zu der lebensverändernden Einsicht kommen zu können, dass alles, was Sie benötigen, in Ihnen vorhanden ist. Alles im Leben hat ja einen Sinn. Ihre Lage ist gar nicht so katastrophal, denn sie eröffnet Ihnen einen neuen Weg – den Weg zu sich selbst.

Ihre Krise zeigt Ihnen nur, dass Sie Ihre enorme Fähigkeiten bisher ignoriert haben, ja sich vielleicht noch gar nicht einmal bewusst waren, welches Potenzial in Ihnen steckt. Nun sind Sie an einem Tiefpunkt in Ihrem Leben angelangt und plötzlich erinnern Sie sich. Denn warum lesen Sie gerade dieses Buch? Was hat Sie veranlasst, es sich zu kaufen oder auszuleihen? Irgend etwas in Ihnen hat Sie „geleitet", hat Ihren Blick darauf gelenkt. Erkennen Sie, dass Ihre Intuition schon immer für Sie gearbeitet hat – ohne dass es Ihnen bewusst war? Lange bevor

Sie begannen, sich für Intuition zu interessieren, hat sie schon für Sie gewirkt. Sie haben es nur nicht bemerkt oder es anderen Kriterien zugeschrieben, z.B. dem Zufall. Es ist deshalb schon ein wenig Mühe wert herauszufinden, wie und wann sich Ihre Intuition in der Vergangenheit bemerkbar gemacht hat.

Um Ihnen zu beweisen, dass Sie über intuitive Kräfte verfügen, aber auch, um Ihnen ein Gefühl für die Ausdrucksweisen, die unterschiedlichen Kanäle Ihrer Intuition zu geben, möchte ich Sie bitten, eine Liste anzulegen. Sie sollte folgende Punkte beinhalten und könnte beispielsweise so aussehen:

Intuitive Siuationen aus der Vergangenheit

- ★ Was ist geschehen?
- ★ Wie ist es geschehen?
- ★ Wann ist es geschehen?
- ★ Wie hat sich die Intuition gemeldet – als Stimme, Vision, Energie, Gefühl etc.?

Wenn Sie genau nachdenken, sich erinnern, dann werden Ihnen eine Reihe solcher Intuitions-Situationen einfallen. Diese Übung zeigt nicht nur, dass Sie über intuitive Kräfte verfügen, sondern sie sensibilisiert Ihr Bewusstsein für die Sprache und die Wirkung Ihrer Intuition.

Der Geist in der Flasche oder „Intuition im Alltag“

Sie kennen bestimmt die Geschichte vom „Geist in der Flasche“. Und haben nicht auch wir unseren Geist, nämlich unsere Intuition, eingesperrt? Unsere Vorstellung von der Wirklichkeit, die Begrenztheit unseres Denkens, unser enger Blickwinkel – das sind die Grenzen, innerhalb derer wir unsere Intuition bisher wirken ließen.

Durch die Begrenzungen, die Einschränkungen, die wir uns selbst auferlegt haben, ist das weite, allumfassende und deshalb auch unbeschreibliche Gefühl der Grenzenlosigkeit verlorengegangen und damit auch das Gefühl für das Leben – oder besser gesagt, für das, was Leben bedeutet. Wir lernen, wie wir Computer bedienen, schneller um die Welt fliegen oder besser aussehen können. Doch wo lernt man schon, intuitiv das Richtige zur rechten Zeit zu tun, glücklich zu sein, im Einklang mit sich und der Schöpfung zu leben? Wo gibt es Kurse zum Thema „Mit sich selbst *stimmig* leben“?

In der Schule, an der Universität oder bei der Berufsausbildung haben Sie sich gewiss eine Menge Kenntnisse angeeignet, Fähigkeiten entwickelt und Stärken ausgebaut. Aber haben Sie auch gelernt, wie Sie Freunde gewinnen oder das Leben genießen können? Vermutlich nicht. Sie haben eine Ausbildung gemacht, Prüfungen bestanden und einiges in Ihrem Leben erreicht. Und dennoch fehlt Ihnen etwas, das schwer zu definieren ist. Einige bezeichnen es als innere Zufriedenheit, andere als Lebensinhalt oder als Lebensglück. Zwischen den Lehrinhalten, die an Schulen oder Ausbildungsstätten vermittelt werden, und dem, was das Leben ausmacht, liegen Welten. Die Fächer Selbstverwirklichung oder Glück stehen auf keinem Lehrplan unserer nur auf die Vermittlung von Wissen eingestellten Institutionen. All das können Sie also nur in der Praxis lernen. Und hier sind Sie selbst Ihr wichtigster Lehrer.

Das Lernen des Kindes geschieht in vollkommener „konzentrativer Entspannung“, später wird daraus dann eine Verkrampfung, die wir fälschlicherweise Konzentration nennen. Lernen geschieht am besten, wenn wir unser eigenes Tun annehmen, unser Handeln, unser Lernen in Liebe tun. Dann ist die Schönheit des eigenen Handelns noch etwas ganz Selbstverständliches – so wie es die kleinen Kinder praktizieren. In dieser Phase lernen wir leicht, natürlich und – das ist entscheidend – mit *allen Sinnen.*

Doch schon in der Schule ver-lernen wir dieses holistische Lernen und werden darauf gedrillt, einseitig und linear zu denken, aufzufassen und zu verarbeiten. Wir befassen uns nur noch mit dem Verstand, lassen den größten Teil unseres Wesens unbeachtet. Kein Wunder, dass unsere intuitiven Fähigkeiten dabei nach und nach verkümmern.

Die bisherige Art des Lernens besteht aus Zuhören, Auswählen, Merken, Aufschreiben, Sortieren und Bewerten. Wir arbeiten alles durch und gliedern es, gewöhnen uns die einen Gewohnheiten ab, um uns neue anzueignen. Vieles bleibt dabei auf der Strecke, wir vergessen einiges, wir lernen mit dem Verstand – und vergessen doch wieder. Mit schlechtem Gewissen beginnen wir wieder von vorn...

Diese Art des Lernens entspricht nicht unserem wahren Wesen. Und deshalb vergessen wir leicht und viel. Wenn wir jedoch der Multidimensionalität unseres Wahren Seins begegnen, werden wir dazu angehalten „wahrzunehmen", unserer Intuition und dem eigenen, individuellen Rhythmus zu folgen. Dann können wir wieder auf die ursprüngliche, natürliche, holistische Art lernen – nämlich mit allen Sinnen.

Diese „neue" Art des Lernens ist viel einfacher und viel effizienter. Zuhören, wahrnehmen, *sein.* Wir lernen nicht mehr oberflächlich, sondern mit unserem ganzen Sein, alles wird sofort Teil unseres Bewusstseins. Wir leben aus dem Bewusstsein, *als* Bewusstsein und sind damit auf dem letzten Stand des Wissens. Es gibt dann nichts mehr zu lernen, nichts mehr zu üben, denn nichts wird vergessen.

Erfolg und Glück sind nichts anderes als eine Kombination von guter Vorbereitung und günstiger Gelegenheit. Diese können Sie jederzeit selbst schaffen, allerdings nur mit Hilfe Ihrer Intuition. Lernen Sie, im Einklang mit Ihrer wahren Natur zu leben, dann ist der Erfolg immer an Ihrer Seite. Das Leben, wie es gemeint ist, hält für jeden Menschen Erfolg, Glück und Erfüllung als Geschenk bereit. Kommt jemand nicht in den Genuss dieses Geschenks, so hat dieser Mensch offenbar mehr dafür getan, den Erfolg zu verhindern, als notwendig wäre, um den Erfolg zu erreichen. Er hat das Gesetz von Ursache und Wirkung zu seinem eigenen Nachteil in Kraft gesetzt.

Schwierigkeiten meistern

Bevor wir uns mit einem Lösungsweg befassen, sollten wir unsere Aufmerksamkeit auf die Schwierigkeit selbst lenken und erkennen, dass jede Schwierigkeit in Wirklichkeit eine verkleidete Möglichkeit ist. Werden Sie sich darüber bewusst, dass das Leben Ihnen ständig Chancen und Möglichkeiten bietet. Damit Sie diese auch wahrnehmen können, sollten Sie ein Bewusstsein dafür entwickeln, indem Sie es nicht mehr auf die Hindernisse richten, sondern auf die Chancen und Möglichkeiten. Das Leben bietet Ihnen immer wieder an, sich zwischen all den Möglichkeiten zu entscheiden – mindestens eine davon kann zu einer positiven Lösung führen. Wenn Sie Ihr Bewusstsein von den Problemen (destruktiv) abziehen und auf die Möglichkeiten (konstruktiv) richten, erkennen Sie, dass in *allem* immer ein positiver Aspekt liegt, den Sie nur bisher nicht wahrgenommen haben. Solange Sie Ihren Blick auf den Mangel gerichtet haben, erzeugt das Unzufriedenheit, ja sogar Aggression. Leonardo da Vinci hat einmal gesagt: „Wer nicht kann, was er will, muss wollen, was er kann."

Sie jedoch können, was Sie wollen. Sobald Sie Ihren Blick auf die Möglichkeiten richten, die Ihnen das Leben in diesem Augenblick bietet, finden Sie in jeder Sekunde eine Chance. Ihr Leben kann von einem Augenblick zum anderen reicher und schöner werden. Glück ist nämlich nicht Glückssache, sondern eine logische Folge von Hören, Denken, Reden und Erkennen von Möglichkeiten und deren Nutzung. Meist fehlt es an Weitsicht, an Vorstellungskraft, um die günstigen Gelegenheiten überhaupt zu erkennen. Das jedoch lässt sich ändern, wenn sich

Ihr Bewusstsein ständig auf die Möglichkeiten richtet und sich immer wieder fragt: „Wo liegt die Chance in diesem Augenblick?“

Es kann Ihnen ähnlich wie einem Bildhauer gehen: Sobald er erkennt, welche Figur in einen Steinblock passt, braucht er nur noch das abzuschlagen, was nicht zu der Figur gehört. So brauchen auch Sie nur loszulassen, was nicht zu Ihnen gehört und was Sie vom Erfolg trennt. Was dann übrig bleibt, ist der wirkliche Erfolg! Erkennen Sie aber auch, welche Chance Sie für das Ganze sein können, wenn Sie nicht nach etwas Bestimmten suchen, sondern Sie offen bleiben, ein Kanal für das, was das Leben bietet. Ein Goldsucher, der nur auf Gold fixiert ist, findet vielleicht auch Gold, übersieht aber vermutlich die Diamanten.

Und meist sehen wir ein Problem als eine isolierte Sache, ohne zu erkennen, dass die schwierige Situation Teil einer komplexen Angelegenheit ist. Sicherlich beruht diese Einstellung auf der Erfahrung, die wir in der Schule oder in der Ausbildung gemacht haben: Für jedes Problem gab es nur *eine* Lösung, alles hatte *eine* Ursache. Mit einer solchen Einstellung beschränken wir uns und lassen keinen Raum für einen intuitiven Einfall, für eine wirkliche Lösung. Durch die Vereinfachung des Problems gelingt es uns nicht, andere, vielleicht völlig ausgefallene Gedanken – Geistesblitze – zuzulassen. Wir leben geistig in einem starren Schema, gehen gedanklich nur ausgetretene Pfade. So kommen wir im günstigsten Fall zu einer ganz passablen, aber nie zu der optimalen Lösung. Besser ist es, alles loszulassen, über das Problem hinauszugehen und mit Hilfe der Intuition einen Weg zu finden, die Chance zu nutzen, die Gelegenheit zu erkennen.

Herrn Andresen macht seine Arbeit als Texter in einer Werbeagentur keine Freude mehr. Seine kreativen Ideen sind versiegt, und er sitzt oft stundenlang vor dem Computer ohne einen guten Einfall. Die Arbeitszeit wird mehr und mehr zum Frust. Herr Andresen möchte die Firma wechseln, glaubt, in einer neuen Agentur mit anderen Kunden seine Kreativität beleben zu können. Doch das ist nicht der Fall. In der neuen Agentur wird seine Arbeitsfreude nicht größer, seine kreativen Ideen lassen auch hier auf sich warten. Er hat sein Problem begrenzt auf die Firma, anstatt nach den Ursachen seiner Lähmung zu fragen, z. B. ob sein Beruf wirklich Be-rufung ist oder noch ist, ob sein Privatleben sich negativ auf seine Kreativität auswirkt etc.

Liegt es daran, dass Herr May immer die falschen Frauen kennenlernt, oder vielleicht daran, dass er tief im Inneren keine feste Bindung möchte, weil er Angst vor der Verantwortung hat?

Ist Ihnen immer so übel, weil Sie ein Magengeschwür haben, oder haben Sie das Magengeschwür, weil einiges in Ihrem Leben nicht stimmt?

Alle Probleme sind zu lösen – am besten, wenn Sie über gewohnte Sichtweisen hinaussehen, unkonventionelle Ideen zulassen und eine Situation holistisch angehen. Mit linearem Denken, mit reiner logischer Folgerung – wenn A so ist, muss B so sein – kann Ihnen keine ganzheitliche Lösung einfallen. Wenn Sie intuitiv leben, mit offenen Sinnestoren, können Sie oftmals Probleme und Schwierigkeiten von vornherein vermeiden.

Wenn ein Gewitter kommt, ziehen schwarze Wolken auf und der Donner grollt, schon lange bevor es zu regnen beginnt. So bleibt Zeit, sich auf das Unwetter einzustellen, die Wäsche von der Leine zu nehmen oder einen geschützten Platz aufzusuchen. Ähnlich einem Gewitter kündigen sich Probleme und Schwierigkeiten fast immer vorher an.

Zeichen und Signale warnen oft vor einem drohenden Unheil und lassen meist auch noch Zeit, Vorkehrungen zu treffen.

Umschalten vom äußeren Sehen zur inneren Wahrnehmung

- ★ Konzentrieren Sie sich auf Ihr Drittes Auge, das in der Mitte der Stirn sitzt.
- ★ Währenddessen schließen Sie Ihre Augen.

Auf diese Art und Weise kommen Sie gar nicht erst in Versuchung, die Vorstellung Ihrer Persönlichkeit, Ihres Ichs, zu verwirklichen, sondern Sie realisieren die Vision der Zukunft – so wie sie gemeint ist. In Erscheinung tritt nur die „stimmige“ Zukunft. Wie können Sie dies erreichen?

Denken Sie vom Ziel aus

Dann erkennen Sie den Weg, der zum Ziel führt, weil Sie wissen, wo das Ziel liegt. Und das Wie zeigt sich ganz von selbst. In Wirklichkeit muss nämlich nie etwas geschaffen werden, denn es ist bereits vorhanden. Es muss nur erkannt und in Erscheinung gerufen werden. So kollidiert dann auch nicht mehr die von Ihnen angestrebte Zukunft mit der Wirklichkeit der Zukunft. Alles, was auf diese Art und Weise verwirklicht wird, dient immer Ihrem Wohl und gleichzeitig auch dem Wohl der Allgemeinheit. Wenn Sie sich auf Ihre innere Weisheit, auf Ihren inneren Meister, verlassen, leben Sie in der Wirklichkeit. Das macht Sie unbesiegbar.

Kein Mensch – und mag er noch so viel Macht besitzen – kann sich lange gegen die Wirklichkeit stellen. Niemand kann sich ihr auf Dauer entziehen. Viele Menschen versuchen es zwar und berufen sich auf ihr Wissen, bemerken dabei aber nicht, dass sie unwissend und blind sind. Der Widerstand gegen die Wirklichkeit kostet viel Energie, laugt aus und macht unglücklich. Wir können das Tag für Tag an den Gesichtern unserer Mitmenschen sehen. Wer aber in der Wirklichkeit lebt, strahlt nach außen, besitzt unglaublich viel Kraft und Sicherheit.

Sie sind auf dem Weg zur Wirklichkeit. Da kann es vorkommen, dass Sie immer einmal wieder in alte Verhaltensweisen zurückfallen und Rückschläge erleiden. Geben Sie deshalb nicht auf. Es gibt nur einen Weg, der richtig ist und Sie früher oder später zum Erfolg führt. Und vergessen Sie nicht:

★

Hinfallen ist keine Schande,
eine Schande ist nur, liegenzubleiben!

★

Wie Sie sich Lösungen aus dem Überbewusstsein bewusst machen

Wenn Sie die Lösung für ein Problem suchen, eine Antwort auf eine Frage benötigen oder eine Entscheidung treffen sollen, so gibt es einen einfachen Weg herauszufinden, was das Richtige für Sie ist.

Der erste Schritt

Ich mache mir die Tatsache bewusst, dass die Antwort auf meine Frage, die Lösung für mein Problem, die richtige Entscheidung bereits existiert und nur darauf wartet, dass ich bereit werde, sie in mein Bewusstsein treten zu lassen.

Der zweite Schritt

Ich formuliere nun ganz präzise meine Frage und wiederhole mehrmals meinen Wunsch. Ich formuliere dabei so einfach wie möglich, aber unmissverständlich, klar und deutlich. Mit meiner exakt formulierten Frage wähle ich aus den allumfassenden Möglichkeiten genau die Information aus, die ich im Augenblick benötige.

Der dritte Schritt

Ich erfülle mein Bewusstsein mit dem Glauben, dass mich die Antwort sicher erreicht und dass ich sie wahrnehme. Dieser Glaube ist eine bestimmte energetische Schwingung, die unweigerlich das anzieht, was ich glaube – und zwar nur das und nichts anderes. Was ich nicht glauben kann, das kann ich auch nicht wahrnehmen.

Ich kann mich mit der Vorstellung erfüllen, dass mich die Antwort zu einer bestimmten Tageszeit erreicht oder in einer bestimmten Situation, z.B. beim morgendlichen Kaffeetrinken, oder auch sofort, sobald ich einen bestimmten „Auslöser" betätige. Ich schaffe mir dafür ein bestimmtes Ritual, mache mich so empfangsbereit.

Ich mache mir bewusst, dass die Antwort als Bild, Stimme, Symbol, Gefühl oder „innere Gewissheit", aber auch als Idee, Impuls, Chance, Energie in mein Bewusstsein treten kann. Ich mache mich deshalb auf *allen* Frequenzen empfangsbereit. Es ist auch möglich, eine Frequenz zu bestimmen, auf die ich mich „einstellen" kann.

Wenn Sie wollen, können Sie sich die Lösung im Schlaf „einfallen" lassen. In diesem Fall vollziehen Sie die Schritte vor dem Einschlafen und erfüllen sich mit der Vorstellung, dass Sie die Antwort als Traum erhalten (s. Seite 132 ff.).

Hindernisse erkennen und beseitigen

Sie sind nicht so erfolg-reich, wie Sie sein könnten? Ihre Gesundheit lässt zu wünschen übrig? Ihre Ehe kriselt?

All das muss nicht sein, wenn Sie es nicht wollen. Sie können in der natürlichen Fülle leben. Bauen Sie die Barrieren ab, die Sie bisher vom Erfolg getrennt haben. Tauschen Sie Ihr Mangel-Bewusstsein um in ein Wunschtraum-Erfüllungs-Bewusstsein – verändern Sie Ihr Leben *jetzt*!

- ★ Wo herrscht Mangel in Ihrem Leben?
- ★ Was wollen Sie verändern?
- ★ Was ist Ihre Traumvorstellung?

Körperlich

Möchen Sie schlanker, sportlicher, vitaler, jünger sein? Fehlen Ihnen guter Schlaf, Entspannung, Erholung, Bewegung?

Gesundheitlich

Wo liegen die Schwachstellen? Bei den Zähnen, bei der Verdauung? Haben Sie Kopfschmerzen, Gelenkprobleme, Rückenschmerzen?

Emotional

Haben Sie viel Ärger, Sorgen, Ängste? Fällt es Ihnen schwer, Gefühle zu zeigen, können Sie sich nicht ausleben, sich selbst erleben?

Mental

Welche Rolle spielen Stress, negatives Denken, Unwahrheit, Unwissenheit in Ihrem Leben? Fehlen Ihnen Weisheit, Bewusstsein, Selbst-Bewusstsein?

Partnerschaftlich

Belasten Geldprobleme, Sorgen mit den Kindern die Beziehung? Fehlt es an Kommunikation? Ist das Liebesleben gestört?

Beruflich

Wie sieht es mit Weiterbildung, Ausbildung aus? Haben Sie Chancen zur Beförderung? Wollen Sie sich selbständig machen? Ist Ihr Beruf Be-rufung, gibt er Ihnen Erfüllung?

Wirtschaftlich

Haben Sie finanzielle Probleme, stehen Geldbeträge aus, Erbschaftsansprüche? Haben Sie Glück beim Lottospielen? Ist Ihre geschäftliche Partnerschaft in Ordnung?

Wohnung

Hätten Sie lieber eine größere, ruhigere Wohnung, nette Nachbarn? Würden Sie lieber auf dem Land oder in einer anderen Stadt mit besserer Lebensqualität wohnen?

Spirituell

Wie sieht es mit Ihrer Selbst-Erkenntnis aus? Kennen Sie sich wirklich? Können Sie in die Selbst-Identifikation gehen? Haben Sie sich ent-wickelt, fühlen Sie Erleuchtung, leben Sie als Meister? Sind Sie schon hervorgetreten?

Beantworten Sie obige Fragen. An den Antworten sehen Sie deutlich, wo ein Mangel in Ihrem Bewusstsein herrscht. Jetzt, da Sie um die Defizite wissen, können Sie sie auflösen und ersetzen durch die Vorstellung Ihrer Wunschträume. Damit verändern Sie Ihr Leben, denn Ihre Vorstellung wird Realität, sobald Sie sie mit Bewusstsein erfüllen.

★

*Tun Sie es **jetzt**!*

★

Ihre Intuition gibt Ihnen auf Ihre Fragen immer die richtigen Antworten – Antworten, die stimmen. Und sie wird Ihnen den Weg zu Ihrem Ziel zeigen.

Wir wissen, dass es nicht immer leicht ist, die innere Stimme unserer Intuition von den vielen anderen Stimmen zu unterscheiden. Ein Patentrezept zur Unterscheidung der verschiedenen Stimmen gibt es nicht. Aber versuchen Sie es! Vielleicht fragen Sie einmal bewusst: „Was sagt mein Verstand dazu, was meint mein Gemüt, was mein Ego?“ Und dann lassen Sie Ihre Intuition sprechen. Bleiben Sie neutraler Beobachter! Wenn Sie der Intuition gefolgt sind, werden Sie Kraft und Vitalität gewinnen und ein tiefes Gefühl haben, „stimmig zu sein“.

Folgen Sie der richtigen Stimme – lauschen Sie in sich hinein – und spüren Sie, ob sich unmittelbar ein Zuwachs an Wohlgefühl einstellt. Dann folgen Sie einer anderen Stimme – prüfen Sie wieder, wie es sich in Ihnen anfühlt. Achten Sie aber immer auch auf andere Intuitions-Kanäle – meist geschieht Intuition nicht nur auf einer Frequenz. Je mehr Sie üben, desto mehr Fehler und falsche Entscheidungen werden Sie vermeiden. Unser Leben kann immer stimmiger werden – und dann ist es ohne Intuition gar nicht mehr vorstellbar.

Intuitive Menschenkenntnis

Es ist nichts Außergewöhnliches, einen Menschen auf den ersten Blick zu erkennen. Verlässt man sich dabei auf seine Intuition, trügt der erste Eindruck nicht. Entsprechend dem Gesetz „wie innen – so außen“ sind Charakter, Talent, Stimmung eines Menschen sichtbar für denjenigen, der die Signale wahrnimmt und sie zu deuten weiß. Wieviel einfacher kann unser Leben sein, wenn wir unsere Mitmenschen besser einschätzen können. Anstelle unsere Zeit mit Irrtümern zu verlieren, können wir uns unsere Zeit nutzbringend mit solchen Menschen verbringen, die gut für uns sind, in deren Gesellschaft wir uns wohlfühlen, von denen wir neue Impulse erhalten. Wir können die Zeitgenossen meiden, die mit ihrer negativen Lebenseinstellung, ihrem ständigen Nörgeln und ihrer Kritik viel Energie von uns nehmen.

Nun fragen Sie bestimmt, wie kann ich einen Menschen am Äußeren erkennen? Ist ein guter Charakter in einem großen, kleinen, dicken oder schlanken Menschen zu Hause? Sind schwarzhaarige Menschen klüger oder vielleicht doch die rothaarigen? Lassen Sie Ihre Intuition zu Wort kommen. Es liegt nicht an der äußeren Erscheinung allein, obwohl sie durchaus ihre Bedeutung hat. Intuitiv können Sie an der Energie eines Menschen seinen Bewusstseinszustand, seine Stimmung, Meinung oder Absicht erkennen. Sie wissen, ob er lügt oder die Wahrheit spricht, ob er zufrieden, geradlinig, interessiert, ob er verschlossen, verärgert oder mit anderen Gedanken beschäftigt ist. Sie können seine geheimsten Gedanken erfahren (s. auch Kapitel „Gedankenlesen"), wissen um seine Absicht und können sich richtig auf ihn einstellen.

Um einen Menschen besser kennenzulernen, reicht es nicht, ihn nur mit den fünf Sinnen wahrzunehmen, wichtig ist vor allem, Ihren sechsten Sinn einzuschalten. Denken Sie sich in diesem Fall Intuition als eine ganz bestimmte Frequenz. Wenn Sie sich auf diese Frequenz einstellen, erfahren Sie die Wahrheit und können hinter den äußeren Schein blicken, sehen den wahren Menschen hinter der Rolle, die er spielt. Sie brauchen sich nur bewusst zu machen, dass Sie lediglich Ihr Bewusstsein ganz auf den Menschen richten müssen, für den Sie sich interessieren. Sie befinden sich damit auf der gleichen Wahrnehmungs- und Informationsebene wie Ihr Gegenüber. Damit verlassen Sie die Verständigung und gelangen in eine höhere Sphäre – zum Verständnis. Hier begegnen Sie dem anderen auf der Ebene der Wirklichkeit. Hören Sie energetisch mit dem Herzen zu und lernen Sie, aus einer falschen Information das Richtige herauszufiltern. Finden Sie den für Sie wichtigen Aspekt auch aus einer falschen Information heraus. Dann können Sie die Einzelteile zusammensetzen und erhalten eine aussagefähige, richtige Information. Sie werden schnell zwischen richtig und falsch zu unterscheiden und das für Sie Wichtige herauszufiltern lernen.

Die Intuition befähigt Sie, sich in einen Menschen hineinzuversetzen, eine Situation aus seiner Perspektive zu beurteilen, die Lage mit seinen Augen zu sehen. Intuition lässt Sie nicht nur das wahre Wesen einer Sache, sondern auch eines Menschen erkennen. Sie erhalten die Information als Gedankenblitz, als ein angenehmes oder unangenehmes Gefühl, das sich beim Anblick der betreffenden Person oder bereits beim Gedanken an sie einstellt. Sie wissen intuitiv, ob dieser Mensch Ihnen schadet oder hilft, ob er zur Bereicherung Ihres Lebens beiträgt oder eher zur Last werden kann. Sie können sich darauf verlassen, dass Ihr „Eindruck“ stimmt, denn die Intuition irrt nicht.

Menschenkenntnis – der Schlüssel zu einem glücklichen Leben

Sie nehmen viel mehr wahr, wenn Sie auf Ihre Intuition setzen. Das erfordert keinen besonderen Aufwand; Sie können überall und jederzeit auf Ihre intuitiven Kanäle umschalten. Und Sie können es überall üben: Wenn Sie im Zug, im Restaurant, bei einer Party sind, wählen Sie eine anwesende Person aus, auf die Sie Ihr Bewusstsein richten. Hier können Sie wählen zwischen der Ebene der Gedanken oder der Gefühle, können sich auf die berufliche, gesundheitliche oder familiäre Situation einstellen. Ebenso können Sie Ihr Bewusstsein auf die Persönlichkeitsstruktur richten, z.B. Probleme, Wünsche, Talente, Motivation, Absichten, Ziele. Sie werden jeweils nur einen Aspekt erfahren, können aber ebensogut holistisch wahrnehmen. Richten Sie Ihr Bewusstsein auf den Menschen, von dem Sie mehr wissen wollen, lassen Sie geschehen. Wichtig: Analysieren Sie nicht!

Was empfinden Sie dabei, wenn Sie Ihr Bewusstsein auf Ihren neuen Kollegen, Ihren Zahnarzt, die Verkäuferin richten? Welche Assoziationen steigen in Ihnen hoch, wie sehen Sie Ihre Mitmenschen?

Versuchen Sie, bei dieser Übung neutral, also frei von Vorurteilen zu sein. Richten Sie Ihre Wahrnehmung auch auf das Äußere. Wie sieht dieser Mensch aus, wie ist seine Gestik, seine Stimme, seine Sprache. Ist er gepflegt, wirkt er frei oder gekünstelt? Betrachten Sie nicht mit Ihren beiden Augen, sehen Sie mit dem Dritten Auge, denn damit können Sie alles wahrnehmen. Lassen Sie uns gemeinsam eine Übung zur intuitiven Menschenkenntnis machen:

Sie wählen einen Menschen, den Sie nicht (oder nicht gut kennen) aus. Nun richten Sie Ihr Bewusstsein auf diesen Menschen.Was nehmen Sie wahr?

★ Mann, Frau, Kind;
★ Haut- und Haarfarbe;
★ Kleidung;
★ Äußeres;
★ Körpersprache, Haltung;
★ Gestik;
★ Mimik;
★ Charakter?

Welche Impulse nehmen Sie wahr (z.B. positive Schwingungen)?

Befindet sich der Mensch in einer guten Stimmung, einer positiven Lebenssituation bezüglich:

★ Gesundheit;
★ Beruf;
★ soziales Umfeld (Familie, Freundschaften, etc.)?

Oder spüren Sie negative Schwingungen wie:

★ Krankheit;
★ Misserfolg;
★ Unzufriedenheit;
★ Probleme?

Welche Perspektiven nehmen Sie wahr?

★ Ziele, Wünsche?

Können Sie die Gedanken lesen?

★ Motivation;
★ Sorgen;
★ Blockaden?

Wie ist das Resultat Ihrer Wahrnehmung?

- ⋆ Nehmen Sie Teilbereiche wahr?
- ⋆ Können Sie den ganzen Menschen erfahren?
- ⋆ Sehen Sie seine Situation holistisch?

Wenn Sie ein visueller Mensch sind, so werden Sie dazu tendieren, eher das Äußere wahrzunehmen. Weiten Sie Ihr Wahrnehmungsvermögen auf die anderen Bereiche aus, und hüten Sie sich davor, Stellung zu beziehen oder zu urteilen bzw. zu verurteilen.

Sie können die obige Übung auch mit Menschen aus Ihrem Umfeld durchführen, auch wenn Sie glauben, diese schon zu kennen. Möglicherweise werden Sie Ihre Meinung über Bekannte, Kollegen oder auch Familienmitglieder revidieren müssen. Sie erfahren vielleicht, dass Sie diese Menschen überhaupt nicht oder nur in Teilbereichen kennen. Sobald Sie loslassen von Ihren festen Vorstellungen und sich öffnen für die intuitive Wahrnehmung, werden Sie ganz andere Dimensionen erkennen. Sie verlassen die oberflächliche Betrachtungs- und Beurteilungsweise und sehen einen Menschen nicht mehr begrenzt, sondern können ihn allumfassend erfahren. Sie setzen damit weder sich noch ihm Grenzen.

Wenn Sie Ihre intuitiven Fähigkeiten mehr und mehr aktivieren, werden Sie eines Tages erstaunt feststellen, dass Sie ohne besondere Konzentration Ihr Gegenüber in seiner Ganzheit erfassen. Sie wissen dann genau, was Sie von ihm halten können, was Sie ihm zutrauen dürfen, ob sie ihm vertrauen können, ob er ein zuverlässiger Freund, ein vertrauenswürdiger Geschäftspartner ist.

Wenn Sie Menschen intuitiv erfahren, können Sie keine Enttäuschung mehr erleben, denn Sie sehen hinter die Fassade, erkennen das Wahre Wesen Ihres Gegenübers und können ohne Zögern Ihr Herz dem richtigen Partner schenken.

Damit verändert sich Ihr Leben im privaten wie auch im beruflichen Bereich. Ihre Intuition sagt Ihnen hier, ob Sie mit Kollegen und Vorgesetzten auskommen und ob diese für Sie hilfreich oder eher hinderlich sind.

Die Empathie, die Fähigkeit, sich in andere Menschen zu versetzen, beruht in großem Maße auf der Selbstwahrnehmung. Empathie stammt von dem griechischen Wort „empatheia“ und bedeutet Einfühlung. Wer seine eigenen Gefühle wahrnehmen kann, dem fällt es leichter, die Gefühle anderer Menschen zu spüren. Er kann sich einfühlsamer in einen anderen Menschen versetzen. Es ist auch eine der Folgen der Überbetonung des Verstandes, dass viele Menschen heute ihre eigenen Gefühle gar nicht richtig kennen. Wie sollen sie dann die Gefühle ihrer Mitmenschen wahrnehmen, wie fühlen, was in einem anderen Menschen vorgeht? Wer nicht von sich selbst weiß, wie sich die Stimme verändert, wenn man verletzt oder traurig ist, der kann an einem anderen Menschen solche Signale auch nicht erkennen. Kommunikation besteht aus verbalen Äußerungen, der Sprache des Verstandes und nonverbalen Signalen, der Ausdrucksweise der Emotionen. Wer keine Selbstwahrnehmung hat, der kann kaum bei anderen etwas wahrnehmen, was er an sich selbst nicht bemerkt. Da zeigt sich ein Defizit an Menschlichkeit und eine unterentwickelte emotionale Intelligenz. Wer Schwierigkeiten hat, sich selbst wahrzunehmen, der kann die nonverbalen Zeichen schlecht verstehen. Bedenkt man, dass nach den neuesten Erkenntnissen der Wissenschaft 90 Prozent der Äußerungen nonverbal sind, wird das Ausmaß des Defizits an Menschlichkeit klar, und das zeigt, dass die emotionale Intelligenz noch sehr entwicklungsbedürftig ist.

Menschenkenntnis im Beruf

Wie nehmen Sie Ihren Vorgesetzten, Ihre Kollegen, Mitarbeiter wahr? Wie verstehen Sie sich mit Geschäftspartnern? – Stellen Sie sich Ihren Vorgesetzten vor. Sehen Sie ihn vor Ihrem geistigen Auge, sehen Sie seine ganze Persönlichkeit. Befragen Sie Ihre Intuition zu folgenden Fragen:

- ⋆ Wie ist das Verhältnis zu meinem Chef? Welche Empfindungen, welche Bilder steigen in Ihnen empor? Wie fühlen Sie sich bei dieser Frage?

- ★ Breitet sich Ruhe in Ihnen aus, oder kommen Unsicherheit, Nervosität auf?
- ★ Kann ich ihm (ver-)trauen? Können Sie hier ohne zu Zögern „Ja" sagen? Oder befürchten Sie, dass er nicht offen zu Ihnen ist? Vielleicht bleibt Ihre innere Stimme hier ganz still. Was bedeutet das?
- ★ Welche Vorstellung hat er von mir?
- ★ Was hat er mit mir vor – unterstützt er mich oder begrenzt er mich?
- ★ Will er mich fördern, oder will er mich klein halten?
- ★ Bin ich ein Mittel für seinen Zweck?
- ★ Wie spricht er von mir?

Stellen Sie sich diese Fragen, und hören Sie in sich hinein. Achten Sie darauf, was in Ihnen geschieht. Nehmen Sie diese Eindrücke mit in den Alltag. An Ihrem Arbeitsplatz stellen Sie sich die gleichen Fragen. Was passiert hier – am Ort des Geschehens? Wie nehmen Sie Ihren Chef jetzt wahr, da Sie nicht mehr mit dem Verstand, sondern von einer höheren Warte aus urteilen? Schreiben Sie auf, wie Sie Ihren Chef früher sahen und wie Sie ihn heute wahrnehmen.

Verbessern Sie weiterhin Ihre intuitiven Menschenkenntnisse auf spielerische Art und Weise.

Energie oder Aura fühlen

Wenn Sie sich in einer Menschenansammlung befinden, schließen Sie die Augen. Sollte das nicht möglich sein, senken Sie den Blick, so dass Sie die Personen in Ihrer Nähe nicht mehr sehen können. Nun verlassen Sie sich ganz auf Ihre Intuition oder besser: Ihre intuitive Wahrnehmung.

- ★ Wer kommt auf Sie zu? Was spüren Sie?
- ★ Ist es eine männliche oder eine weibliche Energie?

Öffnen Sie die Augen, und überprüfen Sie Ihr Gefühl.

Sie sind zu einem Fest eingeladen, kennen einen Teil der

Gäste. Finden Sie intuitiv Ihre Bekannten heraus. Senken Sie den Blick und hören Sie in sich hinein, spüren Sie in sich hinein. Folgen Sie Ihrer Intuition, die Ihnen sagt, wo im Raum sich Ihr Nachbar, Ihre Freundin, der Gastgeber befinden. Oder Sie möchten nach Hause gehen und suchen Ihre Frau. Lassen Sie sich von Ihrer Intuition leiten, und Sie brauchen nicht erst in allen Räumen zu suchen. Überlassen Sie sich einfach Ihrer Intuition, sie führt Sie immer zur richten Stelle, zur richtigen Person.

Jeder Mensch hat seine eigene Aura, ein Energiefeld, das durch eine bestimmte Fototechnik sogar sichbar gemacht werden kann. Dieses Energiefeld ist wie eine Hülle, die den physischen Körper umgibt. Sie können ohne weiteres die Aura anderer Menschen fühlen, sogar förmlich berühren. Bei einem Empfang, im Theaterfoyer, im Kaufhaus können Sie üben, die Aura anderer Menschen wahrzunehmen. Gehen Sie ruhig durch die Menschenmenge, und achten Sie dabei darauf, was in Ihnen geschieht, wenn Sie einzelnen Personen begegnen.

Ertasten Sie nun den Energiekörper. Waschen Sie Ihre Hände und trocknen Sie diese gründlich ab. Entspannen Sie sich, stehen Sie entspannt mit leicht gespreizten Füßen und locker herunterhängenden Armen. Nun heben Sie die Arme in Brusthöhe, etwa 25 Zentimeter vor Ihren Körper und nehmen die geöffneten Hände vor der Brust zusammen. Halten Sie bei einem Abstand von etwa zwölf Zentimetern ein. Richten Sie Ihr Bewusstsein auf Ihre Händflächen, atmen Sie ruhig und gleichmäßig, seien Sie ganz entspannt. Spüren Sie nach einigen Minuten ein leichtes Prickeln in den Handflächen, fühlen Sie Wärme oder Kälte? Nun verringern Sie den Abstand der Handflächen. Je näher sich die Hände kommen, desto intensiver verspüren Sie vielleicht ein leichtes Druckgefühl, als hielten Sie einen Luftballon zwischen Ihren Händen. Bewegen Sie nun Ihre Handflächen auseinander und dann wieder zusammen. Spüren Sie den Energiekörper?

Wenn Sie nicht gleich beim ersten Mal den Druck, das Kribbeln fühlen, sollten Sie nicht aufgeben. Üben Sie öfters. Sie können auf diese Art und Weise auch den Energiekörper anderer Menschen abtasten. Gehen Sie langsam auf den Menschen zu, halten Sie die Handflächen nach außen – auf die Person gerichtet. Konzentrieren Sie sich auf Ihre Handflächen. Wenn Sie Wärme, Kälte oder ein leichtes Kribbeln fühlen, bleiben Sie stehen – Sie fühlen die Aura. Das kann sowohl einen Meter wie auch nur 15 Zentimeter von der betreffenden Person entfernt sein. Fühlen Sie dann den Körper entlang. Was spüren Sie? Wo bemerken Sie eine Temperaturveränderung, eine Vibration? Sprechen Sie mit Ihrem Partner, mit dem Sie diese Übung machen, über die unterschiedlichen Reaktionen. Nach der Übung waschen Sie die Hände noch einmal, doch diesmal nicht abtrocknen, sondern die Hände trockenschütteln und dann gut durchmassieren.

Aber auch eine Party ist ein wunderbare Gelegenheit, die Wahrnehmung menschlicher Energie zu verbessern. Was fühlen Sie, wenn Sie sich der blonden Frau nähern oder dem dicken Mann mit der Zigarre in der Hand? Lassen Sie dabei los von dem, was Ihr Auge wahrnimmt. Wenden Sie den Blick nach innen, schalten Sie Ihren Verstand ab, negieren Sie Ihre Gedanken. Was fühlen Sie? Ist es Wärme, Energie oder sehen Sie mit Ihrem inneren Auge Licht und Farben? Spüren Sie allem nach, was sich in Ihnen abspielt. Welche Botschaft vermittelt Ihnen die Energie? Lassen Sie sich Zeit.

Sie können Ihre Intuition so verfeinern, dass Sie mit geschlossenen Augen wissen, wer auf Sie zugeht. Damit können Sie Freunde überraschen und sie mit Namen ansprechen, obwohl Sie die Personen, die sich Ihnen nähern, nicht sehen können. So etwas erstaunt die meisten Menschen.

Regina saß bei dem Gartenfest mit dem Rücken zur Balkontür, als Rosi auf den Balkon trat. Ohne sich umzudrehen, bat Regina Rosi, ihr eine Jacke aus dem Zimmer zu holen. Rosi war überrascht: Wie konnte Regina wissen, dass sie, Rosi, gerade in diesem Augenblick kam. Für Rosi gab es nur eine Erklärung: Zufall. Für Regina war es natürlicher Ausdruck ihrer intuitiven Fähigkeiten.

Vielleicht können Sie auch mit Familie oder Freunden üben. In diesem Fall gehen Sie in einem geschlossenen Raum aufeinander zu. Spüren Sie hin, welche Energie Ihnen entgegenkommt.

★ Ist es männliche oder weibliche Energie?
★ Wie stark ist die Energie?
★ Was löst diese Energie in Ihnen aus?
★ Ist es Wohlbefinden, Unsicherheit, Freude?

Spüren Sie wirklich genau hin, was in Ihnen geschieht. Vertrauen Sie auf sich selbst. Es kann Ihnen nichts Negatives passieren. Sie können sich ganz fallen lassen, können loslassen von den äußeren Sinneswahrnehmungen und ganz auf das achten, was in Ihnen geschieht. Sie können erkennen, wer auf Sie zugeht, mit geschlossenen Augen einen bestimmten Menschen im Raum fühlen. Sie spüren unterschiedliche Energien, während Sie durch den Raum gehen. Gehen Sie jeder einzelnen Schwingung nach. Und Sie nehmen wahr, wer sich wohlfühlt, wem es gut geht, wer Hilfe benötigt. Sie haben alles in sich, Sie brauchen nur den Verstand, die Begrenzungen und die Einseitigkeit loslassen, damit der Meister in Ihnen wirken kann.

Partnerübung

Sie setzen sich gegenüber, legen Ihre rechte Hand auf die Schulter Ihres Partners. Ihre linke Hand liegt auf Ihrem Herzzentrum. Nun lassen Sie geschehen, lassen Energie fließen.

★ Beobachten Sie, was geschieht?
★ Können Sie seine Energie annehmen? Können Sie Ihrem Partner etwas geben?
★ Spüren Sie in sich nach, was sich in Ihnen verändert.
★ Wird es Ihnen angenehm warm, fühlen Sie, wie Liebe und Zuneigung fließen kann, sind Sie durchlässig?
★ Wie fühlen Sie sich jetzt?
★ Was fühlen Sie?
★ Hören Sie in sich hinein, lassen Sie Schwingungen wirken – lassen Sie geschehen und nehmen Sie einfach nur wahr.
★ Bemerken Sie Blockaden, stolpert die Energie, gibt es Hindernisse?

- ★ Was sagen Ihnen die Bilder, Visionen, Symbole, die in Ihnen aufsteigen?
- ★ Welche Gefühle machen sich bemerkbar?
- ★ Achten Sie auf alles, auch wenn es nur bruchstückhaft oder sekundenweise in Erscheinung tritt.
- ★ Lassen Sie fließen, lassen Sie geschehen, lassen Sie los – werden Sie durchlässig.
- ★ Wie fühlen Sie sich nun?
- ★ Wie fühlt sich Ihr Partner?

Sprechen Sie darüber mit Ihrem Partner. Machen Sie diese Übung auch mit anderen Menschen. Achten Sie darauf, wie unterschiedlich Sie die Schwingungen der einzelnen Menschen wahrnehmen. Warum ist das so? Was lernen Sie?

Intuitiv den richtigen Partner wählen

Nehmen wir an, Sie sind alleinstehend, möchten aber lieber in einer Partnerschaft leben. Sie wissen auch, wie wichtig der richtige Partner für Ihr Leben ist. Ein falscher Partner kann Ihr Leben schwer machen, kostet Sie Energie, Lebensfreude und vermutlich auch Geld. Leben Sie aber mit dem Menschen zusammen, der optimal zu Ihnen passt, der für Sie „stimmt“, werden Sie beflügelt – das Zusammenleben inspiriert Sie, die Liebe lässt Sie von innen strahlen, Sie haben Elan und sind erfolgreicher.

Sie können zusammen das Leben genießen, sich gegenseitig bereichern, in Liebe und Harmonie miteinander leben.

Suchen Sie schon lange nach dem idealen Partner, bisher jedoch ohne Erfolg? Sie haben bereits alles versucht, haben sich umgesehen im beruflichen wie privaten Umfeld. Ja sogar Bekanntschaftsanzeigen haben Sie aufgegeben und auch interessante Menschen kennengelernt, aber ein Funke ist nirgends übergesprungen. Sie sind frustriert und haben schließlich die Hoffnung verloren. Doch das sollten Sie nicht, denn Sie haben nicht mit der richtigen Methode gesucht. Die Männer oder Frauen, die Ihr Interesse geweckt haben, waren nicht optimal für Sie, haben nicht zu Ihnen gepasst. Sonst wären Sie jetzt nicht allein. Die Ursachen für die erfolglose Suche sind schnell gefunden: Sie haben mit Verstand gesucht – und sind gescheitert. Warum den Lebenspartner nicht mit der Methode suchen, die unfehlbar ist? Verlassen Sie sich auf Ihre Intuition, und Sie werden den richtigen Partner finden, der zu Ihnen gehört, der für Sie „stimmt“. Sie haben eine Vorstellung von einem Leben zu zweit. Konkretisieren Sie Ihre Wünsche:

★ Wie soll Ihr Partner sein – älter, jünger, ruhig oder lebhaft?
★ Wie soll er aussehen – größer oder eher kleiner, schlank oder rundlich?
★ Welche Eigenschaften sind Ihnen wichtig – Ehrlichkeit, Zuverlässigkeit, Tatkraft etc.?
★ Wie stellen Sie sich eine gemeinsame Zukunft vor?
★ Was möchten Sie Ihrem künftigen Partner geben, was für ihn sein?

Ergänzen Sie diese Fragen, und befassen Sie sich intensiv mit Ihrem Wunsch. Fühlen Sie nach, welches Gefühl bei der jeweiligen Vorstellung tief in Ihnen entsteht, lauschen Sie nach innen. Setzen Sie sich intensiv damit auseinander. Lassen Sie ruhig Ihrer Phantasie freien Lauf, lassen Sie alle Bilder in sich aufsteigen, alle Gefühle frei. Stellen Sie sich vor, wie Sie mit Ihrem Partner ein Leben in Liebe und Harmonie führen. Spüren Sie in sich hinein, wie Sie sich bei dieser Vorstellung fühlen.

Und prüfen Sie: Ist Ihnen wirklich ganz wohl dabei, wenn Sie alles mit einem anderen Menschen teilen? Sehen Sie sich lachen in Gegenwart Ihres Partners, wird Ihr Leben bereichert? Sind Sie froh und glücklich? Was fühlen Sie bei dem Bild Ihres Traums?

Es kann Momente geben, die ein gewisses Unbehagen in Ihnen aufkommen lassen. Lassen Sie diese einfach vorüberziehen. Rufen Sie immer wieder das optimale Bild einer Partnerschaft vor Ihr geistiges Auge. Wenn Sie sich für eine längere Zeit bei diesem Bild wirklich wohl fühlen, wenn es stimmt, dann können Sie beginnen, Ihren Wunsch zu initiieren.

* Wie wird die Realisierung gelingen?
* Wann wird es soweit sein?
* Wie komme ich ans Ziel?
* Wie kann ich den Weg zum Ziel optimieren?
* Was muss ich tun, um voranzukommen?
* Wie erkenne ich, ob es nun der richtige Partner ist?

Rufen Sie Ihre Vorstellung ins Gedächtnis, vertrauen Sie auf Ihre Intuition und lassen Sie geschehen. Vielleicht sagt Ihnen ein Traum, wo Sie Ihren Traumpartner treffen. Möglicherweise führt Sie Ihre Intuition in die Arme Ihres idealen Partners oder Sie er-kennen in einem alten Bekannten den langersehnten Wunschpartner. Die Intuition weiß genau, wer für Sie richtig ist, wer zu Ihnen wirklich passt – was stimmt für Sie. Sie brauchen nur auf Ihre Intuition zu vertrauen, dürfen nicht darauf bestehen, alte Wege weiterzugehen. Wahrscheinlich müssen Sie auch erst Ihre alten, verstandesmäßigen Vorstellungen loslassen. Nicht der Millionär oder die Powerfrau macht Sie wirklich glücklich. In Äußerlichkeiten liegen weder Erfüllung noch wirkliche Zufriedenheit. Wer glücklich ist, strahlt von innen und ist immer schön – wer zufrieden ist und aus seiner Mitte lebt, ist immer reich.

Intuition kann den Funken in Ihnen entzünden, kann Ihren Geist erhellen, so dass Sie klarsehen und erkennen, wer vor Ihnen steht. Sie sehen hinter ein hübsches Gesicht, erkennen den Menschen hinter einem attraktiven oder auch unscheinbaren Äußeren. Sie wissen, bei welchem Menschen Sie am richtigen Platz sind, Sie erkennen den Partner, der eine Ergänzung für Sie ist, Ihre zweite Hälfte, der noch fehlende Teil des Ganzen. Verlassen Sie sich darauf, und Sie sind niemals verlassen!

Wenn Ihre Intuition Sie führt, brauchen Sie nicht einmal eine Entscheidung zu treffen. Sie wissen, dass es nur diesen Weg zum Ziel gibt. Sie erkennen, dass Sie deshalb in Wirklichkeit nie vor einer Entscheidung stehen. Das Gefühl der Sicherheit ist die Bestätigung.

Die Super-Intuition benötigt keine Einzelfragen mehr. Sie werden von innen geführt, ohne dass Sie sich einen Gedanken oder eine Vorstellung von einem idealen Partner machen müssen. Ihre Super-Intuition lässt den richtigen Partner zum richtigen Zeitpunkt in Ihr Leben treten.

Das Familienleben optimieren

Ergeht es Ihnen wie so vielen Menschen heute, haben Sie wenig Zeit für die Familie, Sorgen mit den Kindern oder Geldprobleme? Ist die Atmosphäre zu Hause gespannt, ständiger Streit an der Tagesordnung? Freuen Sie sich nicht mehr darauf, nach Hause zu kommen bzw. Ihren Partner zu sehen?

Vermutlich haben Sie mit Wünschen, Träumen und guten Vorsätzen einen gemeinsamen Lebensweg begonnen. Nach und nach haben Probleme und Sorgen überhandgenommen, die Liebe ist immer mehr zur Gewohnheit geworden, und Sie haben ein Stadium erreicht, in dem Missstimmung, Missverständnis und Streitereien an der Tagesordnung sind. Die Lachfalten wurden längst von Sorgenfalten überdeckt, und manchmal fragen Sie sich, warum sich die Realität so weit von dem Ideal entfernt hat. Versuche, sich zu ändern, Fehler zu vermeiden, auf andere Familienmitglieder wieder zuzugehen oder mehr Geduld für die Kinder aufzubringen, sind längst der Resignation gewichen. Die Familie – einst Quelle der Kraft – ist zu einer Quelle der Disharmonie geworden, die Sie Ihre letzte Kraft kostet. Und so ging es nicht nur mit dem Familienleben bergab, sondern auch mit Ihrer Lebensfreude.

Sie wissen heute, dass Änderungsversuche, die sich nur auf das Außen beziehen, keine tiefgreifende und vor allem keine langfristige Verbesserung zur Folge haben können. Sicherlich gelang es phasenweise mit großen Anstregnungen von allen Seiten, die Situation zu verbessern, erträglicher zu machen. Aber von Familienglück ist schon lange nicht mehr die Rede.

Der erste Schritt: Ändern Sie sich, gehen Sie weg von den Zwängen, die Sie sich und den Menschen in Ihrer nächsten Umgebung aufgebürdet haben. Werden Sie frei – frei von Vorurteilen, von einengenden Vorstellungen („Du musst eine 1 in Mathe schreiben, sonst hast du keine Chance." „Du musst unbedingt mehr verdienen..." etc.). Werden Sie frei von den Verletzungen, die Sie sich gegenseitig zugefügt haben, und heben Sie Ihr Privatleben auf eine höhere Ebene.

Was wird sich alles in Ihrem Leben verbessern, wenn Sie im Familienkreis wirklich zu Hause sind? Wenn Sie unter „zu Hause" nicht mehr einen Ort verstehen, an dem Sie schlafen, essen und ihre Kleidung wechseln? Zu Hause ist dann kein Kampfplatz mehr, der Ihnen Energien raubt, sondern ein Ort der Erneuerung, des Friedens – ein Ort, an dem Sie Kräfte sammeln können, wo Sie sich fallen lassen dürfen und wissen, gut aufgehoben zu sein. „Zu Hause sein" meint nicht eine Wohnung oder eine Villa, sondern „in der Familie zu Hause sein". Zu Hause sein kann man überall, selbst ohne Dach über dem Kopf – auf die innere Harmonie, den inneren Frieden, kommt es an.

Wie aber diesen Hort, diesen Ruheplatz für die Seele wieder erschaffen, da doch oftmals nicht einmal mehr die kleinste Möglichkeit dafür vorhanden zu sein scheint? – Der erste Schritt liegt allein bei Ihnen:

- ⋆ Wollen Sie etwas verändern?
- ⋆ Sind Sie bereit, für ein glückliches Familienleben etwas zu tun?

Wenn Sie beide Fragen mit einem klaren „*Ja*" beantworten, haben Sie schon einen wichtigen Schritt getan. Als nächstes schaffen Sie in sich die Basis, indem Sie einen Strich unter die Vergangenheit ziehen. Es geht nicht darum, dass Sie alle Erfahrungen beiseite schieben, sondern vielmehr darum zu erkennen, dass alles was geschehen ist, notwendig war, damit Ihnen bewusst werden kann, wie weit Sie sich von Ihren Zielen entfernt haben. Jetzt ist der Augenblick gekommen, die Richtung zu verändern, noch einmal neu zu beginnen. Doch diesmal sind Ihre Voraussetzungen sehr viel besser als früher. Nicht weil Sie an Jahren älter geworden sind, sondern weil Sie – wenn Sie den Weg bisher mit mir gegangen sind – Ihre Intuition inzwischen kennengelernt, weil Sie sich erinnert haben. Und so können Sie auch getrost diesen Bereich in Ihrem Leben Ihrer Intuition anvertrauen. Nicht mit einer Verstandeslösung wird sich Ihr Privatleben verändern, sondern durch Ihre innere Veränderung wird geschehen, was notwendig ist.

Wenn Sie mit Ihrer Familie darüber sprechen können, ist das um so besser. Sie können mit Partner, Kindern oder Eltern die Übungen machen, um das Wahrnehmungsvermögen zu erweitern, können die geistig-seelische Verbindung zu jedem einzelnen intensivieren. Vielleicht hat der eine oder andere in Ihrer Familie schon lange darauf gewartet, dass etwas geschieht, dass die Familie wieder zusammenwächst, dass Sie wieder miteinander sprechen können, dass es wieder Verständnis für einander gibt.

Ich zeige Ihnen hier eine Übung, die Sie mit Ihrer Familie durchführen können: Setzen Sie sich in gemütlicher Runde zusammen. Nun wählen Sie ein Familienmitglied, zum Beispiel den ältesten Sohn. Seine Aufgabe ist es, intuitiv zu erfassen, was die anderen Familienmitglieder denken. Alle können ihrer Intuition freien Lauf lassen. Der Sohn soll sofort sagen, was ihm „einfällt". Am besten wird das Resultat, wenn alle Familienmitglieder vorher das Kronen-Chakra geöffnet haben (s. Seite 76 f.).

Wichtig ist, dass alle Teilnehmer vorurteilsfrei bleiben. Es soll keine Meinung geäußert werden. Vor allem darf keine Projektion stattfinden. Wer sich dabei ertappt, sollte bewusst einen solchen Gedanken loslassen. Bei dieser Übung treten natürlich besonders zu Beginn viele der problematischen Situationen aus der Vergangenheit in Erscheinung. Achten Sie deshalb besonders darauf, jegliches Urteil, jede Kritik oder jede Übertragung zu unterlassen. Das ist sicherlich einer der schwierigsten Momente bei dieser Übung. Aber auf diese Art und Weise kann die Vergangenheit aufgearbeitet werden, ohne zu verletzen und leiden zu lassen. Gleichzeitig entsteht ein Gefühl der Verbundenheit, Basis für ein neues, gegenseitiges Verständnis.

Bei dieser Übung kann jeder auch sehr gut feststellen, auf welchem Kanal er am besten empfangen und auf welchem er am besten senden kann. Erinnern wir uns: Intuition kann sich äußern als Bild, Gefühl, innere Stimme, Farbe, Eingebung, Gedankenblitz und noch vieles mehr.

Wenn Sie müde und gereizt sind, wenn Sie abschalten und zu sich kommen wollen, damit Sie wieder mit sich selbst im reinen sind, damit wieder alles stimmt – Sie stimmig leben können –, dann machen Sie folgende Übung:

Der Weg ins „Nichts“

Ziehen Sie sich an einen ruhigen Ort zurück, an dem Sie niemand stört und Sie sich wohl fühlen. Machen Sie es sich bequem, schließen Sie die Augen und atmen Sie tief und ruhig. Stellen Sie sich dabei vor, dass Sie mit jedem Atemzug Ihren Ärger, Ihren Stress, Ihre Sorgen ausatmen. Und mit jedem Einatmen werden Ihr Geist, Ihre Seele und Ihr Körper mit reiner Energie versorgt. Sie werden immer leichter mit jedem Atemzug, weil alles von Ihnen abfällt, was Sie belastet. Und Sie spüren, wie Sie sich mit Kraft füllen, bis Sie wieder frei und kräftig sind, um in Gedanken in Ihre „lichte Innenwelt“ zu gehen.

Machen Sie sich auf den Weg. Es ist ein schöner Sommertag. Vor sich sehen Sie eine bunte Wiese. Sie schauen sich um und entdecken einen großen Baum in der Mitte der Wiese. Langsam gehen Sie auf den Baum zu und machen es sich darunter bequem, legen sich hin und schauen in den Himmel. Sie sehen die Wolken dahinziehen und richten Ihr Bewusstsein auf das Blau, das hinter den Wolken liegt. Immer stärker wird Ihr Bewusstsein, bis die Wolken verschwinden und nur noch das Blau zurückbleibt. Sie sehen nur noch blaue Farbe. Lassen Sie die beruhigende Ausstrahlung dieser Farbe auf sich einwirken. Sie gehen noch einen Schritt weiter, lassen das Blau verschwinden und erreichen das Nichts: Ihre eigene lichte Innenwelt. Sie sind vollkommen im Nichts, verschmelzen mit dem Nichts und sind eins mit ihm. Ein unbeschreibliches Gefühl der Sicherheit und der Ruhe durchströmt Sie. Sie sind voller Harmonie und tiefem inneren Frieden, denn Sie sind im Einklang mit sich selbst, mit Ihrer lichten Innenwelt. Und Sie spüren die Helligkeit, die Sie umgibt. Gleichzeitig wissen Sie, es ist Ihre eigene Helligkeit, Ihr Selbst, das Ihnen offenbart wird. Sie sind helles, strahlendes Licht – reine Energie.

Sie bleiben im Nichts, solange Sie es wünschen. Dann kehren Sie langsam über den blauen Himmel und die Wiese wieder zurück in das Hier und Jetzt. Tiefe Ruhe und Harmonie erfüllen Sie – und dieses Gefühl wird bei Ihnen bleiben. Sollten Sie einmal den Wunsch haben, dieses Gefühl neu zu beleben, dann wissen Sie, dass Sie jederzeit in Ihre lichte Innenwelt eintauchen können, indem Sie den Weg ins Nichts gehen.

Freunde – „intuitive Klärung einer Beziehung"

„Solange es dir gutgeht, hast du viele Freunde; der wirkliche Freund zeigt sich jedoch erst in der Not" – so heißt es in einem Sprichwort. Und wer hat sich nicht schon in seinen Freunden getäuscht. Doch Täuschung bedeutet nichts anderes als Fehleinschätzung. Wahre Freundschaft ist nicht immer klar ersichtlich. Der wahre Freund ist nicht derjenige, der immer Zeit für Sie hat, der alles verzeiht oder alles versteht. Der wahre Freund ist derjenige, mit dem Sie innerlich verbunden sind, auf den Sie sich verlassen können, der ehrlich zu Ihnen ist. Vielleicht sind Sie sich nicht sicher, ob Sie Ihrem langjährigen Freund in jeder Beziehung trauen können, ob sein Interesse an Ihrer Freundin rein platonisch ist oder ob andere Gründe hinter seinen Aktivitäten stecken. Auf jeden Fall schleicht sich bei Ihnen ein leises Misstrauen ein, wenn er schon wieder ein gemeinsames Segelwochenende vorschlägt, obwohl er weiß, dass Sie kein begeisterter Segler sind. Und Sie bemerken, dass Sie beginnen, ihn zu beobachten. Dann ist es höchste Zeit, Klarheit zu schaffen.

Denken Sie intensiv an Ihren Freund – lassen Sie sich dabei Zeit, lassen Sie alle Bilder in sich aufsteigen, nehmen Sie alle Gefühle wahr. Lassen Sie jedoch die Rolle des eifersüchtigen Beobachters hinter sich, gehen Sie über sich hinaus, gehen Sie in das Wahrnehmungszentrum, das *über* Ihrem Kopf liegt. Verlegen Sie ganz bewusst das Zentrum Ihrer Wahrnehmung nach oben. – Lassen Sie sich dafür Zeit.

Nun blicken Sie von dort oben auf die Beziehung zu Ihrem Freund. Seien Sie offen für alle „Eindrücke". Lassen Sie einfach geschehen.

Was fällt Ihnen ein? Welche Worte hören Sie, welche Bilder, Visionen steigen in Ihnen auf, welche Stimmen sprechen zu Ihnen, welche Symbole erscheinen vor Ihrem geistigen Auge? Lassen Sie alles zu.

Sie haben keine Eile. Nehmen Sie sich die Zeit für Klärung einer wichtigen freundschaftlichen Beziehung. Sie sehen verschiedene Alternativen mit all ihren Auswirkungen. Sie sehen die unterschiedlichen Möglichkeiten, wie sie einem Film gleich an Ihnen vorbeiziehen. Sie betrachten diese Filme.

Bleiben Sie so lange in Ihrem eigenen Heimkino, bis Sie zu „innerer Gewissheit" kommen, bis Sie bei einem Film – das kann aber auch ein Symbol, ein Gefühl etc. sein – wissen, dass dies Ihr Weg ist. Eine tiefe innere Sicherheit ergreift Sie, die Gewissheit – das ist mein wahrhaftiger und wirklicher Freund, und ich gehe den Weg mit ihm. Ich kann ihm vertrauen.

Bei dieser Vorstellung verspüren Sie eine große Sicherheit. Es gibt keine Fragen und keine Unsicherheiten mehr. Sie haben die Antwort, die stimmt. Und Sie verschmelzen mit dieser Vorstellung, werden eins mit Ihrer Frage und der Antwort.

Wenn Sie noch Fragen an Ihren Freund haben, so ist jetzt der richtige Zeitpunkt, sie zu stellen. Auf alle Fragen erhalten Sie eine ehrliche Antwort. Sie brauchen diese nur kommen zu lassen, nur den Kanal zu öffnen. Sie wissen nun, ob Ihr Freund wirklich Ihr Freund ist. Haben Sie Probleme mit Bekannten, Vorgesetzten, Nachbarn, Familienangehören? Sie können die Situation auf oben beschriebene Weise klären und wissen immer, woran Sie sind. Sie erkennen, welche Menschen Ihnen helfen, und spüren, welche Sie besser meiden sollten. Sie werden auch nicht mehr überrascht, denn Sie wissen bereits vorher, was geschieht, und haben genügend Zeit, sich darauf einzustellen. Sie sind somit immer im Vorteil, nichts kann Sie mehr aus der Bahn werfen.

Ihre Intuition leitet Sie in allen Lebensbereichen, sofern Sie ihr nur Gelegenheit geben, für Sie wirksam zu werden. Sie brauchen nicht lange darüber nachdenken, wie Sie Ihre Freizeit gestalten sollten, folgen Sie nur Ihrer inneren Stimme!

Sie gehen durch ein Sportgeschäft, um ein Paar Tennissocken für Ihre Tochter zu kaufen. Ihre Intuition führt Sie zu dem Tisch mit den Sonderangeboten und lässt Sie nach Wanderstiefeln greifen, obwohl Sie eigentlich kein sportlicher Typ sind. Sie hatten noch nie das Bedürfnis nach Bewegung. Strandurlaub, gemütliche Sonntage mit einem Buch auf der Couch und Sport nur als Zuschauer – das sind Ihre Vorstellungen von erfüllter Freizeit. Sie können sich nicht erklären, warum ausgerechnet Sie die Stiefel gekauft haben!

„Vielleicht passen sie ja meinem Bruder, sie geben ein gutes Geburtstagsgeschenk für ihn ab" – so denken Sie und sind zufrieden, wenigstens nachträglich eine passable Erklärung für Ihr seltsames Verhalten gefunden zu haben.

Der Vorfall fällt Ihnen erst wieder nach dem jährlichen Gesundheitscheck ein, bei dem Ihr Hausarzt Ihre Werte besorgt angeblickt und dringend zu einer sportlichen Betätigung geraten hat, um einer weiteren Gewichtszunahme vorzubeugen und den Blutdruck zu stabilisieren. Intuitiv hatten Sie zu den Stiefeln gegriffen, denn etwas in Ihnen hatte Sie zugreifen lassen. Ihre Intuition wusste schon lange, dass Sie diese Bergschuhe – und damit mehr Bewegung – dringend benötigten.

Denken Sie darüber nach. Haben Sie in der letzten Zeit ähnliche Erfahrungen gemacht?

Zur rechten Zeit am richtigen Ort das Richtige tun

Erfolg basiert auf diesem höchst einfachen Prinzip. Das Problem für das Heer der erfolglosen, unglücklichen Menschen liegt nur darin, dass es ihnen so selten gelingt, alle drei Komponenten zu verbinden. Sie können auf der innovativsten Erfindung sitzen bleiben, wenn die Zeit dafür noch nicht reif ist. Sie können damit dem Mann gegenübersitzen, der die Mittel hat, ihre Idee zu kaufen und zu realisieren. Sie sind sozusagen dem Durchbruch, dem Riesenerfolg, ganz nahe, sitzen ihm förmlich gegenüber. Doch wenn Sie bei dem Mann nicht „ankommen", wenn Sie eine falsche Verhandlungstaktik wählen, den falschen Kanal erwischen, so haben Sie nichts von Ihrer Idee. Und wenn Sie das Richtige sagen, Ihr Gegenüber aber nicht über die Mittel verfügt, Ihre Idee umzusetzen, oder der falsche Zeitpunkt gewählt ist, bringt Sie das auch nicht weiter. Sie sehen – es gibt nur einen Weg.

Unser Verstand ist hier wenig hilfreich, kann er doch nur linear denken und eindimensional erkennen. Folglich bleibt immer mindestens ein Aspekt unberücksichtigt. Die Überbewertung des sogenannten logischen Denkens hat uns dahin gebracht, wo wir heute sind. Jeder Mensch ist mit einem enormen Potenzial ausgestattet, doch sein Verstand erlaubt ihm nur, einen Minimalbereich davon zu nutzen. Und noch nicht einmal das ist von Erfolg gekrönt, da der Mensch als Opfer des Verstandes immer nur einen Aspekt nach dem anderen erkennt, anstatt mehrdimensional und gleichzeitig wahrzunehmen. Damit kann er mehr Möglichkeiten sehen und nutzen.

Wie wollen Sie sonst auch alles unter einen Hut bringen? Bleiben wir bei unserem Beispiel der grandiosen Erfindung. Ist es schon schwierig, die geeignete Firma zu finden, die unsere Erfindung umsetzen kann, wird es erst recht kompliziert, einen Termin bei der Person zu erhalten, die entsprechende Entscheidungsbefugnisse hat. Zum Boss wird kaum einer durchgelassen, und so landet unser Vorschlag bei einem Sachbearbeiter, der die Situation nicht richtig einschätzen kann und unsere Erfindung abschmettert. Außerdem besteht noch das Risiko, dass unsere Idee kopiert oder gestohlen wird. So scheitern viele bereits beim ersten Schritt.

Haben wir diese Hürden jedoch genommen, müssen wir unsere Idee „verkaufen“, die richtigen Argumente haben, die Firmenstrategie kennen und auch noch wissen, mit welchem Wort das Interesse des Managers geweckt werden kann. Möglicherweise sind wir mit unserer Erfindung unserer Zeit weit voraus. Ein kurzsichtiger Manager kann aber derzeit keine Verkaufsaussichten erkennen, und wir beginnen von vorn.

So verbringen die meisten Menschen den Großteil ihrer Lebenszeit damit, immer wieder neue Versuche zu starten, immer wieder das gleiche zu wagen – mit der Hoffnung, irgendwann einmal das Richtige zur richtigen Zeit am richtigen Ort zu tun. Dieser Versuch ist so alt wie die Menschheit. Ein schönes Beispiel finden wir dazu in Sisyphus, der dazu verdammt ist, in Ewigkeit einen Stein auf einen Berg zu rollen. Wenn er am Morgen erwacht, liegt der Stein wieder am Fuß des Berges. Er beginnt von neuem, um wieder und wieder festzustellen, dass er keinen Schritt vorankommt.

Und so rackern auch wir uns ab. Tag für Tag, Monat für Monat, Jahr für Jahr. Wir wechseln vielleicht das Produkt, den Wohnort, die Methode, ja sogar den Partner. Anfangs glaubt man ja noch, dass man sich nur nicht genügend angestrengt hätte, dass man den Stein mit mehr Kraft oder mehr Schwung nach oben rollen müsste. Doch im Laufe der Jahre stellt sich heraus, dass man keinen Schritt vorangekommen ist. Nur der Rücken ist gekrümmter, der Atem kürzer geworden, aber wir treten auf der Stelle, sind immer noch da, wo wir schon immer waren –, nur die Jahre sind vergangen.

Zur rechten Zeit am richtigen Ort das Richtige tun – das ist mit dem Verstand allein nicht erreichbar. So sollten wir es mit der Intuition versuchen, denn sie wirkt mehrdimensional, holistisch. Mit ihr können wir alle anderen überflügeln, sind nicht müde und abgearbeitet, sondern werden von Energie getragen und vom Erfolg angeregt. Sie wollen vorankommen? Dann gehen Sie mit mir!

Sie sollten als erstes natürlich wissen, *was* Sie wollen. Das ist die wichtigste Voraussetzung. Sie können nur etwas erreichen, wenn Sie auch wissen, was das sein soll. Dafür brauchen Sie nicht mehr so viel tun. Übergeben Sie Ihr Wunschziel Ihrer Intuition. Sie wird dafür sorgen, dass Sie zur rechten Zeit am rechten Ort sind und Ihnen im richtigen Augenblick die richtigen Worte „einfallen".

Sehen Sie den Weg vom Ziel aus

Sie suchen schon seit Jahren eine größere Wohnung, möchten in einer bestimmten Gegend wohnen und können nicht mehr als 500 Euro monatlich für die Miete ausgeben. Sie haben jede Woche die Wohnungsanzeigen gelesen und stundenlang telefoniert. Oft waren die Leitungen besetzt, und kam dann endlich eine Verbindung zustande, mussten Sie hören, dass die Wohnung bereits wieder vermietet war, der niedrige Mietpreis leider ein Druckfehler war oder aber andere für Sie nicht akzeptable Bedingungen gestellt wurden. Gelang es Ihnen doch einmal, einen Besichtigungstermin zu erhalten, stellte sich heraus, dass die Aussicht ins Grüne nach zehn Metern an einer Betonwand endete oder dass im Haus bereits eine bissige Dogge wohnte und Sie um das Leben Ihres Yorkshireterriers fürchten müssten. Sie kamen nicht einmal in den engsten Kreis der Bewerber. Mit dieser Methode, das sehen Sie, kommen Sie nicht weiter. Also aktivieren Sie Ihre Intuition durch eine Visualisierungsübung.

Sehen Sie sich selbst vor Ihrem geistigen Auge in Ihrer Wunschwohnung, in der richtigen Gegend, mit Blick ins Grüne, gut geschnitten, nette Nachbarn, Sicherheit für Ihre Kinder sowie eine akzeptable Miete. Schauen Sie sich diese Wohnung genau an, lassen Sie den Eindruck auf sich wirken. Ja, genießen Sie es, in Gedanken in Ihrer neuen Wohnung zu leben. Sie richten die Wohnung nach Ihren Wünschen ein, gehen durch die Wohnung, und Sie fühlen sich richtig gut. So gut, dass sich allein schon bei der gedanklichen Vorstellung ein körperliches Wohlbefinden bei Ihnen einstellt. Diese Vorstellung übergeben Sie Ihrer Intuition.

Lassen Sie geschehen. Sie brauchen keine Anzeigen mehr zu lesen oder mit Maklern zu telefonieren. Setzen Sie auf sich, auf Ihre Intuition!

Eine meiner Seminarteilnehmerinnen entschloss sich – nach Jahren der Wohnungssuche – dieses Problem ihrer Intuition zu übergeben. Sie hatte ja „nichts mehr zu verlieren" – Hoffnung und Mut waren auf der Strecke geblieben. Sie malte sich im Geist ihre Wohnung aus, übergab die Vorstellung der Intuition und kümmerte sich nicht mehr um die Angelegenheit. Einige Wochen später erhielt sie den Anruf einer Bekannten, die vor Jahren nach Italien gezogen war. Diese hatte fast alle Kontakte in der Stadt verloren. Ihre Mutter war gestorben, und nun musste sie die geerbte Wohnung vermieten. Sie wandte sich deshalb an meine Seminarteilnehmerin und bat um Unterstützung, da sie aus beruflichen Gründen wenig Zeit für Fahrten nach Deutschland hatte. Meine Seminarteilnehmerin sah die Wohnung – zwei Monate später zog sie ein und wohnt noch heute dort. Der Weg ist einfach:

- ★ vom Ziel aus sehen;
- ★ Wunschbild der Intuition übergeben;
- ★ loslassen und geschehen lassen;
- ★ der Intuition vertrauen.

Wenn Sie sich von Ihrer Intuition führen lassen, werden Sie ohne aktives Dazutun immer zur rechten Zeit am richtigen Ort sein, das Richtige sagen oder tun. Ich weiß, dass viele Menschen Angst haben, sich auf ihre Intuition zu verlassen. Doch wenn Sie es nicht ausprobieren, geben Sie sich selbst keine Chance und bleiben damit auf der Stelle stehen. Machen Sie einfach einen Schritt nach dem anderen.

Üben Sie, Ihrer Intuition überall dort zu folgen, wo es Ihnen zunächst keine Nachteile bringt, die Stimme der Intuition noch nicht so richtig zu verstehen ist, z.B. in unwichtigen Bereichen des Alltags. Auf diese Weise sammeln Sie Erfahrungen, lernen Intuition von Wunschdenken zu unterscheiden und gewinnen Sicherheit im Umgang mit Ihren intuitiven Fähigkeiten. Üben Sie:

- ★ *Parkplatzsuche:* Lassen Sie sich von innen zur richtigen Stelle leiten.
- ★ *Streckenauswahl:* Wenn Sie mit dem Auto fahren, folgen Sie nicht der Gewohnheit, suchen Sie nicht die kürzeste Strecke auf der Straßenkarte, sondern geben Sie das Ziel ein und schalten Sie den „inneren Autopiloten“ ein.
- ★ *Veranstaltungen, Konzerte, Kino:* Suchen Sie nicht danach, in welchem Kino ein bestimmter Film läuft, sondern lassen Sie Ihre Intuition wählen. Achten Sie dabei auch auf die Folgen.
- ★ *Bücher:* Gehen Sie in einen Buchladen, ohne die Absicht, ein bestimmtes Buch zu kaufen. Lassen Sie sich von innen leiten.
- ★ *Freizeitgestaltung:* Planen Sie nicht schon Wochen voraus, lassen Sie Ihre Intuition für Sie herausfinden, was im jeweiligen Augenblick gut für Sie ist.
- ★ *Folgen Sie Ihren intuitiven Gefühlen!*

Ein Beispiel: Hans war Sachbearbeiter in einer großen Firma. Er arbeitete zuverlässig und schnell. Trotzdem gab es für ihn keine Aufstiegschancen – das hatten Gespräche mit seinem Vorgesetzten und dem Personalchef ergeben. Hans wollte weiterkommen und wusste, dass er die Voraussetzungen für eine Karriere im Finanzbereich hatte. Mit gemischten Gefühlen hörte er, dass der stellvertretende Abteilungsleiter Finanzen gekündigt hatte. Er wusste, dass es sinnlos war, sich für diese Position zu bewerben, weil bereits ein Nachfolger aus einer Tochterfirma vorgesehen war. Das hatten ihm der Betriebsrat wie auch sein Vorgesetzter bestätigt. Einige Tage danach hatte Hans während der Arbeitszeit einen plötzlichen Heißhunger auf etwas Süßes. Er ging in die Kantine und traf auf dem Rückweg im Lift den kaufmännischen Direktor. Ohne zu überlegen, sprach Hans ihn direkt auf die zu besetzende Stelle an – und erhielt sie überraschenderweise.

Was war geschehen? Hans war seiner intuitiven Eingebung gefolgt, hatte seinen Schreibtisch zu einem Zeitpunkt verlassen, der ihm ein Treffen mit dem Direktor ermöglichte. Dann hat er intuitiv den Mann angesprochen, ohne sich an die üblichen hierarchischen Regeln zu halten, und dann noch die richtigen Worte gefunden!

Machen Sie es auch so. Sie können wirklich überall üben. Jeder Tag gibt Ihnen reichlich Gelegenheit, die intuitiven Kräfte in Ihrem Inneren zu erwecken. Vergessen Sie nie:

★

Alles, was Sie brauchen, liegt in Ihnen!

★

Wenn Sie erst einmal einige praktische Erfahrungen gesammelt haben, wachsen die Sicherheit und das Vertrauen in Ihre Intuition. Sie wissen ganz einfach, dass Sie selbst in keine Situation einzugreifen brauchen. Das Richtige geschieht von selbst, wenn Sie geschehen lassen – wenn Sie Ihre Intuition zulassen. Gehen Sie in kleinen Schritten voran.

Weiten Sie mit der Zeit die Übungen aus. Hören Sie in sich hinein, fragen Sie sich immer wieder, wie sich Ihre Intuition bemerkbar macht. Auch wenn Sie bisher glaubten, dass die Intuition sich Ihnen über die innere Stimme zeigt, so sollten Sie trotzdem auch die anderen Empfangskanäle offenhalten. Spüren Sie nach, was Sie fühlen, wie Sie fühlen, in welchen Situationen Sie Intuition am ehesten bemerken. Je besser Sie sich kennen, desto freier kann Ihre Energie fließen, desto mehr Entfaltungsmöglichkeiten geben Sie Ihrer Intuition.

Haben Sie bisher nur bei Kleinigkeiten intuitive Impulse gespürt und intuitiv gehandelt, dann weiten Sie jetzt langsam die Bereiche aus. Machen Sie immer nur dann den nächsten Schritt, wenn Sie sich ganz wohl fühlen und Sicherheit in sich verspüren. Versuchen Sie nicht, einen Erfolg zu erzwingen. Sie erreichen damit nur das Gegenteil. Intuition lässt sich nicht zwingen, lässt sich nicht herbeireden. Intuition geschieht sehr oft dann, wenn wir aufhören zu denken, wenn wir uns nicht mehr mit dem Problem befassen. Dann macht es plötzlich „Klick“, und die Lösung liegt vor uns. Intuition schlägt eigene, vielleicht anfangs für Sie noch ungewohnte Wege ein. Doch je öfter Sie intuitive Entscheidungen treffen, desto mehr gewöhnen Sie sich an Ungewöhnliches, Ausgefallenes. Geben Sie der Intuition mehr Raum zum Wirken, damit Ihr Leben erfüllt und erfolgreich werden kann. Es geht dabei gar nicht darum, in kurzer Zeit eine große Anzahl intuitiver Erfolge aufweisen zu können. Viel wichtiger ist, innere Stimmigkeit und Sicherheit zu fühlen und ein tiefes Vertrauen zu sich und den eigenen Kräften zu entwickeln. Gehen Sie behutsam vor, achten Sie immer auf Ihre Empfindungen – Intuition ist ein Teil von Ihnen!

Als Nächstes können Sie daran gehen, Ihre Ziele durch Fragen zu erreichen. Beispielsweise suchen Sie in einer fremden Stadt das Hotel, in dem Sie Ihr Zimmer gebucht haben. Finden Sie den Weg, ohne den Stadtplan zu Hilfe zu nehmen. Fragen Sie sich nach der Richtung, ob Sie rechts oder links abbiegen sollen. Hören Sie auf Ihre Intuition.

Oder Sie suchen in einem Buch eine bestimmte Stelle. Lassen Sie sich von innen führen, ohne einen Blick auf das Inhaltsverzeichnis zu werfen. Schlagen Sie das Buch auf. Haben Sie die gesuchte Stelle auf diese Weise gefunden?

Erledigen Sie Ihre Telefonate nicht nach einer bestimmten Reihenfolge, sondern nach Ihrer inneren Stimme. Rufen Sie Ihre Mutter nicht deshalb an, weil Sie schon drei Tage nicht mehr mit ihr gesprochen haben und sich nun verpflichtet fühlen, das nachzuholen. Fragen Sie Ihre Intuition, wann Sie anrufen sollen, und rufen Sie dann an, wenn Sie in sich das Gefühl verspüren, jetzt mit ihr sprechen zu wollen. Sie werden in diesem Fall den besseren Zeitpunkt für ein gutes Gespräch wählen. Ihre Mutter wird nicht gerade mit etwas anderem beschäftigt sein und wird Zeit und Ruhe für das Gespräch haben. Sie wird offen für Sie sein.

Fragen Sie Ihre Intuition bei allem, was Sie gerade tun und planen. Lassen Sie ruhig auch Ihrer Phantasie freien Lauf, wenn es um Entscheidungen geht. Machen Sie das Spiel „Was wäre, wenn ich …“

- … Millionär wäre?
- … in Afrika leben würde?
- … fünf Kinder hätte?
- … keine Kinder hätte?
- … erfolgreicher Politiker, Manager, Maler wäre?

* … 20 Jahre / 80 Jahre alt wäre?
* … ich gesund, arm, alt, jung wäre etc.?

Sie können dieses Spiel allein für sich spielen, aber auch mit anderen zusammen. Diese Gedanken aktivieren die rechte Hemisphäre des Gehirns. Oder machen Sie das Spiel, das ich „Erzählungen à la *Jenseits von Afrika*“ nenne: In einer Gesprächsrunde sagt einer der Teilnehmer einen Satz, ein anderer Mitspieler lässt daraus eine Geschichte, ein Märchen entstehen.

Zum Beispiel: Es war einmal eine Frau, die, anstatt wie jeden Tag ins Büro zu fahren, zum Flughafen fuhr und sich ein Ticket nach New York kaufte... Oder: Ein erfolgreicher Unternehmer sah bei einer Geschäftsreise einen schäbigen Bettler vor seinem Hotel sitzen und erkannte in diesem zerlumpten Mann einen Schulfreund, den ehemaligen Klassenbesten...

Erzählen Sie weiter, nehmen Sie den Faden auf und lassen Sie aus Ihrer Intuition heraus eine Geschichte entstehen. Vielleicht ergibt sich beim Erzählen sogar ein wichtiger Hinweis für die Lösung eines Problems oder ein ganz neuer Denkanstoß für die Verbesserung eines Arbeitsprozesses in Ihrer Firma.

Eine andere gute Methode, Intuition wirken zu lassen, ist das „Mind Mapping“. Anstatt zu versuchen, eine Aufgabe linear – also mit der linken Gehirnhälfte – zu lösen, beziehen Sie die rechte Seite in den Prozess mit ein. Nehmen Sie ein großes Blatt Papier und zeichnen Sie einen großen Kreis. In der Mitte notieren Sie die Ausgangsbasis, die Aufgabenstellung oder das Problem. Nun schreiben Sie jeden Gedanken, der Ihnen dazu einfällt – und sei er noch so verrückt, noch so ausgefallen –, in den Kreis. Sie können Ihren Ideenplan auch in Form eines Baumes darstellen und das Ganze bunt ausmalen. Alles, was Ihre Kreatitivität anregt, ist erlaubt und erwünscht. Sie können völlig unlogisch vorgehen, brauchen keinen Zeitablauf und keine Regeln einzuhalten. Sie dürfen absolut frei denken. Und wenn Sie dann das Resultat betrachten, wird es besser, reichhaltiger und treffender sein als all Ihre in einzelne Kriterien aufgelisteten Lösungen. Auf diese Art und Weise können Sie Ideen entwickeln, Probleme lösen, Aufgaben meistern, ja sogar lernen können Sie dabei.

Sie haben inzwischen Ihre Fähigkeiten immer mehr entfaltet, überlassen immer größere Bereiche Ihres Leben der Intuition. Sie sehen, dass sich Ihr Leben und Ihr Blickfeld verändert haben, dass sich Ihnen andere Perspektiven eröffnen. Auch können Sie mit den manchmal etwas spöttischen Äußerungen Ihrer Freunde gut umgehen. Es stört Sie nicht mehr, Ihre Entscheidungen, Ihre Pläne oder Ihr Handeln nicht logisch erklären und begründen zu können. Doch haben Sie sicher auch bemerkt, dass die Zahl der Kritiker geringer und die Stimmen der Zweifler leiser werden.

Wenn Sie an früher denken, erinnern Sie sich, wie anstrengend Ihr Leben war – immer darauf zu achten, keinen Fehler zu begehen, kein falsches Wort zu sagen, kein Argument zu vergessen und in ständiger Anspannung sein, immer unter Druck stehen –, dementsprechend müde und erschöpft waren Sie. Spüren Sie, wie Ihr Leben sich in der Zwischenzeit verändert hat, seit Sie mehr auf Ihre intuitiven Fähigkeiten und weniger auf Ihren Verstand setzen? Ihr Leben ist rundum harmonischer geworden. Die Stimmung in Ihrem Umfeld ist besser und ausgeglichener, Sie haben mehr Erfolg, mehr Elan und mehr Freude am Leben und sind nicht mehr so erschöpft und überlastet. Und all das, ohne eine äußere Veränderung. Das Geheimnis liegt ganz einfach in der Tatsache begründet, dass Sie häufiger zur rechten Zeit am rechten Ort sind, die richtigen Worte finden, das Richtige tun und auch zur rechten Zeit schweigen können.

Der Schritt von der Intuition zur Super-Intuition ist nicht schwer, der Übergang vollzieht sich fließend. Integrieren Sie Intuition in zunehmendem Maße in Ihr Leben, und Super-Intuition geschieht dann fast von selbst: Sie suchen nicht mehr nach Details, sondern visieren nur noch Ihr Ziel an. Sie fragen dann nicht mehr an der Kreuzung: „Soll ich rechts fahren?“ Sie denken nur noch an Ihr Hotel oder an die Adresse, und Ihre Intuition übernimmt die Führung. Sie wissen an jeder Kreuzung, welche Richtung Sie einschlagen müssen, um sicher Ihr Ziel zu erreichen. Schalten Sie nur Ihren intuitiven Autopiloten ein, und er nimmt Ihnen die Arbeit und die damit verbundenen Anstrengungen ab. Überlassen Sie es dem Meister in Ihnen, Sie dorthin zu führen, wo es für Sie am besten ist.

Von der Intuition zur Super-Intuition

1. Schritt

Üben Sie im Alltag bei allem, was Sie gerade tun. Entwickeln Sie ein Gespür für Ihre Intuition, und üben Sie die „Wahrnehmung Ihrer Wahrnehmung". Lernen Sie, Ihrer Intuition zu vertrauen.

2. Schritt

Erwarten Sie, dass Ihnen die richtige Lösung oder die Antwort auf ein Problem „ein-fällt", sobald Sie Gedankenstille herstellen. Das wird Ihr Vertrauen in Ihre Intuition verstärken. Machen Sie sich Ihre wachsenden Erfolge bewusst, und lernen Sie auf dem Weg dahin aus den anfänglichen Misserfolgen. Lernen Sie, echte von scheinbaren Informationen zu unterscheiden.

3. Schritt

Leben Sie in der „Geistes-Gegenwart", und bleiben Sie so ständig „auf Empfang" für Ihre Intuition. „Treffen" Sie Entscheidungen, indem Sie in und aus der Intuition leben. Lassen Sie sich von Ihrer zuverlässigen inneren Gewissheit führen. Richten Sie Ihr Bewusstsein auch auf die Zukunft, und sehen Sie Ereignisse und Entwicklungen rechtzeitig vorher. Erleben Sie, dass Intuition von ihrem Wesen her frei ist von Irrtum.

Die innere Führung sollte nicht nur für die kleinen alltäglichen Entscheidungen in Anspruch genommen werden, in viel größerem Maße ist sie wichtig für Ihr Leben als Ganzes, für die Partnerschaft, für den Beruf, für die Gesundheit – für alles, was Ihr Leben ausmacht, was wichtig für Sie ist. So werden Sie der, der Sie wirklich sind, ein ganzer, ein vollkommener Mensch.

Die „kontemplative Affirmation"

Die „kontemplative Affirmation" ist das Versinken in die Einheit mit einem geistigen Wert, aber auch mit einem Menschen oder einer Sache. Sie hilft Ihnen, in einen Zustand tiefer Ruhe zu kommen, loszulassen und Intuition geschehen zu lassen.

Wahre Kontemplation setzt die Stille der Gedanken voraus, so dass der Geist sich in einem ganz natürlichen Zustand der Ruhe, des Friedens und der Freiheit befindet. Um diesen Zustand einzuleiten, können Sie sich in der Rolle eines Beobachters sehen. Sie beobachten sich selbst. Dabei werden Sie ruhig und ruhiger. Wenn Sie sich in tiefer innerer Ruhe befinden, können Sie mit der Kontemplation des Tuns beginnen.

Das bedeutet, dass Sie sich ganz in Ihr Handeln vertiefen bzw. in das, was gerade geschieht, indem Sie Ihre volle Aufmerksamkeit auf das richten, was Sie gerade tun oder was gerade geschieht. Lassen Sie sich dabei von nichts ablenken.

Sie können sich auch ganz in Ihr Ziel versenken. Einen optimalen Zustand erreichen Sie dabei, wenn Sie sich auflösen – dabei wird das Ich unwesentlich, während Ihr Selbst immer bewusster erscheint.

Sie können sich an der unmittelbaren Erfahrung freuen und lernen, auch eine unangenehme Erfahrung zu genießen. Dies mag für Sie eine ganz neue Empfindung sein, die Ihr Leben auf eine andere Ebene hebt, damit Sie Harmonie in allem, was geschieht, erfahren.

Es handelt sich um einen Zustand der vollkommenen Gelöstheit vom Ich, von der Person, die handelt. Es ist ein Zustand, in dem es weder Persönlichkeit, noch Beobachter, noch Wahrnehmenden gibt – es existiert nur noch Wahrnehmung. Nur in einem solchen Zustand können Sie versinken in die Einheit mit etwas anderem, Höherem – und Sie gelangen zu der Erkenntnis, dass es nichts anderes gibt. Sie befinden sich in einem Zustand der Leere, erfahren die Leere des Nirwana.

Es ist dies die Rückkehr in die Wirklichkeit, die wahre Realität, die hinter aller Erscheinung existiert – ein Zustand des Erkennens, dass Wirklichkeit alles ist, was möglich ist, und nicht nur das, was in Erscheinung tritt. Es gibt dann nicht mehr das eine und etwas anderes, sondern nur noch *Das Eine*. Verbunden mit diesem erkennenden Gefühl ist das Erleben der erkennenden Einsamkeit Gottes: „Außer mir gibt es nichts." So entstanden das „Etwas", die Absichtslosigkeit, gleichzeitig die Erkenntnis: *Die Eine Kraft*, Gott, geht nur gleichberechtigte Partnerschaften ein. Als Jesus sagte: „Ihr sollt vollkommen sein, wie der Vater im Himmel vollkommen ist!" war das keine Aufforderung, sondern eine Feststellung.

★

Der „Weg der Meisterschaft" ist die Erkenntnis,
dass Sie ***jetzt*** *bereits vollkommen* ***sind!***

★

Fehler vermeiden

Es gibt Menschen, die ihre Erziehungsmethode nach dem Motto „aus Erfahrung lernen" soweit treiben, kleine Kinder ruhig mit der Hand auf eine heiße Herdplatte fassen zu lassen. Das Kind wird sicher kein zweites Mal eine heiße Platte berühren. Doch in anderen Fällen hat eine solche Einstellung nicht den erwünschten Erfolg. Es ist nämlich durchaus möglich, falsche Konsequenzen aus negativen Erfahrungen oder Fehlern abzuleiten. Wie das kleine Kind, so vermeidet auch der Erwachsene dann meist Situationen, die er einmal als unangenehm oder schmerzhaft erfahren hat.

Damit kann ein Mensch sich enorm einengen, weil sich in seinem Inneren ein Verhaltensmuster entwickelt, das ihn veranlasst, sich keiner Herausforderung mehr zu stellen. Er geht in keine Prüfung mehr, weil er einmal durchgefallen ist, er zeigt nie mehr seine Gefühle, weil er einmal abgewiesen wurde, oder macht dem Chef keine Verbesserungsvorschläge mehr, weil der erste Vorschlag nicht sofort angenommen wurde. Und damit bringt er sich selbst um die enormen Möglichkeiten, die in ihm stecken. Anstatt seine Fähigkeiten zu entdecken und zu entwickeln, bleibt er auf einer Stufe stehen, weil er „aus seinen Fehlern" lernt und sich nicht mehr der Lächerlichkeit preisgeben und keine Abfuhr mehr erhalten will.

Andere Menschen analysieren ihre sogenannten Fehler, denken ständig darüber nach, woran es gelegen haben könnte, dass sie die Fragen nicht richtig beantworten konnten, obwohl sie monatelang für diesen wichtigen Test gelernt hatten. Sie leben damit mehr in der Vergangenheit als in der Gegenwart. Durch die ständige Beschäftigung mit ihrem Versagen werden sie nur noch unsicherer und meiden die nächste Prüfung – oder gehen total verkrampft in die Prüfung. Das Ergebnis kann kaum besser werden.

Wer sein Handeln hingegen von seiner Intuition bestimmen lässt, der wird nicht in solche Situationen geraten. Intuitiv weiß er, was für ihn richtig ist. Er muss nicht auf schmerzhafte Weise lernen, indem er sich zuerst die Finger verbrennt. Er braucht auch nicht jedes Detail zu analysieren, denn seine Intuition weiß – lange bevor sein Verstand überhaupt zu arbeiten beginnt –, was er tun soll. Denken Sie nur daran, wieviel glücklicher die Menschheit wäre, würde sie den intuitiven Kräften mehr Raum im Leben geben.

Fehlentscheidungen im Beruf wie im Privatleben müssten nicht mehr sein. Die Beziehungen wären glücklicher, weil intuitiv jeder den richtigen Partner wählen und nicht nach Äußerlichkeiten entscheiden würde. Intuitiv könnte jeder erkennen, wer wirklich und langfristig zu ihm passt. Die meisten Menschen müssten nicht jeden Morgen müde und lustlos in ihre Firma fahren, um dort eine Tätigkeit auszuüben, die nicht ihren wirklichen Fähigkeiten entspricht. Sie könnten einen Beruf wählen, der Be-rufung ist und Freude, Befriedigung, Erfüllung und nicht zuletzt auch Erfolg bringt.

Chefs müssten sich bei der Einstellung von Mitarbeitern nicht mehr auf Zeugnisse verlassen, sondern würden intuitiv den Kandidaten auswählen, der in das Team passt und für die Firma von Gewinn ist. Es würden auch keine Fehlinvestitionen mehr getätigt, keine unsinnigen Planungen, die auf heutigen Daten basieren und morgen bereits überholt sind. Vielmehr könnten heute richtige Entscheidungen auch für die ferne Zukunft getroffen werden, wenn die Intuition zu Rate gezogen würde und nicht die Zahlen.

Jeder Fehler kostet Zeit, Geld und Nerven. Wieviel Energie haben Sie schon in Ihre Fehler investiert? Der falsche Partner kostet Kraft, Nerven und möglicherweise viel Geld; falsche Freunde sind ebenso kostspielig; Fehler bei beruflichen Entscheidungen können bankrott machen und noch dazu die Gesundheit ruinieren.

Sie brauchen nicht mehr aus Fehlern zu lernen und auch keine mehr zu machen. Übergeben Sie die Entscheidungen, die zu treffen sind, Ihrer Intuition. Hören Sie auf Ihre innere Stimme bei allem, was Sie tun, und zögern Sie nicht, ausgefallene Dinge zu unternehmen. Intuition bedeutet nicht, sich exakt so zu verhalten wie alle anderen Menschen. Intuitive Menschen fallen dadurch auf, dass sie in der Lage sind, Außergewöhnliches zu schaffen. Doch nicht alles Außergewöhnliche ist auch Intuition. Wenn ein unbekannter Schauspieler sich plötzlich auf der Straße splitterfasernackt auszieht, weil er einen bekannten Regisseur in der Menge entdeckt hat und auf sich aufmerksam machen will, dann muss sein Verhalten nicht unbedingt einem intuitiven Einfall entspringen. Bemerkt ihn jedoch der Regisseur, der gerade einen Hauptdarsteller für seinen neuen Film sucht, und engagiert in von der Stelle weg, weil er absolut der Typ ist, den er sich vorstellt, dann muss sein Verhalten intuitiv geprägt gewesen sein.

Ich erinnere mich sehr gut an eine Begebenheit aus der Zeit, als ich noch als Unternehmensberater tätig war. Es ging um den Verkauf einer Firma, den ich vorzubereiten und durchzuführen hatte. Es war eine langwierige, komplizierte Angelegenheit, und ich arbeitete monatelang an dem Vertrag. Ich weiß nicht mehr genau, wie viele Fassungen entstanden und wieder verworfen wurden, weil hier ein Detail nicht passte, dort der Firmeninhaber mit einer Formulierung nicht einverstanden war, dann wieder der Käufer etwas auszusetzen hatte. Immer wieder wurde umformuliert, neu formuliert, dann wurden wieder ganze Passagen gestrichen. Wie gesagt, es waren Monate harter Arbeit, bis endlich der Vertrag stand und beide Seiten zufrieden waren. Ich hatte den endgültigen Vertrag Wort für Wort durchgearbeitet, den Text mehrmals gelesen, bevor er dann endlich zum Notar geschickt wurde. Als er notariell bestätigt werden sollte, ging ich zum Termin mit dem angenehmen Gefühl der Erleichterung und innerer Zufriedenheit, die Aufgabe bestens erledigt zu haben. Ich erinnere mich noch sehr gut daran, dass der Notar den Vertragstext verlas – so wie das üblich ist:

schnell, ohne Punkt und Komma. Keiner konnte ein Wort verstehen. Und die Beteiligten mussten ja eigentlich auch nichts verstehen, sie kannten die Vereinbarung inzwischen fast auswendig. Der Notar reichte mir den Füller zur Unterschrift – und ich zögerte. Der Notar wiederholte: „Bitte unterschreiben Sie hier." Ich stand da mit dem Stift in der Hand und war unfähig zu unterschreiben. Die Sekunden schienen wie Stunden, ich war wie gelähmt. Alle Anwesenden starrten auf mich und ich hörte förmlich ihre Gedanken: „Warum unterschreibt er nicht, er hat doch den Vertrag gemacht." Ich blickte in verständnislose Gesichter, als ich sagte: „Ich kann nicht unterschreiben. Ich möchte den Vertrag noch einmal durchlesen." Die Situation war äußerst peinlich. Die Sitzung wurde abgebrochen, ein neuer Termin vereinbart. Ich las dann den Vertrag noch einmal – und obwohl ich ihn vorher schon viele Male durchgearbeitet hatte, bemerkte ich jetzt, dass an einer entscheidenden Stelle das Wort „nicht" fehlte. Die Folgen wären katastrophal gewesen, hätten den finanziellen Ruin meines Klienten bedeutet. Eine Entschuldigung des Notariats folgte; es wäre ein Tippfehler, hieß es. Wäre ich nicht dem inneren Gefühl gefolgt und hätte statt dessen auf den Verstand gehört, der in dem entscheidenden Moment sagte: „Du kennst den Text auswendig. Was ist los? Es muss alles in Ordnung sein. Unterschreibe endlich, alle starren dich schon an", hätte ich einen enormen Fehler gemacht.

Ich weiß, wie schwer es ist, in derartigen Situationen dann wirklich „gegen jede Vernunft" zu handeln, denn die Stimme der Vernunft ist uns viel geläufiger, ist viel lauter als die der Intuition. Die Stimme der Vernunft kennen wir von klein auf, haben uns immer auf sie verlassen. Nach der Vernunft werden wir auch beurteilt. In einem solchen Moment zu sagen: „Ich habe das Gefühl, hier stimmt etwas nicht", erfordert viel Mut und Sicherheit. Sie können diese Sicherheit trainieren und bringen dann, wenn es darauf ankommt, auch den Mut auf, Ihrem Impuls zu folgen, der besser als der Verstand weiß, was richtig ist.

Ich kann nur wiederholen: Üben Sie in unwichtigen Situationen, Ihrer Intuition zu folgen. Mit jeder positiven Erfahrung wird Ihr Vertrauen stärker, und es fällt Ihnen leichter, auf Ihre

Intuition zu hören. Sie machen weniger Fehler, haben größere Erfolge und gewinnen mehr Vertrauen zu Ihrem wahren Selbst. Ihre Wahrnehmungsfähigkeit für die Intuition vergrößert sich. Vielleicht haben Sie anfangs immer auf Ihre innere Stimme gehört, doch jetzt nehmen Sie umfassender wahr – erkennen das Ganze, sehen nicht mehr nur ein einziges Detail, hören nicht nur die Stimme.

Entscheidungen „treffen"

Eines erfolgt aus dem anderen. Fehler vermeiden beinhaltet gleichzeitig, richtige Entscheidung zu „treffen". Wie das Wort prägnant aussagt, stimmen die Entscheidungen, weil Sie (ins Schwarze) treffen. Wenn Sie nicht immer gleich intuitiv wahrnehmen, welche Entscheidung richtig, also stimmig ist, dann fragen Sie ganz konkret Ihre Intuition. Tun Sie das mit der Ampel-Übung oder mit dem Armtest. Die Anleitung zu diesen Entscheidungshilfen finden Sie in Kapitel 5. Auch hier kann Ihnen viel praktisches Üben in Alltagssituationen zu größerer Sicherheit verhelfen. Fragen Sie einfach Ihre Intuition.

- Wenn Sie einen Mantel kaufen möchten: welcher Stoff, welche Farbe, welches Modell, in welches Geschäft sollen Sie gehen? – Vergleichen Sie mit Ihren bisherigen Einkaufserfahrungen: Haben Sie intuitiv besser, günstiger und schneller einen Mantel gefunden?
- Wenn Sie in Urlaub fahren wollen: wohin, wann (wenn nicht bereits vorgegeben), welche Art von Urlaub, wo Angebote einholen etc. Prüfen Sie nach dem Urlaub: War der Urlaub besser/erholsamer/schöner für Sie als frühere Urlaube?
- Wenn Sie eine Party machen wollen: wen einladen, welche Art von Party soll es sein (Sektfrühstück, Buffet, Spaghetti-Essen usw.)? Überprüfen Sie: War die Gästezusammenstellung optimal, die Stimmung gut, hat alles „gepasst"?
- Wenn Sie einen neuen Job suchen: wo Sie suchen, auf welche Angebote Sie sich bewerben sollen, evtl. auch auf eine

ganz außergewöhnliche Art, ob Sie anrufen oder sich lieber schriftlich bewerben sollen? Sie werden feststellen, dass Sie sich viel Zeit und Mühe sparen, wenn Sie intuitiv entscheiden.

Paul suchte seit einem Jahr eine Stelle. Er hatte sich für viele Positionen beworben, auch für solche, die weit unter seinem beruflichen Niveau lagen. Trotzdem hatte er keinen Erfolg. Schweren Herzens rang er sich sogar zu der Entscheidung durch, seine geliebte Heimat zu verlassen, um Arbeit auch im Ausland zu suchen. Er hoffte, als Deutschlehrer eine bessere Chance zu haben. Und tatsächlich erhielt er ein Angebot vom Goethe-Institut in Madrid. Paul freute sich, endlich eine Stelle zu bekommen, wurde aber unglücklich, als er sich konkret mit einem Umzug befasste. Er flog nach Madrid, stellte sich vor und nahm auch seine künftige Umgebung in Augenschein. Die Stelle schien interessant und auch gesichert, die Stadt gefiel ihm, und er kehrte mit einem positiven Eindruck nach Hause zurück.

Trotzdem sagte er den Job eine Woche später ab. Das war unerklärlich für seine Freunde. Doch Paul hatte alles noch einmal in aller Ruhe auf sich wirken lassen. Und mit einem Mal wusste er, dass er absagen musste. Er tat dies ohne Bedauern und sehr ruhig. Nicht nur seine Freunde, auch er war verwundert über die Sicherheit und die Ruhe, mit der er seinen Entschluss durchführte. Es dauerte dann noch fast vier Monate, in denen Paul sich viel weniger als bisher um einen Arbeitsplatz kümmerte. Dann sah er eines Tages eine Anzeige, in der ein Lehrer für eine Privatschule gesucht wurde. Er bewarb sich und erhielt diese Stelle – heute ist er stellvertretender Direktor dieser Schule und mit der Arbeit zufrieden und glücklich.

Er hat seine Entscheidung intuitiv getroffen – eine bessere hätte er nicht treffen können. Die Stelle in Madrid ist übrigens inzwischen Sparmaßnahmen zum Opfer gefallen; der Lehrer, der sie besetzt hatte, ist arbeitslos...

Gesundheit

Sie glauben, dass Gesundheit und Intuition nichts miteinander zu tun haben? Weit gefehlt! Sicher kennen Sie Menschen, die immer gesund sind, aber offenbar nichts für ihre Gesundheit tun, während andere von einem Arzt zum anderen laufen, ständig Pillen schlucken und trotzdem andauernd über körperliche Beschwerden jammern. Und es will so gar nicht einleuchten, dass Gesundheit anscheinend so ungerecht verteilt wurde. Betrachten Sie die Menschen und ihre Lebensweise genau, können Sie eine interessante Entdeckung machen.

Gesunde Menschen haben eine positive Lebenseinstellung. Aber nicht nur das: Sie leben intuitiv und lassen sich leiten von ihrem inneren Meister, wählen die Lebensmittel, die gut für sie sind, tun intuitiv alles, was förderlich für ihre Gesundheit ist. Und weil die Menschen unterschiedlich sind, ist es auch die Art und Weise, in der sie etwas für ihre Gesundheit tun. In einem jedoch stimmen alle gesunden Menschen überein: Sie leben in Harmonie mit sich selbst, aus ihrem Inneren heraus und sind wahres Selbst. Innere Gesundheit, das ist innere Freiheit, frei fließende Energie, Ausgeglichenheit zwischen Kopf, Herz und Bauch.

Dieses innere Gesund-Sein drückt sich wiederum körperlich aus. Jedes körperliche Symptom, jedes Unwohlsein, jede Erkrankung ist nichts anderes als ein sichtbares Zeichen, dass in unserem Inneren etwas nicht ganz in Ordnung ist, dass wir Probleme nicht lösen können oder starr an alten Strukturen festhalten. So ist Krankheit not-wendig für uns, um diesen Mangel in uns selbst zu erkennen. Dann können wir auch etwas unternehmen, um wieder heil zu werden.

Die Lebensumstände, die Gesundheit – alles ist ein Spiegelbild des inneren Zustands eines Menschen. Die kleine Persönlichkeit zieht ein bequemes Leben vor, während die Seele sich weiterentwickeln möchte. Wird die Seele daran gehindert, vernachlässigt der Mensch sein tiefes Selbst. Damit er auf diesen Fehler überhaupt aufmerksam wird, zeigt der Körper durch Beschwerden und Schmerzen, dass etwas nicht in Ordnung ist.

Wer sein Leben seiner Bestimmung gemäß lebt, wird nicht krank bzw. erkennt in jedem körperlichen Symptom die seelischen Ursachen. Der Körper ist lediglich Ausdrucksmittel unseres Bewusstseins. Das beste Mittel für unsere Gesundheit ist ein Leben im wahren „Selbst-Bewusstsein".

Körperliche Beschwerden zeigen uns also, dass etwas in uns nicht stimmt – wir nicht stimmig, nicht ganz sind. Sollten Sie krank sein, dann seien Sie nicht traurig, hadern Sie nicht mit dem Schicksal. Machen Sie sich lieber die wirklichen Zusammenhänge bewusst, denn dann erkennen Sie auch einen Weg, wieder gesund zu werden – ohne Tabletten, ohne teure Therapien. Sie selbst können Ihre Situation verändern, wenn Sie das auflösen, was Sie krank macht. Wer immer seiner inneren Stimme folgt, der Stimme des inneren Meisters, der Stimme des *Wahren Selbst*, ist nicht krank, denn er lebt in Harmonie im Innen sowie im Außen.

Wenn Sie nun krank sind, Schmerzen haben, sich nicht wohlfühlen, dann verzweifeln Sie nicht, sondern übergeben Sie dieses Problem Ihrer Intuition. Bitten Sie darum, Ihnen die inneren Hindernisse aufzuzeigen und Ihnen zu helfen, Blockaden und negative Gedanken abzubauen, damit Sie Sie selbst sein können. Antworten können Sie im Traum erhalten oder durch plötzliche Eingebungen. Sie lesen in einer Zeitschrift einen Artikel über die Beziehungsprobleme bekannter Schauspieler. Plötzlich wissen Sie, dass es auch in Ihrer Beziehung kriselt und Sie es nur nicht richtig wahrhaben wollten. Und Sie wissen in diesem Moment auch, dass Ihre unbefriedigende Partnerbeziehung die Ursache ist für Ihre körperlichen Beschwerden. Diese Erkenntnis fällt Ihnen „wie Schuppen von den Augen". Sie sehen Ihre Situation ganz klar und deutlich, wissen jetzt, warum Ihr Magen streikt und Sie jeden Tag beim Aufstehen so müde sind. Gleichzeitig wird Ihnen klar, dass die Tabletten, die Ihnen Ihr Arzt verschrieb, nicht helfen können, weil sie lediglich den Magen, nicht jedoch das wirkliche Problem behandeln.

Im Traum sehen Sie sich, wie Sie als Lagerarbeiter schwere Lasten schleppen, wie Sie fast unter den Kisten zusammenbrechen, die man Ihnen aufbürdet, und den Lagerverwalter, der Sie antreibt und Ihnen mit Kündigung droht, wenn Sie das Pensum nicht erledigen. Schweißgebadet wachen Sie mit rasenden Kreuzschmerzen auf und geben zuerst Ihrem Arzt recht, dass es wirklich höchste Zeit für Sie ist, eine Kur zu machen. Dann jedoch denken Sie über Ihren seltsamen Traum nach. Schließlich haben Sie nie schwere Lasten geschleppt und nie in einem Lager gearbeitet.

Und während Sie noch versuchen, die Einzelheiten des Traums noch einmal bildlich vor Ihrem geistigen Auge entstehen zu lassen, taucht das Gesicht des Lagerverwalters vor Ihnen auf: Es ist Ihr eigenes Gesicht, das Sie jetzt ganz deutlich erkennen. Und schlagartig wird Ihnen klar: Sie selbst laden sich die Bürde auf, Sie selbst treiben sich immer wieder an, verlangen fast Unmögliches von sich, Sie zwingen sich dazu, immer mehr zu tun. Ihr Kalender ist übervoll mit geschäftlichen, aber auch mit privaten Terminen. Sie hetzen von einer Besprechung zur anderen, gönnen sich weder am Abend noch am Wochenende Ruhe und Erholung. Für den Urlaub buchen Sie eine anstrengende Studienreise, klagen über die schlechten Betten in den Hotels, über die Belastung der Wirbelsäule bei den Flügen. Ihre Rückenschmerzen führen Sie darauf zurück, dass Ihre Eltern ebenfalls Bandscheibenprobleme hatten und Sie deshalb vorbelastet sind. Ihr Traum aber hat Ihnen die Augen geöffnet und Sie mit der Wirklichkeit konfrontiert. Sie selbst sind der Antreiber. Ihre Kreuzschmerzen sind der sichtbare Ausdruck der schweren Lasten, die Sie sich aufbürden. Massagen, Salben, Tabletten und Kuren bewirken nur eine kurzfristige Linderung der Beschwerden. Wenn Sie aber aufhören, sich selbst zu beladen, werden Ihre Rückschmerzen vergehen. Ihre Intuition hat den Traum mit seiner bildhaften Darstellung gewählt, damit Ihnen bewusst wurde, wo die Ursachen für Ihre Beschwerden liegen.

★

Ihre Intuition weiß, was Ihnen fehlt.

★

Gerichtetes Bewusstsein

Indem wir unser Bewusstsein auf einen bestimmten Aspekt des Seins richten, setzen wir die höchste Kraft des Universums in Tätigkeit, ohne jedoch eigenwillig ein bestimmtes Ergebnis zu verursachen.

Diese Technik ist ein wesentlicher Bestandteil des geistigen Heilens. Das bedeutet: nicht denken, nicht fühlen, keine Analyse erstellen oder einen Vergleich anstellen. Ein besonderer Bewusstseinszustand ist notwendig. Dieser Zustand wird oft mit Konzentration verwechselt. Konzentration jedoch ist ein rein mentaler Prozess, bei dem die Aufmerksamkeit ausschließlich auf ein Objekt gerichtet wird. Dabei werden wir bald bemerken, dass unsere Aufmerksamkeit abschweift, durch Gedanken und Gefühle abgelenkt wird. Es ist schwierig, unser Bewusstsein daran zu hindern, aber sollte es uns durch ständiges Training sogar gelingen, diese Form der Konzentration zu praktizieren, so ist dies für die Änderung eines bestimmten Zustandes nicht sehr förderlich, weil sie sich ausschließlich auf die mentale Ebene beschränkt.

Voraussetzung für die Heilung, die Selbstheilung oder auch für die Änderung eines Zustandes, einer Situation, ist eine bestimmte Art konzentrativer Entspannung. Es gilt, das Bewusstsein auf einen bestimmten Aspekt zu richten und es dort zu halten. Das kann zwar als Akt des Willens beginnen, sobald aber Herz und Bewusstsein parallel gerichtet sind, hört jeder eigene Wille auf.

Wir stellen unseren Willen in den Dienst *Des Einen*, der *Einen Kraft*, die wir Gott nennen. Wir richten also unser Bewusstsein mit ungeteilter Aufmerksamkeit auf eine bestimmte Sache. Wir öffnen unser Herz für diese Sache und nehmen sie in unser Herz, hüllen sie in unsere ganze Liebe und halten sie dort fest – so lange, bis eine Wirkung geschieht. Das Tagesbewusstsein, der Verstand und der Wille können sich dabei mit ganz anderen Dingen befassen. Herz und Bewusstsein bleiben jedoch versunken in der Betrachtung dieser einen Sache. Durch das „gerichtete Bewusstsein" tritt der Heiler in Verbindung mit der Wirklichkeit hinter dem Schein. Er beginnt, die Dinge wieder so zu sehen, wie sie wirklich sind, während sich sein Herz und sein Bewusstsein im Gleichklang befinden.

So können Sie ein Problem betrachten, einen Schmerz, können sich und andere heilen, Sie können etwas Verlorenes wiederfinden oder lernen zu verstehen. Sie können auch einen Mangel beseitigen, den richtigen Partner auf diese Weise anziehen oder die Partnerschaft in Harmonie bringen. Sogar die Zukunft lässt sich so heilen, der Sinn des Lebens erkennen oder seine Aufgabe. Sie können die Vergangenheit loslassen und Schuldgefühle auflösen. Aber auch so banale Angelegenheiten wie die Parkplatzsuche sind in diesem Bewusstsein möglich.

Wir gehen einfach hinein in das, was uns bewegt, in den unerschütterlichen Glauben an die ideale Lösung jeder Situation in unserem Leben, denn Gott und die Schöpfung haben die absolute Macht darüber. Ich bekomme soviel Erfüllung, wie ich annehmen (= glauben) kann. Die Anwendung dieser Technik ist nichts anderes als die Rückkehr zur Sicht der Dinge, wie sie wirklich sind, und selbst so zu sein, wie wir gemeint sind.

★

Die Kraft des Allerhöchsten auf unsere
Bedürfnisse richten und die Fülle erhalten.
So finden Sie zu sich selbst, zu Ihrem wahren Selbst.

★

Ihre Intuition kann Ihre Aufmerksamkeit auf unwesentliche Dinge richten. Beispielsweise hören Sie in der U-Bahn einen Satz, der – obwohl nicht für Sie bestimmt – Ihnen schlagartig klarwerden lässt: Ihr labiler Kreislauf ist Ausdruck dafür, dass Ihr inneres Gleichgewicht nicht stabil ist, dass Sie hin- und hergerissen sind, dass Sie nie so genau wissen, was Sie wirklich wollen, dass Sie nicht aus Ihrer Mitte leben und nicht Sie selbst sind. Ihre Intuition kann Ihnen ganz genau aufzeigen, wo ein Mangel herrscht, wo Energie nicht mehr richtig fließen kann, wo Sie nicht heil sind. Vielleicht fällt Ihnen dann beim Stadtbummel plötzlich ein Plakat im Schaufenster einer Apotheke auf, das Bachblüten zeigt. Folgen Sie dem Impuls, erkundigen Sie sich nach den Einzelheiten dieser Therapie. Ihre Intuition zeigt Ihnen die für Sie richtige Methode, Geist, Körper und Seele wieder ins Gleichgewicht zu bringen.

Intuitiv wieder gesund werden

Seit Bestehen der Menschheit hat es Heilweisen gegeben, die auf der Erkenntnis beruhen, dass es eine alles durchdringende universale Lebensenergie gibt. Die Menschen in Tibet besaßen vor Tausenden von Jahren großes Wissen und Verständnis über Geist, Materie und Energie. Sie setzten ihre Erfahrung ein, um Körper, Geist und Seele zu heilen und in Harmonie zu bringen. Dieses Wissen kam dann in etwas abgewandelter Form über Indien in viele Länder, z. B. Japan, China, Griechenland. Wir finden es heute in fast allen alten Kulturen, wo es behütet und meist nur durch Priester weitergegeben wurde. Dieses große Wissen geriet lange Zeit in Vergessenheit. Viele Überlieferungen waren symbolhaft, wurden oft von den modernen Wissenschaftlern falsch interpretiert und als Scharlatanerie abgetan. Durch das immer größer werdende Interesse an diesem „inneren Wissen" gelang es, diese jahrtausendealten Traditionen der natürlichen Heilweisen neu zu entdecken und die Überlieferungen besser zu deuten. Zu solchen Methoden des natürlichen Heilens gehören u. a. Reiki, die universale Lebensenergie, die Lehre von den Chakras oder die Weisheit der Schamanen.

Langsam vollzieht sich auch in unserer hochmodernen Schulmedizin ein Wandel. Der Trend geht zu natürlichen, ganzheitlichen Behandlungsformen. Auch hier werden die Grenzen des Verstandes erkannt. Es wird die Erfahrung gemacht, dass trotz moderner Apparate eine wirkliche Heilung von Krankheiten nicht erreicht werden kann. Eine oberflächliche Besserung gelingt häufig, aber eine wirkliche Heilung selten. Wie oft haben starke Medikamente zwar den Hautausschlag „geheilt", dafür aber Magen, Leber, Niere unter der verabreichten Chemie gelitten. Es ist auch bekannt, dass die aufwendigen und teuren Laboruntersuchungen nicht immer den tatsächlichen Zustand des Patienten aufzeigen können. Vieles ist gar nicht oder erst in einem späteren Stadium – das für eine Erfolg versprechende Behandlung manchmal schon zu spät ist – messbar.

Aber es gibt auch schon Ärzte, die Patienten intuitiv wahrnehmen können. Solche Mediziner sehen den Menschen nicht in Einzelteilen nach dem Motto: „Sind Sie der Blinddarm?“, sondern sie erfassen den Menschen in seiner Ganzheit, erkennen intuitiv, wo die Harmonie gestört ist.

Zwei Beispiele: Ein Arzt, den ich schon lange kenne, „sieht“ auf den ersten Blick, dass eine Narbe nicht mehr durchlässig ist und den Energiefluß blockiert. Der Patient hat diese Narbe seit seiner Kindheit, sie schmerzt nicht und sieht nicht verändert aus. Trotzdem „sticht“ diese Narbe dem Arzt ins Auge – intuitiv erfasst er, dass hier die Ursache für die Gelenkbeschwerden des Patienten liegt. Die Narbenentstörung tut weh – ein deutliches Zeichen, dass tatsächlich eine Blockade vorliegt.

Die Gelenkbeschwerden verschwinden daraufhin schlagartig!

Und eine mir bekannte Ärztin „sieht“ bei vielen Patienten sofort, woran sie wirklich leiden. Sie erfasst die gesamte Erscheinung eines Kranken, seine Persönlichkeit, seine Ausstrahlung auf allen Ebenen.

Damit ist sie allen Laboruntersuchungen weit voraus. Sie hat einen Patienten von seinen rheumatischen Beschwerden allein durch die Ausleitung von Quecksilber befreit. In keiner der zahlreichen Laboruntersuchungen konnte eine Überbelastung von Quecksilber festgestellt werden; die Amalgamfüllungen waren schon vor 25 Jahren durch Goldinlays ersetzt worden.

Einer Patientin, die unter ständigem Druck in der Stirn und um die Augen litt, jahrelang Lymphdrainage, Akupunktur sowie Entspannungsübungen machte, sagte sie auf den Kopf zu, dass ihre Beschwerden durch die Mandeln – als Störfelder – hervorgerufen wurden. In dem Augenblick, in dem diese Störfelder ausgeschaltet wurden, waren die Beschwerden verschwunden.

Wenn Sie krank sind oder Schmerzen haben, so hören und sehen Sie in sich hinein. Bitten Sie Ihre Intuition um Hilfe. Nehmen Sie wahr, was in Ihnen geschieht, und folgen Sie ruhig

Ihren intuitiven Impulsen, ohne jedoch die momentane Behandlung zu verändern oder gar abzubrechen. Doch zusätzlich können Sie die intuitiven Erkenntnisse in die Behandlung integrieren. Wenn Ihnen bewusst geworden ist, dass die Ursachen für Ihre Rückenschmerzen in der Überbelastung liegen, dann legen Sie die Last ab. Verändern Sie Ihren Lebensstil, nehmen Sie nur das an, was Sie auch tragen können.

Brechen Sie nicht eine Behandlung ab oder nehmen die verordneten Tabletten nicht mehr; verschieben Sie auch keine notwendige Untersuchungen auf später! Aber folgen Sie auch Ihren intuitiven Gedanken – zusätzlich zu der Behandlung. Es wird der Zeitpunkt kommen, an dem Sie mit absoluter Sicherheit wissen, was Sie benötigen, um gesund zu werden. Lassen Sie sich Zeit für diesen Prozess, gehen Sie in kleinen Schritten vor, und sprechen Sie alles mit Ihrem Arzt ab.

Bachblüten

Damit können Sie einen inneren Heilungsprozess unterstützen oder auch einleiten. Der englische Arzt Dr. Edward Bach fand in den 30er Jahren heraus, dass die unterschiedliche Kraft bestimmter Blütenessenzen innere Blockaden auflösen kann und dadurch hilft, die Harmonie wieder herzustellen. Dr. Bach nannte Krankheit „das letzte Stadium einer sehr viel tiefer liegenden Unordnung". Die Bachblüten sind nicht nur Heilpflanzen für die Seele, sondern unterstützen auch die spirituelle Entwicklung des Menschen. Bei der Entdeckung der Wirksamkeit der Essenzen hat sich Dr. Bach übrigens fast ausschließlich von seiner Intuition leiten lassen. Die Bachblüten erhalten Sie in Apotheken als Konzentrat – die sogenannten Stock-Bottles –, das Sie verdünnen und individuell zusammenstellen können. Ansonsten stellt der Apotheker Ihnen eine Mischung nach Ihren Angaben her.

Wie sollen Sie nun vorgehen, um die richtige Essenz zu finden? Idealerweise haben Sie alle Fläschchen vor sich liegen. Nehmen Sie die einzelnen Fläschchen in die Hand, fühlen Sie, wie sich jedes einzelne anfühlt. Wählen Sie dann intuitiv vier oder fünf verschiedene Essenzen aus, die Sie besonders ansprechen, bei denen Sie ein starkes Gefühl in sich verspüren. Vielleicht klopft Ihr Herz schneller, oder Sie fühlen mehr Wärme in den Händen – nehmen Sie ganz bewusst wahr, was geschieht.

Sie können auch einfach Ihre Hände in einem Abstand von etwa fünf Zentimeter über den Fläschchen, die vor Ihnen stehen oder ausgebreitet sind, hin und her bewegen. Sie werden dabei spüren, dass Sie einen unwiderstehlichen Drang haben, nach einer ganz bestimmten Flasche zu greifen. Wählen Sie Ihre Essenzen auf diesem Weg.

Sollten Sie keine Möglichkeit haben, auf die oben geschilderte Weise Ihre Mittel auszusuchen, dann können Sie auch anhand eines Buches Ihre Wahl treffen. Halten Sie ein Buch über Bachblüten in Ihren Händen, und nehmen Sie die Blüte, die auf der Seite beschrieben wird, die Sie intuitiv aufschlagen. Auf diese Weise können Sie auch Ihre Auswahl zusammenstellen.

Reiki

Reiki bedeutet universale Lebensenergie und ist eine Heilweise, die aus Japan stammt. Das Wort besteht aus der Silbe „Rei“, dem universalen, unbegrenzten Aspekt dieser Energie, und „Ki“ – wiederum ein Teil des Rei –, der vitalen Lebenskraft, die durch alles fließt, was in der Schöpfung wirkt und lebt. Eine solche Energie kennen wir aus vielen Kulturen, z.B. als Chi in China, als Prana bei den Hindus oder als Licht oder Heiliger Geist bei den Christen.

Seit Urzeiten schon gibt es Überlieferungen von Weisen, Gelehrten und Erleuchteten, die belegen, dass es einen Zustand des Seins gibt, in dem die ganze Schöpfung enthalten, aus dem alles Leben entstanden ist. Eine solche Energie ist in allen Dingen existent und fließt als universale Lebensenergie bei einer Behandlung mit Reiki durch die Hände, und zwar in konzentrierter Form. Reiki geschieht ganzheitlich und auf allen Ebenen des Daseins. Es will den Menschen als ein ganzes Wesen mit all seinen unterschiedlichen Aspekten in ein ausgewogenes Gleichgewicht bringen.

Sie können sich von einem Reiki-Therapeuten behandeln lassen. Der Therapeut ist nur der Kanal. Die universelle Energie fließt durch den Therapeuten – durch seine Hände – in Ihren Körper, und zwar dorthin, wo der Körper Energie benötigt. Reiki ist eine intuitive Energie, die von selbst weiß, an welcher Stelle in welchem Ausmaß ein Mensch Energie braucht, um heil zu werden und zu seiner Ganzheit zurückzukehren. Das Ganzsein ist die Vereinigung von umfassender Liebe, universalem Wissen, Weisheit, Schöpfungskraft, Harmonie und Erfüllung.

Die Behandlung erfolgt durch sachtes Auflegen der Hände auf die verschiedenen Körperzonen. Dabei entwickeln sich unterschiedliche Empfindungen wie z.B. eine Art Fließen, Wärme oder Kühle, wobei wiederum Patient und Therapeut unterschiedliche Empfindungen haben können. Interessant ist, dass diese Temperaturunterschiede ganz deutlich wahrgenommen werden, aber nicht physikalisch messbar sind. Reiki wirkt immer ganzheitlich, also innen und außen. Es kann deshalb innere und äußere Verspannungen und Verkrampfungen auflösen. Auch wenn die Behandlung physisch mit den Händen erfolgt, wirkt die Energie auf allen Ebenen, körperlich, geistig und seelisch.

Wenn Sie Reiki erlernen möchten, sollten Sie sich mit einer entsprechenden Organisation in Verbindung setzen. Sie können aber auch durch Intuition in Verbindung mit dem Grundgedanken von Reiki körperliche, seelische und geistige Blockaden entdecken und auflösen. Dies geschieht ohne viel Aufwand – Sie brauchen sich nur auf Ihre innere Weisheit, auf Ihre Intuition zu verlassen.

Versuchen Sie deshalb folgende Übung, um ein Gefühl dafür entwickeln zu können.

Wichtig ist, dass Sie sich Zeit dafür nehmen. An einem Ort, an dem Sie ungestört sind, machen Sie es sich bequem. Am besten legen Sie sich hin und lockern alles, was Sie beengt. Ziehen Sie die Schuhe aus. Sie können aber auch sitzen bleiben, wenn Ihnen diese Position lieber ist. Ihre Beine sollten nebeneinander liegen oder stehen, um die Energie frei fließen zu lassen. Ziehen Sie Ringe, Armbänder, Ketten und Uhren aus.

Halten Sie Ihre Hände vor der Behandlung unter fließendes kaltes Wasser. Nun beginnen Sie: Legen Sie Ihre Hände mit geschlossenen Fingern zuerst auf den Kopf. Legen Sie Ihre Hände auf die Stirn, auf den Scheitel, auf den Hinterkopf, das Gesicht und weiter auf jeden Körperteil. Lassen Sie bewusst Energie einfließen. Beobachten Sie, was dabei geschieht, was Sie fühlen, was sich verändert. Halten Sie Ihre Hände etwa drei bis fünf Minuten an jede Stelle. Erst dann gehen Sie zur nächsten Position. Auf diese Weise behandeln Sie Ihren ganzen Körper – von oben nach unten.

Was fühlen Sie an den einzelnen Körperpartien – Wärme, Kälte oder Energie? Spüren Sie ganz intensiv, hören Sie dabei in sich hinein! Was geschieht in Ihnen? Wie fühlen Sie sich?

Fühlen Sie, wo in Ihnen Energie blockiert ist? Spüren Sie Stellen, an denen bereits körperliche Veränderungen stattgefunden haben? Beachten Sie besonders solche Stellen. Hier können Sie die Hände bis zu 20 Minuten liegen lassen. Spüren Sie während dieser Zeit, dass eine Veränderung eintritt, dass diese Bereiche lockerer, weicher und durchlässiger werden? Klären Sie aber auf jeden Fall zusammen mit Ihrem Arzt ab, inwieweit ärztliche Unterstützung zur Heilung notwendig ist. Sie können jede schulmedizinische Behandlung positiv unterstützen, indem Sie Ihre intuitiven Heilungsenergien entfalten.

Wenn Sie mit Ihrer Behandlung an den Füßen angekommen sind, ruhen Sie noch einige Minuten. Bleiben Sie ganz in Ihrer Empfindung, lassen Sie geschehen. Sie werden sich gut fühlen, aufgeladen mit Energie. Sie können sich jederzeit mit der intuitiven Kraft behandeln. Sie werden auch ganz von selbst wissen, wann Sie eine Aufladung mit Energie benötigen.

Mit dieser Methode können Sie auch Schmerzen behandeln. Lassen Sie Ihre Hände auf den schmerzenden Stellen liegen, sehen Sie die Heilenergie, die durch Ihre Hände fließt, und spüren Sie, wie der Schmerz nachlässt und ein Heilungsprozess eingeleitet wird.

Es sollte Sie nicht verwundern, wenn Sie bei einer solchen Behandlung das Bedürfnis haben zu weinen oder zu lachen. Lassen Sie alles zu, was geschieht. Diese intuitive „Behandlung“ wirkt nicht allein körperlich, sondern auch seelisch. So kann es sein, dass Sie über Ihre Hände ein „seelisches Störfeld" entstören und mit Tränen innere Narben auflösen.

Sie brauchen auch nicht immer Ihren ganzen Körper zu behandeln. Lassen Sie sich einfach intuitiv führen, und legen Sie Ihre Hände dort auf, wohin sie von innen, von Ihrem inneren Wissen, geführt werden.

Kinesiologie

Eine andere ganzheitliche Heilmethode ist die Kinesiologie, die Lehre von der Bewegung, Anfang der 60er Jahre in den USA entwickelt. Sie hat ebenfalls mit der Energie zu tun und basiert auf der chinesischen Energielehre, wonach Gesundheit vom freien Fluß der Lebensenergie Chi abhängig ist. Die Muskelreaktion zeigt an, ob ein Mensch entspannt oder im Stress ist. Folgen Sie Ihrer Intuition, entdecken Sie Spannung und Anspannung, um diese Blockaden auflösen zu können.

Bewusstsein kann man essen

Alles ist Energie, auch alle Materie ist nur eine besondere Form von Energie. So ist unser Körper in Wirklichkeit ein Energiekörper, der Energie als Nahrung braucht. Wir wissen, dass jede Energieform eine bestimmte Schwingung hat. Bewusstsein hat eine hohe Schwingung. Ernähren wir uns nun mit Nährmitteln, die eine niedrige Schwingung haben, reduziert sich die Schwingung unseres Bewusstseins. Das Bewusstsein wird nach unten gezogen. Nehmen wir mit unserer Nahrung jedoch hohe Schwingung zu uns, führt dies zu einer Erhöhung unseres Bewusstseins. Es wird verfeinert und kann sich verstärken. Entspricht die Nahrung unserem Bewusstsein, wirkt sich dies positiv auf die Schwingung unseres Körpers aus: Der Körper schwingt im Einklang mit unserem Bewusstsein.

★

Körper und Bewusstsein in Harmonie
bedeutet
Vitalität und Gesundheit!

★

Eine wichtige Rolle für einen gesunden Körper und ein erhöhtes Bewusstsein spielt das Säure-/Basen-Gleichgewicht. Der ideale pH-Wert im Blut liegt bei 7,4. Und unser Körper ist bemüht, diesen Wert unter allen Umständen aufrechtzuerhalten. Oft ist uns nicht bewusst, wieviel säurehaltige Lebensmittel wir zu uns nehmen. Ich denke da nur an Kaffee... Tun Sie etwas für sich, auch über die Ernährung, und entsäuern Sie Ihren Organismus. Sie reinigen damit automatisch auch Ihr Bewusstsein.

Kaufen Sie nicht nach einer festgelegten Liste ein. Lassen Sie sich auf dem Markt oder im Supermarkt inspirieren. Sie werden praktisch ganz von selbst zu den Lebensmitteln greifen, die gut für Sie sind. Auf diese Weise vermeiden Sie, dass Sie einkaufen, was für Ihre Gesundheit schädlich ist. Dass wenig Verlass auf Beteuerungen des Handels, auf Zertifikate und dergleichen ist, zeigen die Berichte über erkrankte Schlachttiere, ungesunde Fische und verseuchtes Obst und Gemüse. Auf was können Sie sich noch verlassen?

Es gibt sie – diese Instanz, die sich nicht irrt, die unbestechlich ist und genau weiß, was gut und richtig ist. Die innere Weisheit – immer existent, immer für Sie da. Sie brauchen nur auf Ihren inneren Meister zu hören, Ihrer Intuition zu vertrauen, und Sie werden nicht fehlgeleitet. Betrachten Sie Ihre Ernährung als Trainingsfeld für Ihre Intuition. Ernähren Sie sich drei Monate lang ausschließlich intuitiv. Beobachten Sie, was dabei geschieht.

- ★ Schmeckt Ihnen Ihr Essen besser?
- ★ Fühlen Sie sich wohler?
- ★ Sind Sie belastungsfähiger?
- ★ Verschwinden eventuell körperliche Beschwerden?
- ★ Fühlen Sie sich freier – auch seelisch und geistig?
- ★ Sind Ihre Nerven besser, schlafen Sie besser?

- ★ Verändern sich Ihre Essgewohnheiten?
- ★ Vertragen Sie das Essen besser?
- ★ Entwickeln Sie einen anderen Geschmack?

Schreiben Sie alles auf, was Sie essen, wenn Sie sich auf Ihre Intuition verlassen. Vergleichen Sie die intuitive Ernährung mit Ihrem früheren Speiseplan. Wie sieht es jetzt in bezug auf säure- und basenhaltige Nahrungsmittel aus?

- ★ So wie Sie Ihren Körper mit den richtigen Nahrungsmitteln versorgen können, ernähren Sie auch Ihr Bewusstsein mit dem, was es benötigt. Richtige Ernährung für den Körper zieht eine Erhöhung des Bewusstseins nach sich. Ein erhöhtes Bewusstsein wiederum wirkt sich positiv auf unser Handeln aus und natürlich auch auf unsere Gesundheit. Es ist dies ein Prozess der gegenseitigen Beeinflussung, und Sie entscheiden, ob die Tendenz nach unten oder nach oben geht. Haben Sie einmal diesen Kreislauf in Bewegung gesetzt und alles in Ihnen nach oben orientiert, dann brauchen Sie sich überhaupt nicht anzustrengen, brauchen nicht zu denken, nicht lange zu überlegen und zu analysieren. Wenn Sie diese Schwingung in Gang gesetzt haben, brauchen Sie nur noch mitzuschwingen, geschehen zu lassen – sich von innen leiten und führen zu lassen.
- ★ Stellen Sie sich vor, Sie sitzen auf einer Schaukel. Zu Beginn helfen Sie noch mit, schieben zwischen den einzelnen Schwüngen noch ein wenig nach, damit die Schaukel den richtigen Schwung erhält. Aber dann geht alles ganz von selbst. Sie brauchen nur noch mitzuschwingen, können sich ganz der Bewegung hingeben und kommen dabei immer höher und höher.
- ★ Vertrauen Sie auf Ihre Intuition – sie trägt Sie nach oben! Genießen Sie die Freiheit, die Sie dadurch erlangen, freuen Sie sich über den weiten Blick, die grenzenlose Perspektive, die sich Ihnen bietet. Wachsen Sie über die Begrenzungen, über die kleine Persönlichkeit hinaus – werden Sie zu dem, der Sie wirklich sind.

Intuitives Management

Der heutige Erfolg vieler Firmen beruht auf der Intuition der Mitarbeitergeneration vor fünf, zehn oder zwanzig Jahren. Ihnen haben es die erfolgreichen Firmen zu verdanken, dass sie heute gute Umsätze erzielen können. Unsere Zeit ist immer schnellebiger geworden. Heute eine Neuheit – morgen kennt keiner mehr das Produkt. Wer sich am Markt behaupten will, muss viel bieten, wenn er länger bestehen will. Und wer kann schon vorhersagen, was morgen geschehen wird. Denken wir nur an die Veränderung auf dem Ölmarkt und deren Folgen. Früher spielte es keine Rolle, wieviel Benzin ein Auto brauchte – heute ist das eines der Hauptkriterien beim Kauf eines Wagens. Denken Sie auch daran, wie viele neue Artikel auf den Markt kamen, die äußerst Erfolg versprechend schienen. Es wurden gigantische Beträge in teure Marktanalysen, Spezialisten und einen exakten Absatzplan investiert. Und was geschah? Nach einem Jahr war der kometenhafte Aufstieg zu Ende, und es dauerte nicht lange, dann war das Produkt vom Markt verschwunden. Manchmal kommen fast über Nacht neue Technologien auf den Markt und machen ein bislang erfolgreiches, etabliertes Produkt zum Ladenhüter. Oder die Konsumenten entdecken einen neuen Trend – die langfristig geplante Strategie für ein Produkt ist keinen Pfennig mehr wert. Auch das Festhalten an bewährten Methoden kann sich fatal auswirken.

Gehen wir zurück ins Jahr 1907. Der Siebenmaster „Thomas W. Lawson", der mit extremem Aufwand und enormen Kosten für die Zukunft gebaut worden war, sank bei schwerer See. Der Irrtum der Erbauer des Segelschiffs lag darin, dass sie die Entwicklung der Dampfschiffe total unterschätzt und sogar als verrückt abgetan hatten. Wie sehr sie auf dem „falschen Dampfer" saßen, wissen wir heute.

Wieviel Mut es die Erbauer des ersten Dampfschiffs gekostet haben muss, gegen das Altbewährte anzutreten, können wir vielleicht nur wenig nachvollziehen. Schließlich geht es bei solchen Entscheidungen nicht nur um das Ansehen einer Firma, sondern manchmal sogar um die Existenz einer ganzen Branche oder um Menschenleben.

★

Erinnern wir uns:
Intuition ist selten das Gewohnte.
Intuition äußert sich in ungewöhnlichen Gedanken und Taten.
Intuition hat immer recht.

★

Andererseits gibt es auch Produkte, die sich über Jahrzehnte entwickelt und einen kontinuierlichen Aufstieg zu verzeichnen haben wie beispielsweise bestimmte Autofirmen. Sie sind der Konkurrenz immer eine Autolänge voraus. Oder irgendwann entdecken Gartenbesitzer plötzlich kleine Pavillons – und schon werden diese zum Renner der Saison. Worin liegen Erfolg oder Misserfolg begründet? Sehen Sie die Börsenwerte bekannter Firmen an. Nicht die Sachwerte werden hier bewertet, sondern das enorme kreative oder intuitive Potenzial der Firma bzw. deren Mitarbeiter wird so hoch eingeschätzt.

Erfolg ist nicht das Ergebnis jahrelanger Planung und Forschung, Erfolg ist auch nicht ein glücklicher Zufall. Erfolg ist das Ergebnis intuitiver Fähigkeiten. Niemand kann wissen, was in einigen Jahren sein wird, wie sich Geschmack, wirtschaftliche Lage, Kaufkraft und Vorlieben der Kunden entwickeln werden. Ein plötzlicher wirtschaftlicher Einbruch, ein unerwarteter Aufschwung – nichts ist vorhersehbar und deshalb auch nicht zu planen.

Doch es gibt einen Weg, auch im geschäftlichen Bereich auf Erfolg zu setzen und zu gewinnen. Intuitive Manager, Mitarbeiter, die mehr können als nur rechnen und planen, sind heute mehr denn je gefragt. Intuitive Menschen, die nicht im Kleinen denken, sondern kreative Ideen entwickeln, sind die Manager, die gebraucht werden, um auch in zehn oder 20 Jahren noch als Wirtschaftsmacht bestehen zu können. Und Firmen benötigen immer mehr Mitarbeiter, die nicht starr denken, sondern schöpferisch tätig werden.

In den Computerfirmen arbeitet man heute bereits an den Modellen für die nächsten 20 Jahre. Wenn Sie hören, welche Ideen dort kreiert werden, dann staunen Sie! In solchen Firmen wird der größte Wert auf Inspiration und Geistesblitze, auf geniale Fähigkeiten gelegt. Mitarbeiter mit solchen Qualitäten werden hoch bezahlt, von der Firmenleitung gehegt und äußerst geschätzt. Sie sind das Potenzial, das ein Überleben der Firma garantieren kann. Gefragt sind eindeutig „Querdenker".

Der Trend geht dahin, „eingefahrene Wege" in der Hierarchie zu verlassen und durch gezielten Abbau der üblichen Handlungsschemata neue Ideen entstehen zu lassen. In Firmen, die diese Erkenntnis gewonnen haben, sind sogenannte Kreativitätsgruppen entstanden. Teilnehmen kann jeder, der Einfälle, Inspirationen oder Visionen hat. Es gibt keinen Unterschied zwischen Vorgesetzten und Untergebenen. Gefördert wird vor allem das neue Denken, ein Denken, das ungewöhnliche Richtungen einschlägt, das über die übliche Vorstellung hinausgeht. Kurz: Intuition steht heute hoch im Kurs.

★

Wenn der Geist frei ist,
kann sich Intuition am besten entwickeln.

★

Intuition, Einfälle, Geistesblitze – all das kann nur geschehen, wenn jemand aus dem kleinen Rahmen tritt, den Schreibtisch des kleinen Fachmanns verlässt und sich an das Allbewusstsein anschließt. Von dieser Quelle erhält er alle Informationen, die er benötigt, denn das Wissen umfasst nicht nur die ganze Vergangenheit der Menschheit, sondern auch die Zukunft, die wir uns aber in unserem begrenzten Vorstellungsvermögen nicht ausmalen können. Die Grenzen überschreiten, geniale Ideen entwickeln – dazu muss man nicht in der Vorstandsetage sitzen. Jeder kann sich einklinken, kann das Potenzial nutzen, das in ihm steckt.

Das hat man inzwischen in den Chefetagen erkannt und sucht nun den intuitiven Manager anstelle des Pragmatikers. Es ist heute keine Seltenheit mehr, wenn Führungskräfte aufgefordert werden, meditative Seminare zu besuchen, Kreativität zu trainieren und ausgefallene Ideen zu präsentieren. Firmen versuchen, ungewöhnliche Wege einzuschlagen.

Aber nicht nur in der Wirtschaft, auch beim Geheimdienst wird mit „Super-Intuition" gearbeitet. Seit den 60er Jahren wurden vom amerikanischen Geheimdienst CIA speziell ausgewählte Agenten in der intuitiven Technik des Technical Remote Viewing ausgebildet. Mit Hilfe dieser besonderen Form der Fern-Wahrnehmung sollten sie feindliche Militärbasen und streng geheime Örtlichkeiten auskundschaften, ohne jemals körperlich dort gewesen zu sein.

In das Remote Viewing spielen viele der Komponenten der Super-Intuition eine Rolle, die ich bereits in diesem Buch ausführlich dargestellt habe: Fern-Wahrnehmung, Telepathie, Klar-Sehen etc. Kurse in dieser Technik erregen mittlerweile auch in Deutschland bei ganz normalen Bürgern großes Interesse.

Die Wissenschaft hat sich aufgemacht, die typischen Eigenschaften schöpferischer Menschen herauszufinden. So hat es sich erwiesen, dass sich der erfolgreiche Manager auszeichnet durch paradoxe Gegensätze, wie durch die Verbindung von ausgezeichneter Bildung bzw. Ausbildung und Intelligenz mit der Naivität eines Kindes. Hinderlich wirkt sich auf die kreative Fähigkeit eindeutig unser Erziehungssystem aus – auch das haben die Untersuchungen einwandfrei ergeben.

Was können wir daraus ersehen? Es liegt an uns, was wir aus unserem Potenzial machen, egal, ob Sie den Schwerpunkt auf den beruflichen Erfolg oder auf ein erfülltes Familien- oder Liebesleben legen. Alles ist in Ihnen angelegt – entfalten Sie Ihre Fähigkeiten!

Und vielleicht ändern Sie auch ein wenig Ihr Umfeld, Ihren Arbeitsplatz. Lassen Sie alle angrenzenden Türen offen, schieben Sie die Vorhänge auf, denn äußere Begrenzungen schaffen auch innere Begrenzung. Öffnen Sie sich für neue Impulse!

Schön hat das Joseph Beuys gesagt: „Jeder Mensch ist ein Künstler." Auch Sie sind ein Künstler, ausgestattet mit einem kreativen Potenzial, das es Ihnen ermöglicht, Ihr Leben erfüllt und glücklich zu gestalten.

Folgen Sie Ihrer Intuition, haben Sie keine Angst, ungewöhnliche Schritte zu unternehmen. Sie wissen genau, wann Ihre Intuition wirkt, da Sie in kleinen Entscheidungen, in unwichtigen Fragen und belanglosen Situationen geübt haben, die Stimme der Intuition von der Stimme des Verstandes zu unterscheiden. Dann erfahren Sie auch immer wieder, dass Ihre intuitiven Einfälle außergewöhnlich sind, ungewöhnlich und gegen die Regel, gegen den Verstand. Sie bemerken damit, dass die Intuition immer richtig liegt, sich nicht irrt. Und darauf können Sie bauen. Die tiefe Sicherheit, die Sie spüren, beweist Ihnen, dass Intuition Sie leitet.

Schritte zum Erfolg

Um erfolgreich zu sein, Freude an Ihrer Arbeit zu finden und dies als einen Prozess der Selbstverwirklichung zu erkennen, sollten Sie Ihre Be-rufung zu Ihrem Beruf machen. So wird aus dem Arbeitsplatz, der Einkommensquelle und dem Ort der beruflichen Entwicklung eine Möglichkeit zur Entfaltung Ihrer Persönlichkeit. Der Beruf ist dann ein Mittel, das Leben zu entdecken und die eigene Erfüllung zu erfahren. Sie brauchen nicht mehr zu „arbeiten",

Sie „müssen" nichts mehr und haben „Urlaub für immer", weil Sie die Freude in Ihre Arbeit integrieren, weil Ihre Berufung zu Ihrem Beruf geworden ist. Folgen Sie Ihrem inneren Ruf, und Ihre Arbeit ist mühelos, Freude und Erfüllung, ist Berufung, weil Sie dem Ruf Ihres Selbst gefolgt sind. Damit kehren Sie in die Wirklichkeit des Lebens zurück, leben in Wirklichkeit und aus der Wirklichkeit heraus. Mit weniger sollten Sie sich nie zufrieden geben, ein Mehr gibt es nicht.

Bevor Sie sich nun auf den Weg zum Erfolg machen, sollten Sie klären, was Erfolg für Sie eigentlich bedeutet. Am besten nehmen Sie sich ein Blatt Papier und teilen es in zwei Spalten. Links notieren Sie die Zwänge, rechts die Lösungen. Nun gehen Sie nach innen, entspannen Sie sich, und dann machen Sie sich Ihr Bild vom Erfolg bewusst. Lassen Sie Ihre Wunschbilder vor Ihrem geistigen Auge erstehen. Sicherlich sind es viele

Wunschbilder, die Ihnen nun in den Sinn kommen. Lassen Sie die Bilder vorbeiziehen, und die große Anzahl Ihrer Erfolgsbilder wird sich reduzieren auf einige wenige. Prüfen Sie, ob dies wirklich Ihre Vorstellungen vom Erfolg sind, hören Sie in sich hinein, fühlen Sie, was tief in Ihnen geschieht beim Anschauen dieser Bilder. Sie können Ihre Erfolgsbilder immer korrigieren, immer wieder überprüfen, ob sie (noch) stimmen. Wenn sie nicht stimmig sind, schreiben Sie auf, was zu tun ist, um Ihr Bild stimmig zu bekommen. Vielleicht ist noch eine Hypothek abzuzahlen, dann notieren Sie dies in der Spalte Zwänge. Aber es gibt immer eine Lösung, hier z.B. das Haus zu verkaufen. Dies notieren Sie dann unter Lösung. Auf diese Weise können Sie sich darüber klarwerden, worin Erfolg für Sie besteht und was Sie noch daran hindert, erfolgreich zu sein.

Der wichtigste Schritt zum Erfolg ist, für alles den richtigen Partner zu finden. Dabei spielt gerade der Lebenspartner eine entscheidende Rolle. Wenn Sie hier die falsche Wahl getroffen haben, werden Sie auch geschäftlich nicht wirklich erfolgreich sein. Um in allen Bereichen den richtigen Partner zu finden, ist Voraussetzung, dass Sie selbst ein guter Partner sind, und zwar vor allem erst einmal Ihnen selbst, indem Sie sich selbst so annehmen, wie sie sind, und auch zu sich selbst rücksichtsvoll sind.

Dazu gehört die Erkenntnis, in jeder Situation den richtigen Partner zu haben – den Partner, der dem derzeitigen Bewusstsein entspricht. Und so können Sie nach dem Gesetz der Resonanz auch nur diesen Partner im Augenblick anziehen. Sie haben zwar eine Vorstellung vom idealen Partner, können diesen aber nicht finden, solange Sie nicht selbst ein idealer Partner sind. Selbst wenn Sie ihn treffen würden, könnte er mit Ihnen derzeit nichts anfangen. Wenn Sie also genau den Partner haben, der Ihnen derzeit entspricht, sollten Sie sich fragen: „*Warum* gerade *diesen* Partner? Was ist die Aufgabe dieser Partnerschaft?“ Jede Partnerschaft hat einen inneren Sinn. Ist dieser erfüllt – oder vielleicht auch unter den gegebenen Umständen nicht mehr zu erfüllen –, dann sollte die Partnerschaft beendet werden. Führen Sie sie trotz besseren Wissens fort, aus Angst vor dem Alleinsein oder aus Bequemlichkeit, dann spüren Sie eine immer stärker werdende Unzufriedenheit mit Ihrer Situation, die Sie früher oder später zum Handeln drängt.

Wollen Sie also Ihre Partnerschaft ändern, so liegt der Anfang bei Ihnen selbst. Sie haben Ihre Partnerschaft mit sich selbst zu überdenken und neu zu gestalten. Fragen Sie sich zunächst: „Bin ich mir gegenüber fair, freundschaftlich, zuverlässig etc.?“ Alles, was Sie sich von einem Partner wünschen, sollten Sie zuerst sich selbst geben, denn meist wünschen Sie sich von einem Partner Ihre Ergänzung. Und genau das gilt es jetzt, bei Ihnen selbst zu entwickeln.

Ist das geschehen, führt das Leben von selbst den richtigen Partner zu – sei das ein Geschäftspartner oder ein Lebenspartner.

Vielleich suchen Sie den richtigen Mitarbeiter für Ihren Erfolg. Vielleicht ist der Mitarbeiter, den Sie im Augenblick haben, unzuverlässig und macht Fehler, die die Firma Geld kosten, weil sie den Erfolg verzögern. Hier sollten Sie sich fragen: „Warum ziehe gerade ich diesen Mitarbeiter an? Warum finde ich nicht den richtigen?“ Die Antwort können Sie in sich finden, die Ursache liegt in Ihnen begründet. Also fragen Sie sich: „Was tun meine Mitarbeiter, was mir nicht gefällt? Warum gefällt es mir nicht? Unterdrücke ich da etwas bei mir? Fühle ich mich wert, den richtigen Partner zu finden? Habe ich vielleicht sogar Angst vor der Herausforderung?“

Vielleicht haben Sie die derzeitigen Mitarbeiter, weil sie billiger sind, oder einfach nur, weil sie verfügbar waren. Es gibt offensichtlich Gründe, warum diese Mitarbeiter hier arbeiten und warum es nicht die richtigen Mitarbeiter sind. Vielleicht haben Sie Angst, dass sie besser arbeiten als Sie selbst, sie zu selbständig sind oder sie Sie nicht akzeptieren würden. Wo also liegt das Hindernis, wo ist die Blockade? Es erfordert Mut, dieses Hindernis anzuschauen, um einen Weg zu finden, es aufzulösen, einen Lösungsweg zu erkennen. Diese Chance eröffnet sich aber nur, wenn die Situation hinterfragt wird.

Es kann sein, dass Sie erkennen, zwar ein guter Chef, aber ein schlechter Angestellter zu sein – also ziehen Sie auch schlechte Angestellte an. Der beste Chef ist auch ein guter Mitarbeiter!

Sobald Sie das erkannt und aufgelöst haben, ziehen Sie nicht mehr Partner an, die Ihnen Ihren Mangel sichtbar machen, sondern finden auf allen Ebenen die Partner, die wirklich zu Ihnen passen, Partner, die einfach „stimmen“, Partner, die zum Erfolg verhelfen. Und das wirkt sich wiederum auf allen Ebenen aus – beruflich, privat, gesundheitlich, wirtschaftlich. Je mehr Ebenen Sie in sich in Harmonie bringen, desto mehr Möglichkeiten hat das Leben, die Erfüllung auch im Außen sichtbar zu machen.

★

Je tiefer ich in mich gehe,
desto höher kann ich kommen.

★

Je weiter Sie dabei werden, desto mehr Raum schaffen Sie für den Erfolg. Natürlich können Sie nur etwas finden, von dem Sie glauben, dass es existiert. Also werden sie es finden!

Erfolgshindernisse auflösen

Sicher ist es notwendig, sich manchmal anzustrengen, um Erfolg zu haben. Doch der Weg zu Erfolg, Erfüllung und auch zu Reichtum ist nie ein Weg der harten Arbeit. Es ist viel eher das Erkennen, was uns am Erfolg hindert, welchen Ballast wir mit uns herumschleppen, welche Fähigkeiten wir haben und nicht richtig einsetzen, welche Chancen wir nicht nutzen. Denn das Leben bietet uns ständig Chancen, uns zu verbessern und weiterzuentwickeln.

Ob Sie gesund und erfolgreich sind oder arm und krank – es kostet Sie die gleiche Energie. Nur ist das erste wesentlich angenehmer. Wenn Sie im Mangel leben, zeigt das nur, dass Sie etwas falsch machen. Der Mangel bietet Ihnen aber auch in jedem Augenblick die Möglichkeit, diesen Zustand zu verändern. Die erforderliche Veränderung geht immer einher mit einer Veränderung Ihres Bewusstseins, Ihrer inneren Überzeugung, Ihrer Bilder und Ihrer Verhaltensmuster. Dort entstehen nämlich die Ursachen für das, was wir Schicksal nennen. Erfolg hat wenig mit Intelligenz und Fleiß zu tun, obwohl beides zeitweise ganz hilfreich sein kann. Aber es gibt genügend intelligente und fleißige Menschen, die es nie im Leben zu etwas bringen werden.

Nehmen wir einmal an, Sie arbeiten zur Zeit acht Stunden täglich und verdienen 2.500,- Euro im Monat. Wenn Sie jetzt 10.000,- Euro verdienen wollen, werden Sie das sicher nicht dadurch errreichen, dass Sie viermal soviel arbeiten – also 24 Stunden täglich, denn Sie müssen ja gelegentlich auch etwas schlafen. Und Ihren Wohlstand möchten Sie sicher ganz gern auch genießen, und dafür benötigen Sie Zeit. Sie können also Ihre Arbeitszeit nicht einfach verdoppeln, um das Doppelte zu verdienen. Sie müssen vielmehr die Qualität Ihrer Leistung erhöhen, das heißt in weniger Zeit mehr und Besseres leisten. Mit Hilfe der Intuition können Sie die „richtigen" Entscheidungen treffen und durch zielgerichtetes Handeln auf Umwege verzichten.

Ein wirklich erfolgreiches Leben zu führen bedeutet, Erfolg und Erfüllung zu finden. Das kann nur erreicht werden, wenn Sie die in Ihnen liegenden Lebensabsichten erkennen und in die Tat umsetzen, indem Sie sich selbst erfüllen. Sie können alles verwirklichen, wovon Sie träumen. Und das ist doch ein Ziel, für das es sich lohnt zu leben!

Resümee

- ★ Intuition hilft Ihnen, Ihr Leben zu verändern und die Zukunft schöpferisch mitzugestalten.
- ★ Durch die Umschaltung vom Sehen zum Wahrnehmen können Sie alle Probleme leichter lösen, weil Sie hinter das Problem blicken können.
- ★ Ihre Träume können wahr werden, wenn Sie Hindernisse und Blockaden abbauen, wenn Sie den Mangel in sich selbst erkennen und auflösen.
- ★ Sie blicken hinter die Maske, hinter die Fassade, wenn Sie Ihre Mitmenschen intuitiv wahrnehmen.
- ★ Sie „sehen" die Wirklichkeit und die Wahrheit und können entsprechend handeln, die Ihnen entsprechenden Menschen anziehen.
- ★ Grundlage für den Erfolg: intuitiv im richtigen Augenblick die Entscheidungen treffen.
- ★ Gesundheit kommt von innen: intuitive Ernährung für Körper, Geist und Seele – essen Sie das richtige Bewusstsein!
- ★ Der Manager der Zukunft ist der intuitive Manager.

Im nächsten Kapitel habe ich eine Reihe von Meditationen und Übungen zusammengestellt, die Ihnen helfen, die in Ihnen angelegten Fähigkeiten zu entfalten und zu verstärken. Ich habe voller Absicht die Übungen nicht nach Themen zusammengestellt, um Ihnen eine intuitive Vorgehensweise zu erleichtern. Schlagen Sie einfach eine Seite auf, und Sie finden genau das, was Sie in diesem Augenblick benötigen. Entzünden Sie den göttlichen Funken in Ihnen. Ich wünsche Ihnen dabei viel Freude und Erfolg!

5.

Übungen zum Training der Intuitionskraft

In diesem Kapitel habe ich eine Reihe von Übungen für Sie zusammengestellt, die Ihnen helfen können, Ihre Intuitionskraft zu verstärken. Sie werden selbst ein gutes Gespür entwickeln, welche Übung Sie wann benötigen. Vielleicht lassen Sie sich ganz einfach von Ihrer Intuition führen. Schlagen Sie dieses Kapitel auf, und machen Sie die Übungen, die Sie darin vorfinden.

Vorbereitungen

Die optimale, individuelle Haltung

Zu Beginn möchte ich Ihnen noch einige allgemeine Anregungen für die Übungen geben. Die Ausgangsbasis für viele Übungen ist eine bequeme Haltung. Das Wichtigste dabei ist, dass Sie sich in dieser Haltung richtig wohl fühlen, Ihre Gedanken loslassen können, aber auch Ihre Muskeln entspannen. Nichts sollte Sie stören, nichts sollte Sie einengen. Lockern Sie also alle beengenden Kleidungsstücke wie Gürtel, zu enge Hosen und Röcke, Krawatten und dergleichen.

Wenn Sie sich hinlegen, sollten Sie auf einer Unterlage liegen, die weder zu hart noch zu weich ist. Legen Sie Ihre Hände locker neben Ihren Körper oder leicht auf den Bauch. Das hat den Vorteil, dass Sie spüren, ob Sie richtig atmen. Dann bemerken Sie, dass Ihre Bauchdecke sich nach oben wölbt, wenn Sie einatmen, und sich beim Ausatmen senkt.

Sie sollten auf eine angenehme Raumtemperatur achten. Denken Sie auch daran, dass es Ihnen leicht kühl werden kann, wenn Sie einige Zeit bewegungslos liegen oder sitzen. Decken Sie sich deshalb lieber mit einer leichten Decke zu.

Wenn Sie zu innerer Ruhe finden wollen, dann sollten Sie – vor allem zu Beginn – darauf achten, dass Sie möglichst nicht gestört werden. Schalten Sie Wohnungsklingel und Telefon ab, sagen Sie Ihrer Familie, dass Sie sich ungestört in einen Raum zurückziehen möchten. Auch Musikuntermalung – es sei denn, es handelt sich um meditative Musik – ist nicht geeignet, Sie zu sich selbst zu führen. Helles Licht kann sehr störend wirken. Sorgen Sie für gedämpftes Licht, vielleicht für eine Kerze oder eine mit ätherischen Ölen gefüllte Duftlampe.

Die Augen können Sie schließen oder offen halten – wie Sie sich besser fühlen. Im Laufe der Zeit kann es sein, dass Sie ein anderes Empfinden bekommen und dann vielleicht lieber mit offenen Augen meditieren. Lassen Sie alles zu. Ihr ganz persönliches Gefühl ist richtig und gut für Sie.

Egal ob Sie im Sitzen oder Liegen üben, immer sollten Sie darauf achten, dass die Energie frei fließen kann, also nicht die Beine oder Arme überkreuzen. Am besten ist immer, wenn Sie locker und durchlässig sitzen. Auch die Gesichtsmuskeln sollten Sie entspannen, die Zunge locker lassen, den Kiefer lockern. Ihr Mund öffnet sich dabei. Und hier noch einige Vorschläge für eine optimale Haltung:

Im Liegen

Ich mache es mir ganz bequem, lasse Arme und Beine ganz locker, lasse auch meine Zunge im Gaumen locker werden. In dem Maße, in dem mir das gelingt, wird auch der ganze Körper sich entspannen. Dann beobachte ich meinen Atem. Nicht verändern, sondern nur beobachten. Ich lasse meinen Atem ruhiger, gleichmäßiger und tiefer werden – so lange, bis ich nur noch Atem bin. Ich habe scheinbar keinen Körper mehr – ich fühle nur noch ein Energiefeld, absolutes Wohlfühlen. Ich ruhe in meiner Mitte, im Mittelpunkt des Wohlgefühls.

Im Sitzen

Ich setze mich ganz gerade hin, so dass mein Rückgrat eine möglichst gerade Linie bildet. Dabei sollte ich mich möglichst nicht anlehnen. Im Idealfall sollte ein Wirbel auf dem anderen ruhen. Nun finde ich eine Position, bei der ich meinen Kopf nicht halten muss. Ich bringe ihn in die Position, bei der er von selbst Halt findet. Die Hände liegen locker auf den Oberschenkeln oder der Sessellehne auf. Die Füße lasse ich auf dem Boden, so dass die ganze Fußsohle den Boden berührt, die Beine fallen locker in eine leichte Grätschstellung.

Nun beobachte ich meinen Atem. Ich beginne, senkrecht in die Tiefe zu atmen – mit jedem Atemzug geht mein Atem weiter in die Tiefe, bis er die Sitzfläche meines Stuhles erreicht. Natürlich ist dies praktisch nicht möglich, aber ich lenke meine Atemenergie dorthin, wenn ich meinen Atem lenke. Ein Gefühl von Stärke und Souveränität wächst in mir. Eine unglaubliche Sicherheit breitet sich in mir aus – eine solide Basis, ein Fundament für überlegtes und überlegenes Handeln.

Dann atme ich senkrecht nach oben – zunächst bis in meinen Kopf. Dort spüre ich die Atemenergie als Kühle oder in Form von Flüssigkeit. Ich gehe noch einen Schritt weiter und atme über meinen Kopf hinaus. Auch dies ist anatomisch nicht möglich. Aber indem ich es trotzdem tue, lenke ich meine Atemenergie über meinen Körper hinaus in den Wahrnehmungsraum des Bewusstseins. Ich erlebe bewusst diesen „gedanken-freien Raum“ über meinem Kopf, in meinem Bewusstsein. Dort herrscht absolute Gedanken-Stille, die Leitung für die Intuition ist ständig frei.

Indem ich gleichzeitig nach oben *und* unten atme, erweitere Ich meinen Atemraum und damit mein Bewusstsein. Nun probiere Ich das Ganze nicht nur im Sitzen sondern auch im Stehen aus. So finde ich meine individuelle, optimale Haltung für den Empfang der Intuition.

Fühlen Sie sich richtig wohl! Dann können Sie sich am besten entspannen, können besser Ihren sechsten Sinn – Ihre Intuition – wahrnehmen. Laden Sie Ihre Intuition zu sich ein, geben Sie Ihr die besten äußeren und inneren Voraussetzungen, um wirksam werden zu können. Nun wünsche ich Ihnen erst einmal viel Freude bei den folgenden Übungen.

Übungen

Die Intuitions-Ampel einrichten

Eine der wirkungsvollsten und vielleicht sogar einfachsten Übungen ist die Ampel-Übung. Sie ist deshalb so wirksam, weil kaum jemand Probleme hat, sich eine Verkehrsampel vorzustellen. Dennoch erfordert auch diese Übung ständiges Training, damit Sie wirklich sich selbst erfahren und nicht an der Oberfläche bleiben.

Diese Übung ist eine der Basis-Übungen und deshalb sollten Sie sich viel Zeit nehmen. Wie der Name schon sagt, wollen wir eine Ampel – eine Intuitions-Ampel – installieren, die Ihnen jederzeit anzeigt, was richtig für Sie ist:

- ⋆ Grün: freie Fahrt voraus
- ⋆ Gelb: Achtung, Achtung
- ⋆ Rot: Stop – Gefahr

Am besten besorgen Sie sich ein Blatt festes Papier – so groß wie möglich – oder einen Karton. Kaufen Sie die Farben Grün, Gelb und Rot, wobei Sie darauf achten sollten, dass die Farben ganz klar und leuchtend sind; also keine Pastelltöne, Silbertöne etc.

Dann malen Sie auf Ihr Papier drei Kreise untereinander und malen diese mit den Farben, entsprechend einer Verkehrsampel, aus. Ideal ist es, wenn Sie Ihre Ampel an einer Wand anbringen können – an einem Platz, an dem Sie oft vorbeikommen, z. B. im Flur oder im Arbeitszimmer. Setzen Sie sich vor Ihre Ampel und atmen Sie ruhig und tief, kommen Sie zur Ruhe.

Oder Sie stellen sich vor, wie Sie selbst eine Ampel aus Blech und Glas fertigen. Beginnen Sie ganz am Anfang, nämlich beim Einkauf der Materialien. Sehen Sie sich, wie Sie die einzelnen Teile herstellen, zusammenfügen und wie Ihre Ampel Schritt für Schritt entsteht. Dann schrauben Sie Birnen hinein und schließen die Ampel an Ihren imaginären Stromkreis. Prüfen Sie, ob alle Lichter funktionieren und schalten Sie die einzelnen Farben an. Im Gegensatz zur Verkehrsampel, wie wir sie kennen, dürfen Sie bei Ihrer Ampel alle Farben gleichzeitig anschalten. Probieren Sie es aus. Sie können auch Rot mit Grün kombinieren – ganz wie Sie wollen. Auch wenn das in der Realität nicht durchführbar ist, für Ihre Intuition ist es förderlich, wenn Sie Rot und Grün kombinieren können. Lassen Sie das Licht immer so hell werden, dass Sie genau wissen, welche Farbe gerade aufleuchtet.

Wenn Ihre Ampel einwandfrei funktioniert, dann stellen Sie sich einmal eine bestimmte Frage, auf die Sie schon die Antwort kennen. Sie können behaupten: „Ich bin 17 Jahre alt", obwohl Sie vielleicht schon einiges älter sind. Nun erleben Sie, welches Licht bei Ihrer Ampel aufleuchtet. Sie können ebenso gut behaupten: „Ich verschenke mein Haus", und möglicherweise leuchtet jetzt die grüne Ampel auf. Ihre Intuition hat nämlich Ihre Entwicklung im Auge und teilt nicht das Besitzdenken des „Ich".

Lernen Sie die energetischen Unterschiede der einzelnen Farben kennen. Richten Sie Ihr Bewusstsein auf die Farbe Grün. Versenken Sie sich ganz in Grün. Mit dieser Farbe sind nur positive Assoziationen verbunden. Grünes Licht ist gleich freie Fahrt, bedeutet, alles ist in Ordnung – Sie können diesen Weg unbesorgt einschlagen, sicher eine Straße überqueren und gleich durchstarten. Grün zusammen mit Rot könnte aber auch heißen: „Generell ist die Entscheidung o.k., aber derzeit nicht empfehlenswert."

Wenn Sie Grün hell und eindeutig sehen, dann lassen Sie sich ganz fallen in das Gefühl „Alles ist in Ordnung". Fühlen

Sie in sich die tiefe Gewissheit, die Ihnen deutlich zeigt, dass dies Ihr Weg ist.

Was fühlen Sie noch in sich? Hören Sie nach innen? Spüren Sie Vertrauen, die sichere Gewissheit, dass alles gut und richtig ist – so wie es ist –, in sich wachsen? Fühlen Sie sich wohl?

Lassen Sie dieses Gefühl ganz tief einsinken. Während Sie die Farbe Grün auf sich wirken lassen, spüren Sie in sich ein tiefes Wohlgefühl und große Sicherheit. Sie wissen, dass alles gut und richtig ist, wenn Ihre Intuition Ihnen grünes Licht – freie Fahrt – gibt.

Dann wenden Sie sich der gelben Farbe zu. Gelb lässt uns immer aufmerken, gibt uns eine leise Warnung, sagt uns: Sei vorsichtig – Du verlässt den sicheren Weg. Richten Sie Ihren Blick auf das gelbe Licht Ihrer Ampel, konzentrieren Sie Ihr Bewusstsein auf Gelb. Spüren Sie, dass die große Sicherheit in Ihnen einem Gefühl der Wachsamkeit weicht? Bemerken Sie, dass in Ihnen etwas geschieht, sich etwas verändert.

Hören Sie in sich hinein? Spüren Sie dem veränderten Gefühl in sich nach? Was sagt es Ihnen?

Lassen Sie sich Zeit. Nur die gelbe Farbe und die damit verbundenen Assoziationen zählen. Verinnerlichen Sie Ihre Eindrücke. Gelb kann aber auch in Kombination mit Rot erscheinen, dann heißt das: „Vorsicht, gefährlich", oder Gelb und Grün: „Generell ist alles in Ordnung, aber Vorsicht ist dennoch angebracht."

Und nun kommen wir zu der Farbe Rot. Sehen Sie sich an einer Ampel, das Licht schaltet von Gelb auf Rot. Was tun Sie? Sie steigen natürlich auf die Bremse Ihres Autos. Ein ähnliches Gefühl entsteht in Ihnen beim Anblick der roten Farbe.

Richten Sie Ihr ganzes Bewusstsein auf die rote Farbe. Erkennen Sie das Stoppschild, die Warnung, das Verbot? Je länger Sie das rote Licht betrachten, desto tiefer verankert sich in Ihnen das Gefühl, dass dies keinesfalls Ihr Weg ist. Sie können vielleicht sogar Ihre innere Stimme deutlich „*Nein*" sagen hören.

Betrachten Sie die einzelnen Farben genau, lassen Sie die Visionen kommen und prägen Sie sich die Gefühle gut ein, die beim Anblick der jeweiligen Farbe entstehen. Zu Beginn sollten

Sie jeder Farbe mindestens zehn Minuten widmen. Nach einigen Tagen der Übung werden Sie feststellen, dass in Ihnen sofort eine entsprechende Assoziation, eine klare Vision, entsteht. Dann beschleunigen Sie das Tempo, schalten schneller von einer Farbe auf die andere.

Lernen Sie, nicht mehr in einem Schwarz-Weiß-Schema zu denken, sondern lassen Sie Raum für Ihre Intuition, für eine Reihe von Abstufungen, die bei strahlend weiß beginnen, über wollweiß, creme, beige, anthrazit bis zu pechschwarz. Auch hellgrau mit weiß ist durchaus möglich. Betrachten Sie das Leben nicht aus nur einer einzigen Perspektive.

Und nun gehen wir in die Praxis: Befragen Sie Ihre Intuition über diese Ampel, die Sie nun fest installiert haben. Bevor Sie eine Entscheidung treffen, fragen Sie Ihre Intuition. Die Antwort gibt Ihnen die Ampel. Beginnen Sie mit ganz einfachen Dingen, z. B. können Sie sich fragen, was Sie zum Essen einkaufen sollen.

Gehen Sie durch einen Supermarkt. Sehen Sie grünes Licht in der Gemüseabteilung, dann fragen Sie weiter. Wie sieht es bei den einzelnen Gemüsen aus? Welche Farbe leuchtet auf, wenn Sie die Tomaten betrachten oder in die Hand nehmen? Lassen Sie sich einfach leiten. Sie werden eine Mahlzeit zusammenstellen, die Ihnen nicht nur gut schmeckt, sondern auch gut für Ihre Gesundheit ist. Nehmen wir an, Sie suchen eine neue Stelle. Sie lesen die Angebote in der Zeitung, finden eine Anzeige, die Sie anspricht, für die Sie auch die notwendigen Voraussetzungen mitbringen. Was sagt Ihre Intuition dazu?

Lassen Sie die Anzeige auf sich wirken, lassen Sie dabei Ihren Verstand los. Sie haben ein gutes Gefühl, aber in Ihnen leuchtet ganz deutlich die gelbe Farbe auf. In diesem Fall können Sie die einzelnen Punkte näher beleuchten. Richten Sie Ihr Bewusstsein auf:

- ⋆ die Firma;
- ⋆ die künftigen Kollegen;
- ⋆ das Arbeitsklima;
- ⋆ die Bezahlung;
- ⋆ die sozialen Aspekte;

★ mögliche Aufstiegschancen;
★ den Chef etc.

Bei welchen Punkten sehen Sie Grün, bei welchen Rot? Sie können immer Ihre Ampel fragen, sie wird Ihnen immer antworten. Fragen Sie bei allen Kleinigkeiten: „Von wem erhalte ich heute Post, wen treffe ich (zufällig) heute in der Stadt, wer erteilt mir den nächsten Auftrag?"

Ihre Intuitions-Ampel kann auch aufleuchten, obwohl Sie sie gar nicht fragen. Wenn Sie an eine bestimmte Sache denken, kann Ihre Ampel plötzlich deutlich aufleuchten, kann vor Ihrem geistigen Auge erscheinen. Dies ist wahrscheinlich sogar die wichtigste Funktion der Intuitions-Ampel.

Je mehr Übung Sie haben, desto sicherer und zuverlässiger funktioniert Ihre Ampel. Ihre Intuition funktioniert sowieso zuverlässig, nur wir sollten uns üben in der zuverlässigen Wahrnehmung der Intuition, und dann wird die Ampel zu einem unverzichtbaren Instrument in Ihrem Leben.

Von der Intuition zur Super-Intuition

Wenn Sie Ihre Intuition trainieren, werden Sie irgendwann nicht mehr einzelne Fragen stellen, sondern geführt werden von einer „inneren Gewissheit", die von ihrem Wesen her frei ist von Irrtum. Dies gilt für *alle* Bereiche Ihres Lebens, besonders für das Vorhersehen von Ereignissen und Entwicklungen.

Aktivierung der rechten Gehirnhälfte

Um die beiden Gehirnhälften besser miteinander zu verbinden, können Sie folgende Übung machen:

Stellen Sie sich aufrecht hin, strecken Sie beide Arme seitwärts, wobei Sie die Handinnenflächen nach oben richten. Jetzt stellen Sie sich vor, dass Sie in in der rechten Hand die rechte Gehirnhälfte halten, in der linken die linke Gehirnhälfte. Schließen Sie die Augen und sprechen Sie Ihre Frage oder Ihr

Ziel laut aus, während Sie gleichzeitig Ihre Hände nach vorn, aufeinander zuführen. Mit dieser Bewegung bringen Sie die beiden Gehirnhälften zusammen.

Machen Sie diese Bewegung ganz ruhig und bewusst. Ihre Handflächen berühren sich nun. Jetzt falten Sie die Hände, drücken die Handflächen fest zusammen. So werden die beiden Gehirnhälften miteinander verbunden. Ihre Intuition und Ihr Verstand arbeiten zusammen.

Blick in die Zukunft

Nur wer ein Ziel hat, kann auch ankommen. Deshalb ist es ganz wichtig, dass Sie ab und zu einen Blick in Ihre Zukunft werfen.

Nehmen Sie an einem bequemen, ruhigen Ort Platz, legen Sie Papier und Bleistift neben sich. Nun schließen Sie die Augen und atmen ruhig und tief. Ihre Bauchdecke sollte sich langsam heben und senken. Wenn Sie ganz ruhig geworden sind, fragen Sie sich: „Wie stelle ich mir meine Zukunft vor?" Achten Sie nicht nur darauf, was Sie sehen, sondern auch darauf, was und wie Sie fühlen.

Richten Sie Ihre Aufmerksamkeit auf Ihre persönliche Zukunft. Welche Vorstellungen haben Sie von Ihrem Privat- und Liebesleben? Wie sieht es mit Gesundheit, Freunden, Beruf oder Hobby aus?

Wie fühlen Sie sich bei Ihrer Vorstellung? Welche konkreten Bilder steigen vor Ihrem geistigen Auge auf, welche Gefühle haben Sie dabei, welche Gedanken kommen? Seien Sie nur stiller Beobachter, nehmen Sie alles wahr, aber verfolgen Sie keinen Gedanken. Seien Sie ganz ehrlich zu sich selbst. Akzeptieren Sie das, was Sie sehen und fühlen. Es sind meist widersprüchliche Visionen, die aus Ihrem Unterbewusstsein aufsteigen, es gibt positive und auch negative Bilder. Lassen Sie einfach geschehen, nehmen Sie an, was kommt. Alles ist gut so, wie es ist.

Nun erweitern Sie Ihre Vorstellung auf Ihr Umfeld, auf das Land, in dem Sie leben, auf die ganze Welt, auf die Zukunft der Menschheit. Lassen Sie alle Bilder an sich vorbeiziehen und die

Gedanken und Gefühle auf sich wirken – seien Sie nur Betrachter. Sie sollten auch bei dieser Vision ganz ehrlich sein, Widersprüche annehmen und negative Elemente einfach ziehen lassen.

Wenn Sie das Gefühl haben, dass Ihre Vision von der Zukunft abgeschlossen ist, können Sie die Augen öffnen. Vielleicht möchten Sie jetzt wichtige Punkte Ihrer Zukunftsvorstellung aufschreiben. Sie können Ihre Bilder in Worten notieren oder auch malen, möglicherweise in bunten Farben. Wenn Sie nicht das Bedürfnis haben, Ihre Vision in Worten oder Bildern festzuhalten, so ist das auch in Ordnung.

Das Bewusstsein verändern

Mit ganz einfachen Mitteln können Sie Ihr Bewusstsein verändern. Sie benötigen dazu keine teuren Meditationshilfen, ein einfaches Blatt Papier genügt. Zeichnen Sie darauf eine Spirale. Sie sollte einen Durchmesser von circa fünf Zentimetern haben, machen Sie etwa sieben Umkreisungen. Jetzt setzen Sie sich bequem hin und blicken auf dieses Blatt. Sie sehen nur dieses Blatt – sonst gar nichts. Das halten Sie ungefähr fünf Minuten. Sie sollten Ihre Gedanken abschalten, soweit es Ihnen gelingt. Setzen Sie sich dabei jedoch nicht unter Druck. Schauen Sie nur auf die Spirale, und lassen Sie alle Gedanken vorbeiziehen – sie ziehen wie Wolken am Himmel vorüber. Dann bemerken Sie, wie sich in Ihnen eine Veränderung vollzieht. Wenn Sie nur auf die Spirale blicken, gewinnen Sie Zugang zu dem Raum dahinter. Sie verlassen den begrenzten Raum und gelangen in einen Raum erweiterten Bewusstseins. Vielleicht fühlen Sie sich ein wenig eigenartig, wenn Sie diese Übung zum ersten Mal machen. Sie empfinden ein unbeschreibliches Gefühl der Weite und Unendlichkeit und fühlen sich losgelöst und frei. Sie erleben ein Gefühl, als würden Sie schweben, und doch sind Sie ganz da. Lassen Sie dieses Gefühl auf sich wirken.

Nach fünf Minuten schließen Sie die Augen und nehmen wahr, was Sie fühlen, denken, hören. Sie nehmen die Bilder wahr, die jetzt in Ihnen aufsteigen. Sie können ruhig auch die Augen wieder öffnen, wenn Ihnen das lieber ist.

Mit dieser Übung gelangen Sie schnell in ein verändertes Bewusstsein. Gehen Sie ins Zentrum der Spirale und durch das Zentrum hindurch in den Raum dahinter. Sie können dabei sehr unterschiedliche, immer aber wissenswerte Erfahrungen machen. Beim Betrachten der Spirale kann es Ihnen vorkommen, als würde sie sich bewegen – vielleicht nur an den äußeren Rändern, nur im Inneren oder in Wellenform. Es ist möglich, dass Sie völlige Entspannung oder auch eine Gänsehaut verspüren. Möglicherweise hören Sie Geräusche, sehen Farben, wenn Sie die Augen schließen. All diese Erscheinungen und Empfindungen beruhen darauf, dass Sie nun Elemente außerhalb Ihres „normalen" Bewusstseins erkennen können. Weil Sie Ihr Bewusstsein im allgemeinen nicht auf diese Elemente richten, über-sehen Sie sie im Alltag.

Was erleben Sie bei dieser Übung? Schreiben Sie Ihre Erfahrungen auf!

Wenn Sie nichts erleben, dann benötigen Sie mehr Übung. Schlafen Sie ein, ist dies ein Zeichen dafür, dass Sie übermüdet sind und mehr Schlaf brauchen.

Um sich seine Fähigkeiten zu erhalten, ist ständiges Training notwendig. Alles ist in Ihnen, was Sie benötigen. Sie brauchen nur Ihre Intuition, Ihren inneren Bildschirm, anzuschalten.

Hellsichtiger Bildempfang

Sie entspannen sich, machen es sich bequem und schließen Ihre Augen. Schon beim Augenschließen spüren Sie deutlich eine Veränderung. Dies geschieht in dem Augenblick, in dem Sie Ihren Blick von außen nach innen wenden. Richten Sie Ihre Aufmerksamkeit auf das innere, das mediale Sehen.

Bleiben Sie in diesem Zustand und beobachten Sie, welche Bilder, Vorstellungen, Gefühle jetzt entstehen. Machen Sie sich bewusst, dass Sie sich in einem Zustand des erweiterten Bewusstseins befinden. Nehmen Sie dieses Gefühl wahr. Lassen Sie es geschehen.

Schreiben Sie nun die Namen von fünf Menschen auf, die Sie kennen. Schließen Sie wieder die Augen, und stellen Sie sich jeden einzelnen dieser Menschen vor. Nehmen Sie durch den übersinnlichen Wahrnehmungsbereich des Sehens wahr. Beobachten Sie die Bilder oder Vorstellungen, beachten Sie die Gefühle, das Verständnis und das Wissen – kurz alles, was tief in Ihnen bei dem Gedanken an die jeweilige Person geschieht.

Öffnen Sie sich für jede Art des Hell-Sehens. Sie können entweder nur Gefühl oder nur Farbe, ein Bild oder Sätze empfangen – oder eine Kombination aus den verschiedenen Elementen. Achten Sie auf Ihre Gefühle, wenn Sie ein momentanes Ereignis odcr cin zukünftiges sehen.

Sie sollten Ihre Eindrücke nicht analysieren, sondern nur sich merken. Wenn Sie wollen, können Sie Ihre Eindrücke auch aufschreiben.

Auf diese Art und Weise befassen Sie sich mit jedem Namen. Dann gehen Sie Ihre Bilder oder Aufzeichnungen durch, analysieren jedes einzelne. Welche Informationen geben diese Bilder über die Person, über die Beziehung zu diesem Menschen. Welche Hinweise geben sie Ihnen für den weiteren Umgang mit dieser Person?

★

Geben Sie jedem Tag ein bestimmtes Motto,
setzen Sie sich jeden Tag ein Ziel.

★

Entspannen Sie sich. Konzentrieren Sie sich auf Ihre Vorstellung für den heutigen Tag. Während Sie sich im übersinnlichen Wahrnehmungsbereich befinden, sollten Sie nicht versuchen, Ihre Eindrücke zu analysieren. Nehmen Sie die Bilder und Vorstellungen zur Kenntnis. Erst wenn Sie mit dieser Übung fertig sind, können Sie sich an eine Analyse machen. Was bedeutet das Bild für Sie? Enthält es neue Erkenntnisse, andere Einsichten? Hatten Sie Schwierigkeiten mit der medialen Wahrnehmung?

Dann verlegen Sie Ihr Wahrnehmungszentrum in die Kopfmitte – dem Sitz des Dritten Auges.

Intuition mit einem Pendel

Kaufen Sie sich ein Pendel, das Ihnen „liegt“, Ihnen „passt“. Das Pendel kann aus Bergkristall, Bernstein oder einem anderen Stein sein. Halten Sie es in der Hand, spüren Sie, ob es richtig ist und für Sie stimmt. Urteilen Sie nicht mit dem Verstand. Spüren Sie, ob Sie sich dabei wohl fühlen, wenn Sie es berühren, ob Sie Energie oder gar nichts in sich spüren. Sie können sich auch selbst ein Pendel herstellen, indem Sie an einen Faden einen beliebigen Gegenstand hängen, z. B. Medaillon, Ring, Schlüssel. Nicht das Pendel als solches ist entscheidend, ausschlaggebend ist Ihre Intuition, die das Pendel zum Schwingen bringt. Der Zeiger an der Uhr weiß nicht, wie spät es ist, dennoch zeigt er Ihnen die Zeit an. So kann auch das Pendel nicht entscheiden, hat keine Meinung und kann nichts sagen – es ist lediglich sichtbarer Ausdruck Ihrer Intuition. Ihre eigene intuitive Kraft wird über die Energie, die sie in Ihnen freisetzt, als Pendeln sichtbar. Das ist nur möglich, wenn Ihr Bewusstsein erfüllt ist von Ihrer Frage. Dann kann Energie frei fließen. Spüren Sie ganz bewusst, wie Sie energetisch aufgeladen werden. Diese energetische Spannung ist über Muskelreaktionen sichtbar und kann gemessen werden. Probieren Sie es aus!

Halten Sie das Pendel ganz ruhig, indem Sie den Faden mit Daumen und Zeigefinger halten. Konzentrieren Sie sich ganz auf das Pendel.

Als erstes fragen Sie: „Zeige mir, was *Ja* heißt! Welche Bewegung bedeutet *Nein*?“

Dann erfüllen Sie sich mit der Frage, die Sie stellen wollen. Wichtig ist, dass Sie Ihre Frage ganz präzise stellen, dass Sie sich den Inhalt Ihrer Frage bildlich vorstellen wie in einem Wachtraum. Wenn Sie vor der Entscheidung stehen, ob Sie eine bestimmte Aufgabe übernehmen sollen, dann stellen Sie sich diese Tätigkeit genau vor. Sehen Sie ganz deutlich, wie Sie die Arbeit erledigen. Erfüllen Sie Ihr ganzes Wesen, Ihr ganzes Bewusstsein, mit der Frage: „Soll ich diese Aufgabe übernehmen?“ Wiederholen Sie die Frage immer wieder – so lange, bis Ihr Pendel sich bewegt. Natürlich können Sie nur solche Fragen stellen, die mit *Ja* oder *Nein* zu beantworten sind. Stellen Sie auch sicher, dass es wirklich Intuition ist, die sich über den Pendel bemerkbar macht. Versuchen Sie nicht, sich einzuschalten, Einfluss zu nehmen. Seien Sie durchlässig!

Vielleicht haben Sie Zweifel. Vielleicht glauben Sie, dass nichts einfacher zu manipulieren sei als ein Pendel. Wenn Sie nur den Arm bewegen, dann trifft dies durchaus zu. Wenn Sie aber wirklich Ihre Intuition wirken lassen, dann ist es nicht das Pendel, das zu Ihnen spricht. Entscheidend ist, dass Sie Ihren Verstand loslassen und Ihre Intuition zu Wort kommen lassen. Richten Sie Ihr Bewusstsein ganz auf Ihre Frage. Sie werden bemerken, dass in Ihrem Körper eine Energie frei wird, die Sie nicht kontrollieren oder beeinflussen können.

Um diese Übung richtig durchführen zu können, ist für viele Menschen ein wenig Geduld notwendig. Bei den einen geschieht der Druchbruch plötzlich, bei anderen allmählich. Wenn Sie aber erst einmal Ihre Intuition wirklich gefühlt haben, dann *wissen* Sie, dass nicht das Pendel sich bewegt, sondern dass es bewegt wird. Sie können das ganz einfach überprüfen. Stellen Sie eine unsinnige Frage, z. B.: „Liegt Deutschland am Äquator?“ Die Antwort wird Sie überzeugen. Spüren Sie genau, wie sich die Energie in Ihrem Körper anfühlt.

Sie können die energetische Spannung eindeutig spüren, wenn Sie versuchen, sich gegen diese Energie zu stellen. Sie werden die Kraft spüren und empfinden, dass Sie darauf keinen Einfluss haben. Es ist dies eine Kraft, die Sie nicht mit dem Willen oder dem Verstand kontrollieren können. Es ist Ihr *Selbst*, das zu Ihnen spricht.

Sich in einen anderen Menschen hineinversetzen

Sie wollen wissen, was Ihre Freundin denkt, wie sie fühlt, was in ihr vorgeht, was sie belastet? Dann machen Sie folgende Übung mit ihr zusammen. Zu Beginn sollten Sie diese immer gemeinsam mit der Person machen, in die Sie sich versetzen wollen. Mit einigem Training können Sie später auch Gedanken von nicht anwesenden Menschen lesen.

Stellen Sie sich also bildhaft vor, Sie sind die Person, in die Sie sich versetzen möchten. Schlüpfen Sie ganz in ihre Identität. Dann sprechen Sie laut: „Ich bin Heinz Müller, ich bin Makler, bin verheiratet, habe zwei Kinder. Ich wohne in …“ Und dann sprechen Sie über alles, was Heinz Müller wichtig ist, z. B.: „Ich würde viel lieber als Autoverkäufer arbeiten... Ich habe gesundheitliche Probleme. Die Ursache dafür ist …“

Ihr Partner – der richtige Heinz Müller – kann Ihnen dann entsprechende Fragen stellen: „Warum würden Sie lieber diesen Beruf ausüben? Was muss ich tun, damit ich wieder ganz gesund werde?“

Danach tauschen Sie die Rollen und erleben, was Heinz Müller über Sie intuitiv erfährt.

Die W-Übung

So können Sie überall Ihre Intuition trainieren. Fragen Sie sich immer:

- Wer kommt
- wann,
- wie und
- warum bei mir vorbei?

Oder:

- Wer sagt
- was,
- wann,
- wie und
- warum?

Es fällt oft leichter, wenn es einen festen Platz gibt, einen sicheren Ort, an den Sie sich jederzeit zurückziehen können, an dem Sie sich wohl fühlen, wo Sie sich entspannen und träumen können. So schaffen Sie sich ein Gebäude, einen Raum, für Ihre Intuition. Dorthin können Sie gehen, wann immer Sie möchten.

Wie in einer Wohnung gibt es das eine oder andere zu tun, sollte dieses oder jenes verschönert und verbessert werden. Ihr Intuitions-Ort ist Ihre Innenwelt, der Raum, in dem Ihr wahres Selbst sich entfalten kann. Sie können sich immer dahin zurückziehen, Kraft schöpfen, kreative Ideen sprudeln lassen, Probleme lösen und sich selbst besser kennenlernen. Und jedes Mal, wenn Sie in Ihren intuitiven Raum gelangen, werden Sie etwas anderes wahrnehmen, eine Veränderung bemerken. Es ist dies die Veränderung, die in Ihnen geschehen ist.

Reisen Sie in den „intuitiven Raum"

Stellen Sie sich vor, dass es irgendwo einen intuitiven Ort mit Ihrem ganz persönlichen intuitiven Raum gibt. Finden Sie den geeigneten Ort – dort, wo für Sie Friede herrscht, auf dem Land, am Meer, auf einem Hügel oder in der Stadt. Soll der Ort in einem tropischen Land liegen, oder lieben Sie unsere vier Jahreszeiten mit ihren Veränderungen? Sie können einen Ort wählen, den Sie kennen, oder eine Gegend, die Sie aus Berichten und Erzählungen kennen.

Es kann aber auch ein Ort aus Ihrer Phantasie sein. Wichtig ist, dass alles stimmt.

Dann befassen Sie sich mit Ihrem Haus oder Ihrer Wohnung. Möchten Sie einen Garten oder Balkon, lieben Sie Pflanzen, bunte Blumen? Sie können auch nur einen einzigen Raum wählen. Stellen Sie sich genau vor, wie Ihr Wohnbereich aussieht. Welche Größe hat er, wie ist das Zimmer aufgeteilt? Wie richten Sie es ein? Welche Möbel, welche Farben wählen Sie? Sind es wirklich die Gegenstände, die Sie lieben, die Sie immer in Ihrer Nähe haben möchten? Lassen Sie sich Zeit. Ein Haus wird nicht in wenigen Stunden gebaut. Nehmen Sie sich Zeit und Ruhe für Ihren Intuitions-Raum. Alles muss stimmen: die Atmosphäre, die Lage, die Ausstattung, die Ausstrahlung...

Und dann entscheiden Sie, was Sie mit in Ihr Gebäude nehmen – welche Gegenstände des täglichen Lebens wie Bücher, Musik, Bilder etc. Überlegen Sie in aller Ruhe, was Sie brauchen und was Sie wirklich wollen. Was brauchen Sie, um sich wirklich rundum wohl zu fühlen? Womit möchten Sie Ihre Zeit verbringen?

Stellen Sie sich Ihren Schreibtisch vor, Ihren Lieblingssessel, den Platz auf dem Balkon, von wo aus Sie in die Weite blicken können. Hören Sie die Vögel zwitschern, das Meer rauschen...

Sehen Sie sich in Ihrem Intuitions-Raum, fühlen Sie Sicherheit, Ruhe und Harmonie. Sie wissen, dass Sie immer zu diesem Ort gehen können, wann immer Sie das Bedürfnis danach haben.

Machen Sie auch eine Aufstellung der Dinge, die Sie nicht mit an Ihren Intuitions-Ort nehmen wollen. Alles, was Sie belastet, was Ihnen keine Freude macht, was Sie einengt – all das lassen Sie außerhalb Ihres Intuitions-Raums.

Tun Sie alles, um Ihren Bereich so zu gestalten, dass er nach Ihrem Empfinden perfekt ist. Lassen Sie dabei Ihrer Phantasie freies Spiel. Alles ist möglich. Alles ist möglich für Sie. Spüren Sie in sich die Veränderungen, die geschehen?

Die Zukunft – ein Traum?

Diese Übung machen Sie am besten mit Ihrem Partner oder Freund. Sagen Sie Ihrem Partner, dass Sie ihm jetzt eine Geschichte über seine Gegenwart und seine Zukunft erzählen werden. Seine Aufgabe ist es, diese Geschichte zu deuten.

Lassen Sie einfach ein Bild vor Ihrem inneren Auge entstehen, eine Mischung aus Projektion, Phantasie und Intuition. Jetzt tauschen Sie die Rollen. Hören Sie bewusst und intuitiv die Geschichte über Ihre Gegenwart und Zukunft aus der Sicht Ihres Partners. – Was können Sie erkennen?

Alternative: Sie geben Ihrem Partner eine bestimmte Situation vor, die er dann weiterentwickeln und erzählen soll. Achten Sie auf Ihre Gefühle bei einzelnen Äußerungen. Welche Aussagen rufen in Ihnen ein besonderes Wohlgefühl hervor?

Sie stellen sich vor, Sie üben die intuitive Wahrnehmung. Sehen Sie sich ganz deutlich, wie Sie Ihr Bewusstsein auf eine bestimmte Sache richten, wie Sie erfüllt sind von dieser Aufgabe. Spüren Sie es?

Sie sehen, dass Sie dabei erfolgreich sind. Sie „sehen", wie Sie die Dinge richtig „sehen". Sie hören, wie andere Menschen Sie loben. Sie „fühlen" die Energie, die Schwingung einer Person, einer Sache. Sie „erleben" die Art und Weise, in der Sie am besten wahrnehmen können.

Sie lassen alles auf sich wirken: sehen – hören – Energie fühlen – er-leben.

Wiederholen Sie das so lange, bis Sie die gewünschte Sicherheit in einer intuitiven Wahrnehmung erlangt haben. Vielleicht fällt es Ihnen leichter, eine konkrete Situation vorauszuerleben?

Sie möchten, dass die Person, die Sie im Urlaub kennengelernt haben, Sie anruft und Sie zum Tee einlädt. Entspannen Sie sich, richten Sie Ihr Bewusstsein ganz auf diese Person. Sehen Sie sie vor Ihrem geistigen Auge. Sehen Sie sie richtig, erkennen Sie, ob das Bild, das Sie von ihr haben, stimmt.

- Schauen Sie in sich hinein. Stimmt es, ist es richtig?
- Hören Sie, wie das Telefon läutet?
- Hören Sie die Stimme?
- Was hören Sie?
- Stimmt das, was Sie hören?
- Hören Sie tief in sich hinein?
- Was fühlen Sie?
- Fühlen Sie die Energie? Stimmen Bild, Ton und Gefühl?
- Passt alles zusammen?
- Steht alles in Einklang, was Sie sehen, hören und fühlen?
- Lebt Ihre Vorstellung?

Lassen Sie vom Verstand los, er-leben Sie nur. Erleben Sie die Situation lebhaft, erleben Sie die Fröhlichkeit, die der Anruf in Ihnen auslöst, spüren Sie die Freude, die sich in Ihnen ausbreitet, wenn Sie die Stimme hören. Leben Sie in dieser Vorstellung.

Ihre Intuition gibt Ihnen die richtige Information. Wenn das Bild, Ihr Er-leben, stimmig ist, dann werden Sie den erhofften Anruf erhalten. Wenn Sie aber nicht richtig fühlen, hören oder sehen, dann stimmt das Bild nicht. Dann will Ihre Intuition Ihnen vermitteln, dass irgend etwas nicht stimmt, irgend etwas nicht gut für Sie ist.

Vor-stellen, nicht ver-stellen

Für diese Übung brauchen Sie einen Partner. – Sie stellen sich dem/der anderen vor. Optimieren Sie sich, kommen Sie wirklich *an* – zu Bewusstsein –, dann treten Sie hervor.

Ihr Partner nimmt intuitiv wahr, wie Sie sind – dabei schaut er nicht nur auf die Persönlichkeit, sondern auf Energie, Aura …

Er schreibt seine Eindrücke auf, ohne sie zu interpretieren: „So empfinde ich das." Währenddessen sollten auch Sie Ihre Wahrnehmung nicht interpretieren. Halten Sie die Wahrnehmung nicht fest, sondern lassen Sie sie kommen – nehmen Sie sich Zeit.

Prüfen Sie, ob Sie eine Vorstellung, ein Vor-urteil vom anderen haben. Prüfen Sie, was Ihre Vorstellung von Ihrem Partner und was wirklich Intuition ist.

Stimmen Sie sich aufeinander ein – von Herz zu Herz. Jeder schreibt seine Eindrücke auf und übergibt sie dem anderen später als Wortgeschenk.

Bei dieser Übung nehmen Sie wahr: Was brauche ich – was braucht mein Partner? Wie können wir diese Erkenntnisse realisieren? Diese Übung verhilft zur Einsicht und schafft Vertrauen.

Meditation

Schließen Sie die Augen, atmen Sie ruhig und gleichmäßig. Dann stellen Sie sich vor, dass Sie alles loslassen, was Sie noch von Ihrer Intuition trennt, was Sie noch hindert, Intuition wirken zu lassen. Mit jedem Atemzug atmen Sie die Lebenskraft des Universums ein. So kommen Sie sich selbst immer näher. Sie lassen Ihr altes Leben los und beginnen in einer ganz neuen Welt zu leben.

Auf einmal sind Sie in einem unmittelbaren Kontakt zu Ihrer Intuition. Sie lauschen nach innen. Sie nehmen wahr, was Ihre Intuition Ihnen zu sagen hat. Lassen Sie alles ganz lebendig werden und spüren Sie, dass es stimmt. Spüren Sie, dass *Sie* so gedacht sind.

Dann machen Sie sich bewusst, welche Möglichkeiten Ihre Intuition Ihnen von nun an bietet. Gehen Sie bewusst die einzelnen Situationen durch. Erleben Sie Ihre erwachte Intuition, lassen Sie Ihr Leben durch die Intuition bereichern.

Der Händedruck – intuitiv gedeutet

Geben Sie jemandem die Hand. Der Händedruck sollte ganz normal sein, nicht länger als üblich dauern. Sofort anschließend machen Sie sich Ihre Wahrnehmung bewusst. Wie haben Sie den anderen erfasst, wie fühlt er sich, welche Art von Energie hat er? Sprechen Sie mit Ihrem Partner darüber, prüfen Sie, ob Ihre Wahrnehmung richtig war.

Wiederholen Sie die Übung, aber halten Sie diesmal die Hand, solange Sie wollen. Lassen Sie dabei bewusst Energie fließen. Nehmen Sie wahr, welche Informationen, Bilder oder Symbole dabei in Ihnen aufsteigen. Lassen Sie Ihren Partner deuten, was er wahrgenommen hat.

Schreiben mit der nicht-dominanten Hand

Schreiben Sie mit Ihrer dominanten Hand, also der Hand, mit der Sie immer schreiben, eine Frage auf ein Blatt Papier. Schreiben Sie sofort mit der anderen, also nicht-dominanten Hand die Antwort auf. Sicher fällt Ihnen das schwer, und Sie mögen sich vorkommen, als wären Sie in der ersten Klasse Volksschule beim Schreibenlernen. Aber es wird Sie überraschen, wie zuverlässig diese Methode wirkt. Das liegt daran, dass Ihr Verstand damit befasst ist, diese ungewöhnliche Art des Schreibens durchzuführen, und sich ganz auf die Tätigkeit konzentriert. Damit bleibt der Kanal für die eigentliche, die wahre Information frei.

Auf diese Weise können Sie auch intuitiv Sätze beenden. Fangen Sie einen Satz mit der dominanten Hand an und vollenden Sie ihn mit der nicht-dominanten Hand. Beispiele:

- ★ Ich habe bisher wenig Erfolg, weil...
- ★ Meine Gesundheit ist nicht so gut, weil...
- ★ Meine Partnerschaft ist disharmonisch, weil...

Das Psycho-Radar

Wählen Sie einen Menschen, eine Pflanze oder eine Sache, und zeigen Sie mit ausgestrecktem Arm und dem Zeigefinger darauf. Fühlen Sie bewusst die Anwesenheit, die Entfernung, die Schwingung, die Energie Ihres Zieles.

Schließen Sie nun die Augen und drehen Sie sich im Kreis – nach rechts und nach links. Sie sollten die Orientierung verlieren, und wenn Sie dann stehen bleiben, sollten Sie „fühlen“, in welcher Richtung und in welcher Entfernung sich Ihr Ziel befindet.

Wenn Sie „gespürt“ haben, wo Ihr Ziel ist, öffnen Sie die Augen und prüfen, ob Sie richtig lagen. Wenn nicht, prüfen Sie, welche Energie Sie irrtümlich für das Ziel gehalten haben. Finden Sie heraus, warum das so ist. Testen Sie die unterschiedlichen Energien. Dann wiederholen Sie den Versuch noch einmal.

Wenn Sie Ihr Psycho-Radar sicher installiert haben, können Sie die Augen schließen und eine Richtung wahrnehmen, die Sie vorher nicht gesehen haben. „Spüren“ Sie nun, was sich dort befindet – erst in der Nähe, dann immer weiter entfernt. Üben Sie so lange, bis Sie mit geschlossenen Augen „sehen“ können.

Sie können die Übungen immer wieder abwandeln, auf Ihre individuellen Fragen abstimmen. Wenn Sie richtig wahrnehmen, wenn Sie offen sind für Ihre Intuition, dann werden Sie anfangs noch überrascht sein, was sich alles verändert in Ihrem Leben.

Doch mit der Zeit ist es für Sie ganz normal und natürlich, dass Sie über die Grenzen hinausschauen können, dass Sie mehr „sehen“ als viele Ihrer Mitmenschen, dass Sie wirklich verstehen können und hinter der sogenannten Realität die Wahrheit sehen. In Ihnen ist alles angelegt, um wahrhaftig glücklich und erfüllt zu sein.

★

Entzünden Sie den göttlichen Funken in Ihrem Inneren!

★

Leben in der Geistes-Gegenwart

Zuerst sollte ich mir bewusst machen, wer ich wirklich bin, nämlich Geist, reines Bewusstsein. Jede andere Identifikation ist Illusion.

Zweitens ist zu erkennen, ich kann nur in der Gegenwart leben, nur im Jetzt. Ich bin vollkommener Ausdruck und ungetrennter Teil des einen Geistes. Gegenwärtig heißt präsent, wirklich *da*, hier und jetzt, vollkommen. Ich bin es durch Identifikation.

Alles ist Energie, und es gibt nur diese eine Energie, die durch Schwingungsveränderung unterschiedliche Formen annimmt. Auch ich bin diese Energie. Also *bin* ich das *eine*.

Alles andere ist Illusion. Ich *bin* der Geist. Ich spüre, erlebe mich als der Geist. Mein Körper ist *in* dem Geist.

Ich erlebe die Individualität des einen Geistes als Ich. Erlebe meine individuelle Art, dieser *eine Geist* zu sein.
Ich mache mir einmal diesen Geist bewusst und beschreibe ihn. Um ihn zu beschreiben, muss ich ihn wahrnehmen. Ich komme so automatisch ins *Jetzt* und in die Wahrnehmung. Ich lasse den Beobachter los und erkenne, ich *bin* der beobachtete Geist. Ich löse den Beobachter auf und bin der Beobachtete. Ich löse auf, was ich glaubte zu sein und *bin*, was ich wirklich bin.

Jetzt *lebe* ich in der Geistes-Gegenwart.

Ich erlebe, was ich „Geist" denke, fühle, rede, tue. Ich erlebe absolute Freiheit. Ich *bin* der *eine* gegenwärtige Geist. Ich bin angekommen, kann aus der Wirklichkeit nicht rausfallen. Ich kann nur rausfallen aus etwas, in das ich reingegangen bin. Ich kann nur reingehen in etwas, das ich nicht bin.

Ich *bin* es, war es immer, werde es immer sein. Ich versuche es nicht mehr, es zu werden oder nicht zu sein, sondern löse nur die Illusion auf, es nicht zu sein.

Die Schritte auf dem Weg zur Intuition

Die Sinnestore öffnen

★ Hindernisse in meiner Einstellung zur Intuition erkennen und auflösen.

Konzentrative Entspannung

★ Den Atem beobachten, loslassen: Es atmet mich.
★ Sieben tiefe Atemzüge versorgen das Gehirn mit Sauerstoff – in die Tiefe atmen – ins Gehirn atmen – Flankenatmung.

Grenzenlose Ruhe

★ Ich gestatte meinem Körper, vollkommen bewegungslos zu sein.

Den geistigen Bildschirm aktivieren

★ Den heutigen Tag noch einmal erleben.
★ Eine Phantasiereise machen.

Gedankenstille herstellen

★ Ich konzentriere die Vielfalt meiner Gedanken auf einen Punkt.
★ Ich beobachte meinen Atem und lasse los.

Das Dritte Auge aktivieren

★ Die (äußeren) Augen schließen.
★ Umschalten vom Sehen zur Wahrnehmung.
★ Intuitive Fähigkeiten im Alltag trainieren. (Wer ist am Telefon? etc.)

Das Tor des Himmels öffnen

★ Über verschiedene Arten des Atmens zu unterschiedlichem Denken kommen.
★ Holistisches Denken und universelles Denken.

Das Genie in mir wecken

- ★ Den Verstand überschreiten.
- ★ Lernen, sich klug zu stellen.
- ★ Wahrnehmen, nicht nach-denken.
- ★ Dazu gehören das Training der physischen Sinne und die Aktivierung der geistigen Sinne.
- ★ Wahrnehmung der Wahrnehmung üben.

Zu Bewusstsein kommen

- ★ Über sich selbst hinauswachsen.
- ★ Ans kosmische Netz gehen.
- ★ Sich anschließen an das Informationsfeld des Allbewusstseins.
- ★ Das ganze Universum ist mein Bewusstsein.

Selbst-Identifikation

- ★ Der Weg vom Ich zum Selbst.

Durch die Tür des Augenblicks in die Zeitlosigkeit eintreten

- ★ Termine sind Zeitpunkte innerhalb der Zeitlosigkeit.

Umschalten vom Sehen zur Wahrnehmung

- ★ Augen starr und hindurch-sehen.
- ★ Energie und Aura sehen.

Intuition ständig geschehen lassen

- ⋆ Ständig auf Empfang bleiben.
- ⋆ Leben in und aus der Intuition.
- ⋆ Sich „etwas einfallen“ lassen.
- ⋆ Ausdrucksweise der Intuition (Symbol, Traum, Energie, innere Stimme etc.) verstehen.

Anhang: Das Intuitionstagebuch

Sie haben auf den folgenden Seiten die Möglichkeit, sich Notizen zu Ihren Intuitionsübungen zu machen. Nutzen Sie diese Seiten als Tagebuch für die Entwicklung Ihrer Intuitionskraft und halten Sie schriftlich fest, wann und unter welchen Umständen Sie Ihre Intuition richtig geleitet hat. Mit der Zeit werden Sie feststellen, dass dies immer häufiger passiert. Sie leben im Einklang mit sich selbst. Für die Entwicklung Ihrer Intuitionskraft wünsche ich Ihnen alles Gute.

✍

Stichwortverzeichnis

Prof. Kurt Tepperwein persönlich erleben

Wünschen Sie, tiefer in das Buchthema einzusteigen oder die Möglichkeit zu nutzen, den Autor einmal live zu erleben? Die Internationale Akademie der Wissenschaften bietet Ihnen die folgenden Seminare und Ausbildungen an:

Seminare:
- ❒ Optimales Selbstmanagement
- ❒ Perlen der Weisheit
- ❒ Erfolg-reich-Sein
- ❒ Erfolgreiche Praxisführung
- ❒ Gesund und vital

Ausbildungen (Direkt- und Heimstudienlehrgänge):
- ❒ Dipl. LebensberaterIn
- ❒ Dipl. Mental-TrainerIn
- ❒ Dipl. Erfolgs-TrainerIn
- ❒ Dipl. Meditations-TrainerIn
- ❒ Dipl. Intuitions-TrainerIn

Gesamtprogramme:
- ❒ Gesamtseminar- und Ausbildungsprogramm der IAW
- ❒ Neuheiten der Bücher-, Audio- und Videoprogramme von Kurt Tepperwein

Sie erhalten Ihre gewünschten Informationen selbstverständlich kostenlos und unverbindlich bei:

Dazu ein persönliches Geschenk:
Für Ihre Anfrage bedanken wir uns mit der 20-seitigen Broschüre von Prof. K. Tepperwein „Praktisches Wissen kurz gefasst“.